東アジアで学ぶ
文化人類学

上水流久彦・太田心平・尾崎孝宏・川口幸大 編

Зүүн Азиар сурах угсаатны зүй

以東亞視野探討
文化人類學

동아시아로 배우는 문화인류학

Nhân học văn hoá thông qua trường hợp Đông Á

昭和堂

はじめに

　この本は，文化人類学の基本的な考え方を，東アジアの具体的な事例から学ぶための本です。主な読者としては，大学で文化人類学を専攻として，あるいは概論の科目として学ぼうとする学部生を対象としていますが，もちろんそれに限らず，文化人類学に少しでも関心がある方ならどなたでも大歓迎です。また，文化人類学は現地の具体的な事例から私たち人間のいとなみについて考える学問ですから，日本を含めた東アジアの文化と社会に興味を持っているという人にも，本書はきっと面白く読んでいただけるはずです（学問としての文化人類学の特徴や，対象地域として東アジアを取り上げる理由については，序章をご覧ください）。

　私は，文化人類学の魅力はなんと言っても「開いている」ことにあると考えています。それにはいくつかの意味がありますが，まず「学問として開いている」ことがあげられるでしょう。今から二十数年前に大学に入学したばかりの私は，文学部に25ある専攻のどれを選んだらよいか，なかなか決められませんでした。どれも面白そうなのですが，どれかを選んでしまうと，それ以外のものとは疎遠になってしまうと思われたからです。そんなときある友人が「文化人類学は何でもできるらしいよ」と言うのを聞いて，私は文化人類学を専攻することに決めました。「何でもできる」はさすがに言い過ぎかもしれませんが，しかし実際に人類学には，例えば宗教に着目した「宗教人類学」や経済を扱う「経済人類学」，さらに「言語人類学」「芸術人類学」「教育人類学」「環境人類学」など，様々な人類学があります。宗教も経済もそれぞれ宗教学や経済学として独立した学問分野ですが，人類学ではそれら宗教／経済を通して人間を考えるというところに特徴があります。人類学の前についているその「〇〇」が，人間を理解するために重要で有効な私たちのいとなみだと考えられるなら，まさに何でも人類学とつながるでしょう。最近では，科学や宇宙さえも，人類学で扱うようになっています。ですか

ら，関心のある分野がいくつかあって迷っている人は，ぜひ本書を読んで，文化人類学の特徴を知っていただきたいと思います。

　もう一つは，「研究テーマとフィールドが開いている」という点です。本書をぱらぱらと眺めていただければわかる通り，文化人類学が扱うテーマはありとあらゆることに及んでいます。家族，結婚，ジェンダー，祭りや墓参り，セクシュアルマイノリティー，人の移動，グローバリゼーション，多文化共生，観光……と限りなく多種多様で，あげていけばきりがありません。きっとあなたの関心のあるテーマも「人類学できる」でしょう。さらに，そうしたテーマを実際に調査するフィールドも世界中に広がっています。かつて文化人類学といえば，ジャングルの奥地に出かけていくようなイメージがありましたが（今でもそういうケースはありますが），現在では日本国内のごく身近にある組織や集まり，都市や商店街，学校や福祉施設なども一般的なフィールドとなっています。ヨーロッパやアメリカなどいわゆる西洋諸国に出かけていってもよいでしょう。実際，私の研究室の学部生には，留学期間を利用してアイルランドのパブでフィールドワークをした者や，フィンランドに住む日本人妻にインタビューをして卒業論文を書いた者もいます。そして，日本とは地理的に近く歴史的にも密接に関わってきた東アジアもまた，フィールドとしての魅力にあふれているでしょう。本書を読んでいただければ，きっとそれがわかるはずです。

　最後に，文化人類学の魅力は「誰にでも開いている」ことです。文化にも社会にも特に関心がない，東アジアになんて興味がない，ここまで読んできても文化人類学が面白そうだなんてちっとも思わない。そんなあなたにこそ本書を読んでいただきたい。文化人類学の基本は異文化理解ですから，今はつまらなそうに思えるその異文化の扉のむこうを少しでものぞいてみてください。きっと新しい気づきと発見があるはずです。文化人類学はそんなあなたにも開いています。

2017年3月1日

川口幸大

目　次

はじめに　i

序章　文化を学ぶ，東アジアを知る　……………上水流久彦　1
1　「当たり前」を疑う文化人類学　1
2　認知と行動の基盤としての文化　4
3　摩擦も生み出す文化　5
4　実はよく知らない東アジア　7
5　本書の構成　8
6　文化人類学的思考へ　10

第1章　フィールドワークとエスノグラフィ
——文化人類学は人を大人にする………………玉城　毅　11
1　大人の学問　11
2　文化人類学とフィールドワーク　12
3　東アジアのフィールドワークとエスノグラフィ　16
4　フィールドと文献の間からの発想　20
5　他者／自己理解から通じ合う世界の地平へ　22
【コラム1】米軍基地問題　……………………………玉城　毅　26

第2章　家族と親族
——韓国と日本の血縁から考える………………太田心平　27
1　親族関係と親族集団　28
2　日本と韓国の親族　31
3　婚姻のかたち　35

4　家族のかたち　37
           5　現代のひずみ　39
           【コラム2】変わる一人っ子政策……………………兼城糸絵　44

第3章　宗　　教
　　　　──中国の神・祖先・鬼から考える ………… 川口幸大　45
           1　宗教とは何か　45
           2　東アジアにおける宗教　48
           3　中国の宗教──広東省広州市を事例に　51
           4　生きるための指針として　59
           【コラム3】年中行事と環境保護……………………兼城糸絵　62

第4章　ジェンダーとセクシュアリティ
　　　　──韓国の女らしさ／男らしさから考える ……… 中村八重　63
           1　「女か男」？　63
           2　3つの「性」　64
           3　社会で形成されるジェンダー　66
           4　性別役割規範──男はつらいよ・女はつらいよ　71
           5　ジェンダーとセクシュアリティの多様性　73
           6　性を相対化する　76
           【コラム4】慰安婦問題 ………………………………太田心平　78

第5章　社会関係
　　　　──台湾の結婚式から考える ………………… 西村一之　79
           1　誰が払うのか　79
           2　交　　換　81
           3　国民というつながり　87
           4　グローバル環境と社会関係　88
           5　社会関係に生きる私たち　92

【コラム5】東アジアの華夷秩序と朝貢・冊封関係 …… 玉城　毅　95

第6章　植民地主義
　　　──パオの日本統治経験から考える ……………… 飯髙伸五　97
　　1　ギンザドーリの衝撃　97
　　2　植民地状況への文化人類学的アプローチ　100
　　3　植民地主義と文化の構築　102
　　4　帝国研究の視座　107
　　5　日本から植民地主義に向き合う　108
　【コラム6】尖閣諸島と竹島 ………………………… 上水流久彦　113

第7章　エスニシティ
　　　──台湾の先住民から考える ……………………宮岡真央子　115
　　1　自他の線引き　115
　　2　エスニシティ，ネイション，「人種」　116
　　3　エスニシティの動態と重層性──台湾先住民の場合　118
　　4　民族境界の固定化と揺らぎ──中国の少数民族　122
　　5　エスニシティの非同質性と日常性──アイヌ民族の場合　125
　　6　他者理解の入り口として　128
　【コラム7】韓国日本語学習事情……………………… 中村八重　131

第8章　移　民
　　　──香港の人の動きから考える ………………… 芹澤知広　133
　　1　移民は特別ではない　133
　　2　まずは人口統計にアクセス　136
　　3　香港人とは誰か？　137
　　4　外国からの移民が香港を支えている　138
　　5　数字を見て仮説を立てる　139
　　6　香港の新界地区　141

　　　　7　新界からイギリスへ　　141
　　　　8　イギリスの中華料理店ビジネス　　142
　　　　9　個人を見ることも必要　　143
　　　　10　香港人ディアスポラ？　　144
　　　【コラム8】東アジアの学生運動……………………太田心平　149

第9章　トランスナショナリズム
　　　　――八重山と台湾の国境から考える　………上水流久彦　151
　　　　1　国境を越えて生活する人々　　151
　　　　2　トランスナショナリズムの時代　　153
　　　　3　八重山と台湾との往来　　157
　　　　4　自らへのまなざし　　164
　　　【コラム9】マグロ・サンマ問題………………………西村一之　168

第10章　多文化共生
　　　　――在日コリアンとの協働関係から考える　……二階堂裕子　169
　　　　1　「多文化共生」という理念の登場　　169
　　　　2　「多文化共生」がはらむ課題　　171
　　　　3　日本における外国人労働市場の成立　　173
　　　　4　顔の見えない定住化　　175
　　　　5　共生への模索　　178
　　　　6　協働関係の確立　　180
　　　　7　「多文化共生社会」の実現に向けて　　183
　　　【コラム10】ヘイト・スピーチ……………………二階堂裕子　187

第11章　観　　光
　　　　――釜山と対馬の交流から考える　………………中村八重　189
　　　　1　観光を学問する　　189
　　　　2　観光の見方　　190

3　対馬を訪れる韓国人観光客　194
    4　ホストとゲストを考える　198
    5　他者理解としての観光　201
    【コラム11】中国の観光事例 …………………… 川口幸大　204

第12章　経　　済
　──モンゴルの牧畜から考える ……………… 尾崎孝宏　205
    1　文化人類学の取り扱う経済とは？　205
    2　生業の歴史　207
    3　モンゴル高原における家畜と食料　209
    4　食の季節性と非自給的食料の存在　212
    5　放牧の方法と季節移動　214
    6　社会主義化と市場化　216
    【コラム12】モンゴル国と内モンゴル …………… 中村知子　222

第13章　人類学の応用
　──多様な選択肢の可能性を生む学問 ……… 尾崎孝宏　223
    1　人類学は役に立つか？　223
    2　内モンゴルにおける開発史　225
    3　黄砂と西部大開発　228
    4　生態移民　230
    5　オアシスプロジェクトの教訓　234

　おわりに　241
　索　　引　247

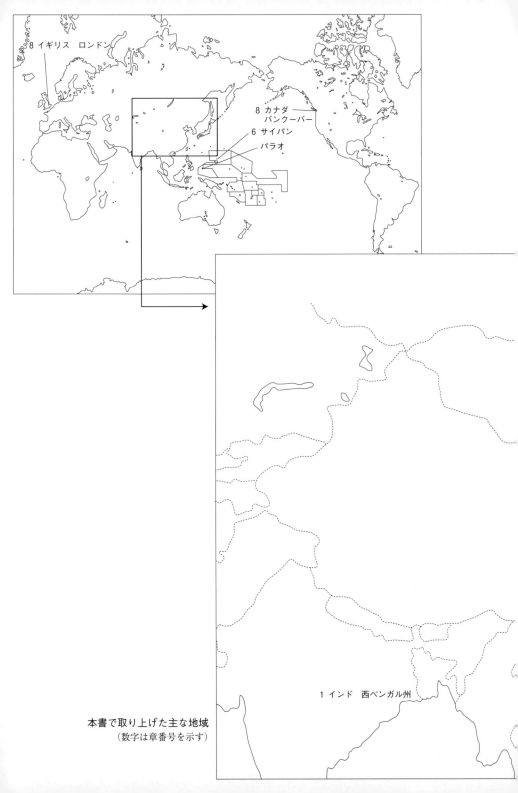

本書で取り上げた主な地域
（数字は章番号を示す）

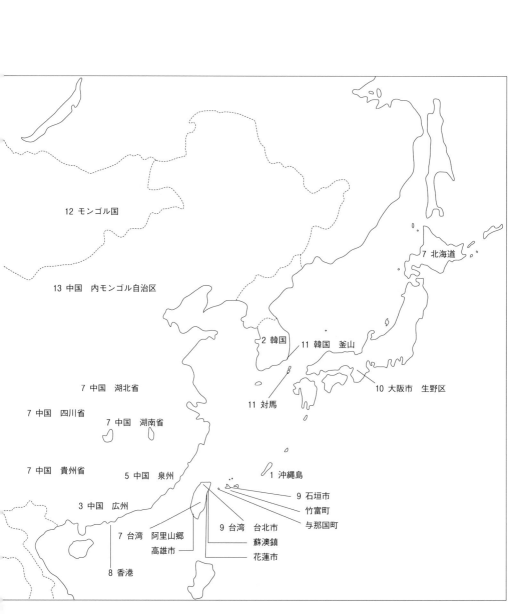

序章
文化を学ぶ，東アジアを知る

上水流久彦

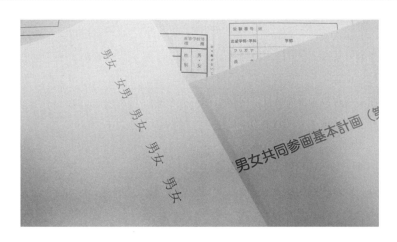

世界の文化を知ることが文化人類学ではない。むしろ，常識のもと見えなくなっている日常の問題に気づき，世界のあり方を変えていく，そのような文化人類学の力に魅力を感じる（2016年，筆者撮影）。

1 「当たり前」を疑う文化人類学

　文化人類学とはどんな学問だろうか。私が学生の頃に読んだ本には，大まかに言えば，文化の多様性を通じて人間とは何かを理解する学問という説明が書いてあった。みなさんは，愛し合った女性と男性が夫婦になることが婚姻だと思っているかもしれない。だが，世界には一妻多夫婚（1人の女性に複数の男性），一夫多妻婚（1人の男性に複数の女性），多夫多妻婚（女性，男性ともに複数の相手）もあるし，同性どうしもある。婚姻ひとつをとっても

多様だ。この多様性を理解したうえで人間にとって婚姻とは何かを考える。複数の社会を比較し，そこから人間の普遍性を考える試みは，文化人類学の伝統的なスタイルで，現在もこのような研究は行われている。

　文化人類学をもう1つ特徴づけるものは，フィールドワークである。私はフィールドワークがしたくて文化人類学を選んだと言っても過言ではない。フィールドワークのあり方も変わりつつあるが，文化人類学の伝統的なフィールドワークは，1年から2年ほど，現地に住み，現地の言葉を覚え，現地の人々のように暮らすもので，その手法を用いて現地の文化を理解しようとする。大学時代，中国文化に関心があった私は，中国の人々と実際に接するなかで中国文化を理解したいと思った。本書の執筆者の多くが，日本を飛び出してモンゴル，中国，台湾，韓国，香港，パラオ，琉球などへ，現地の文化を理解するためにフィールドワークに出かけた。そして，フィールド先は多くが日本国内よりも国外で，文化人類学は異文化をよりよく知ることをその基本としている。

　では，私たちはなぜ異文化を，その多様性を，そして人間をよりよく知ろうとするのだろうか。この問いに答えるために私が好きな文化人類学の定義を紹介しよう。インドネシア社会を研究している青木恵理子は，「私たちの自明性の構造を揺るがし，自明性の政治的な力によって隠蔽されたり排除されたりしているものを明らかにし，認識を組み替えてゆく運動」(青木2006：40)と述べる。とても簡単に言えば，「私たちが当たり前だと思っていることを疑わせ，当たり前だということで私たちが気づかないことを明るみにだし，当たり前だと思っていることを変えていくこと」だ。

　では，なぜ当たり前を疑い，当たり前だと思っていることを変えていく必要があるのだろうか。どの社会にも文化という「ルール」(文化とルールは違うが，文化についてはもう少し後で説明する)がある。「ルール」無しでは，人間は生きていくことはできない。だが，世の中に万能な「ルール」はない。例えば，日本の書類の性別欄には，たいてい女と男しかない。それも男が先で女が後だ。性別は女と男の2つというのが，日本の性別の「ルール」だ。多くの人は，この区別を当たり前とし，何の躊躇もなくどちらかを○で囲ん

でいるだろう。

　しかし，日本には性別欄に記入することに苦しんでいる人がいる。例えば，心と体の性が不一致とされるトランスジェンダーの人々だ。自分は女なのか，男なのか。自分の心の性を選ぶべきか，それとも戸籍の性を書くべきか。大半の人にとっては当たり前で何ら気にならないことだが，2つの選択肢しかない性別と性別欄が，彼らにとっては自分を傷つけ，迷わせ，特殊だと思わせ，痛みを与える暴力となる。

　そのような人は，世界を見回すと実は特殊な人ではない。文化人類学では早くから「第三の性」として語られてきた。例えば，インドのヒジュラ，タヒチのマフ，メキシコのムーシェなどである。彼らは，性器や身なり，仕草，仕事から女性でもなく男性でもなく，「ヒジュラ」「マフ」「ムーシェ」とされる。現地では性別は決して2つではなく，彼らは存在して当たり前の性別をもった人とされている。

　現在，性別欄も変わりつつある。あるSNSでは登録時の性別欄には32の性別がある。心の性，体の性，そして性的関係の志向の組み合わせからその数になる。また，オーストラリアのパスポート欄は，female（女性），male（男性），Xの3つに分かれている。日本でも「男　女　そのほか」という性別欄が増えつつある。大阪にある国立民族学博物館のあるイベントで配られたアンケート用紙の性別欄は，自由記述であった。性はそれほど複雑で多様だ。

　異文化との出会いは，このように自分たちの社会の当たり前が世界の当たり前でないことに気づかせてくれる。第三の性との出会いはまさしくそれだ。そして，性は「女と男の2つ」という「当たり前」のために普段は気づかない，トランスジェンダーの人々への暴力を明らかにする。そして，性別は女と男しかないという認識が変わることで，実際の性別欄も変わっていく。まさしく「私たちが当たり前だと思っていることを疑わせ，当たり前だということで私たちが気づかないことを明るみにだし，当たり前だと思っていることを変えていくこと」だ。もちろん，日本の性の観念は十分に変わったわけではないし，もし，変わったところがあったとしても，それは文化人類学だけの力ではない。それでも文化人類学は単なる理解を超えて，万能で

はない「ルール」を変えていく力をもっていると，私は考えている。性別は行政などの公文書や日常生活を通して見えやすいため事例として紹介したが，ほかにも文化という「ルール」は次節に見るように実は明文化されず無自覚なものだ。それだけに他の社会を知ることで自分が住む社会の文化が見えてくることも多い。そこに多様な異文化を，人間を，そして自分の文化を知る意味がある。

2 認知と行動の基盤としての文化

では，「ルール」である文化とは何であろうか。私は文化とは何かを理解してもらうために，授業で学生に「立ってください」と言うことがある。立った学生に「なぜ立ったのですか」と私が質問すると，学生は困ったような顔をして「立てと言われたので立ちました」と答える。周りの学生も「この先生，何を言っているのかな」という顔で私を見る。そこで今度は，同じ学生に「あなたが百貨店の椅子などに座っているところに，私が来て，立ってくださいと言ったらどうしますか」と尋ねる。多くの学生は，「そっと逃げる」「無視する」と答える。「私という人間は変わらないのに，どうしてこうも反応が違うのですか」と学生に質問をさらにする。

正解はこうだ。授業の場合，その学生は私を「授業をする教員」と認知し，教員に言われた通りにするものだと思って立ったのに対し，百貨店の話の場合，その学生は私を「中年の変なおじさん」と考え，知り合いでもないのに「立って」と不気味なことを言うと思い，逃げるか無視するのだ。ここに文化を知る手掛かりがある。

文化とは，人間が物事を意味づけ，行動することを決める何かだ。学生は，私を「教員」と意味づけ，そこで言われた通りに立ったのであり，かたや「変なおじさん」と意味づけ，不気味に思い逃げるのである。生の魚を食べ物と認知する社会もあれば，そうでない社会もある。約20センチの2本の細い棒が食べ物のそばにあれば箸と認知する社会もあれば，単なる棒きれと認知する社会もある。年上には敬語を使う社会もあれば，使わない社会もあ

る。「r」と「l」の音を区別する社会もあれば，区別しない社会もある。このように日々，私たちが生きていくうえでの認知と行動の基盤となるものが文化だ。

　文化はしかしながら生まれながらにして身についているわけではない。周りの大人に話しかけられ音を覚え，何を食べていいかを教えられ，間違えると（例えば，日本では幼い子どもがセミの抜け殻を口にいれようとするものなら），周りの大人は注意する。私に立ってくださいと言われた学生も小さい頃から「先生の言うことを聞きなさい」と何十回も言われ，無自覚にそれにしたがっている。文化は，伝えられ，習得されるものだ。

　そして，共有されるものでもある。文化人類学の授業で私が学生に中国語で話かけると，みんな何を言っているのかわからないという顔をする。それを日本語で言い直すと，みんなわかったという顔をする。みんなが日本語を共有しているから通じるのであり，中国語は共有されていないから通じない。

　このように文化は，私たちの生活の認知と行動を決めるもので，伝えられ，習得され，共有されるものだ。そして，それらは，マナーや言葉，食べ物として目に見えるものとなり，親族体系や権力の分配という政治体系などの制度となる。

3　摩擦も生み出す文化

　文化がなければ私たちの生活は成り立たないが，一方で文化は摩擦も引き起こす。例えば，生魚を食べない人々は，刺身を食べる人を見て「変だ」と考える。台湾や韓国ではトイレで使ったちり紙を流さずに便器の横のゴミ箱に捨てるが，日本でもそうする彼ら（現在はかなり減ったが）に対して日本の人は「マナーを知らない」と思う。「r」と「l」の音を区別する人は，どうして日本の人はその音が区別できないのかと疑問に思う。

　ある社会を生きていくうえでその社会の文化を身につけることは不可欠だ。学生が路上で知らない人に「立って」と声をかけられて言う通りにするようだと，学生の命が危険に晒されることにもなりかねない。文化はそもそも疑ってはいけないし，疑うととてもややこしいものだ。法として明文化さ

れていないにもかかわらず言われたことを守らないと怒られ，不調和を生み周りと一緒に暮らしていくことが難しく，ときにできなくなる。

それゆえに人間は自分がどっぷりと浸かっている文化を「当たり前」のものとみなす。そして，どの社会でも同じだと無意識に考えてしまう。だからこそ，違う社会には違う文化があるとは思わず，違う文化に対して「おかしい」「変だ」と言ってしまう。このようなあり方を文化人類学では「自文化（民族）中心主義」と言ってきた。自分が属する文化の基本的価値観が絶対的に優れており，それに基づいてほかの文化を（多くの場合は低く）判断する思考だ。私たちは，自分の文化で暮らしている限り，自分の文化を自明なもの（当たり前）として生きていく。その自明性を「揺るがし，自明性の政治的な力によって隠蔽されたり排除されたりしているものを明らかにし，認識を組み替えてゆく運動」が，最初に述べたように主に異文化を研究する文化人類学だ。

文化の説明を終える前に2つ述べておきたい。1つは，文化は変わるということだ。25年ほど前中国から留学した友人は，刺身を食べることができなかった。彼にとって生の魚は食べ物ではなかったのだ。彼が住んでいた都市には，日本料理屋がなく，生で魚を食べる習慣もなかった。だが，日本に長く住むようになり，彼は今では平気で刺身を食べるようになった。生の魚が彼にとって食べ物になったのだ。そして，現在，中国の都市部には日本料理店があり，マグロの刺身が大好きな中国人もたくさんいる。中国の社会においても生の魚が刺身（中国語では生魚片）として食べ物になった。文化は永遠に変わらないものではない。

もう1つは，日本文化，中国文化，アメリカ文化と実際的には明確に分けることはできないことだ（ここでの文化という単語は，認知と行動の基盤というよりは，そこから派生する生活様式やそれを構成する要素をさす）。私たちは語るために言葉のうえでは「アメリカ文化」などの単語を使うが，その中身はどうだろうか。日本の文化の漢字には言うまでもなく，中国の文化的要素が入り込んでいる。そして，日本の文化が西洋の近代的文明と出会ったときに発明した「社会」やcultureの訳語である「文化」の語句は中国でも使わ

れている。また各社会を跨ぐものも多い。背広を異国の文化だと思って着ている日本人はどのくらいいるのだろうか。スタバのようなコーヒーチェーン店でコーヒーを飲みながらスマホを使うスタイルは世界中のあちこちで見ることができる。だから，国家や民族名を冠した「○○文化」は注意して使う必要がある。独立した文化として日本文化やアメリカ文化があるわけではない。加えて，日本文化といっても日本各地の地方や世代，階層によって生活習慣に違いがあることは言うまでもない。日本の文化を均質に語ることはできない。アメリカや中国の文化なども同じである。

4　実はよく知らない東アジア

　さて，東アジアを取り上げる理由を簡単に述べておこう。執筆者の多くが日本を含めた東アジアをフィールドとしていることも理由の1つだが，文化人類学の思考で東アジアについてもっと学んでほしいという強い思いがあり，この本につながった。もちろん，現代社会を生きるうえで東アジアだけを知ればよいものではない。だが，日本で暮らしていると東アジアとの関係は切っても切れない。現在，日本を訪れる観光客は中国を中心に東アジアからが最も多い。日本人にとっても東アジア各地は主要な旅行先となっている。歴史問題を含め，東アジアで抱えている課題も多く，東アジアの国々は日本の外交上重要な位置を占めている。経済的結びつきもしかりである。
　しかしながら，最近，学生と東アジアについて話をしていて実感することは，ネット上やメディアで広がっている情報から東アジアを語ることだ。その内容は「韓国人は反日的だ」「中国はとても危険な国だ」「日本は台湾でよいことをした」など，一面的で日本の視点のみからのものである。そして，モンゴルの話はほぼ皆無だ。中国に留学した日本人の暮らしぶり（中国人と一緒に旅行したなどの）を聞いて，「中国にも普通の人がいるのですね」と語った学生もいた。
　そこで，人々の生活に入り込み，彼らの視点で彼らの世界をよりよく知り，自明性を揺るがす文化人類学を通じて，学生の東アジアへの理解が少し

でも深まることが，そして彼らの社会と自分たちの社会とを比較し，自分たちの社会を冷静に見つめる視点を身につけることが必要だと考えた。東アジアはだいたい一緒だろうと考える人も多いかもしれないが，それは間違いである。韓国や中国では日本と違って，結婚しても女性が姓を変えることは原則ないし，誰を同じ一族とみなすかという親族関係も東アジアでまったく同じではない。食事に誘って割り勘をすることは，マナー違反という社会もある。近くに存在するからわかっているというのは，正しくない。知っているようで知らないのが，日本と一衣帯水の関係にある東アジアである（もちろん日本も東アジアの一部だが）。

5　本書の構成

　本書では「はじめに」「序章」「おわりに」のほかに以下の章を設けた。第1章「フィールドワークとエスノグラフィ」，第2章「家族と親族」，第3章「宗教」，第4章「ジェンダーとセクシュアリティ」，第5章「社会関係」，第6章「植民地主義」，第7章「エスニシティ」，第8章「移民」，第9章「トランスナショナリズム」，第10章「多文化共生」，第11章「観光」，第12章「経済」，第13章「人類学の応用」である。
　第1章から第5章までは，文化人類学を学ぶときに必ず取り上げられるテーマであり，各章が執筆者自身の調査や体験をもとにつづられている。第1章「フィールドワークとエスノグラフィ」は文化人類学の重要な方法論であるフィールドワークとはどのようなもので，その成果である民族誌がもつ意義を説明する。第2章から第4章は私たちが生きていくうえで欠かせない制度について述べる。第2章「家族と親族」では，誰を親族と認めるのか，人はなぜ結婚するのか，私たちの身近な人間関係から東アジアを考える。第3章「宗教」では，日本に住む私たちも宗教の世界に生きていることを知ってもらったうえで，宗教のもつ意味を明らかにする。宗教は死後の世界のみの話ではない。さて第4章「ジェンダーとセクシュアリティ」だが，みなさんは，女性と男性の平等性において日本が世界で下位にあることを知ってい

るだろうか。性別もだが，実は，女性と男性の社会的あり方は世界どこでも同じではない。第5章「社会関係」では，私たちはどのように人間関係をつくり，資源や権力を分配しているかを考えたい。これらの章で主に取り上げられる地域は，沖縄，韓国，中国，台湾などである。

　第6章から第11章では，現代社会の重要な現象である「人の移動」を扱う。ここでも執筆者の調査や体験が説明の基盤になっている。第6章「植民地主義」では，日本の植民地支配は日本の敗戦をもって終わったが，実は現在の生活とも関係をしており，遠い昔の話ではないことを取り上げる。第7章「エスニシティ」だが，一民族一国家で成立している国家などない。日本もそうだ。本章では民族と国家の関係を「エスニシティ」という民族よりももう少し大きな概念から説明する。第8章「移民」では，日本に住んでいると実感がないかもしれないが，東アジアも他の地域と同様に移民が多い。香港を事例に移民から現代社会を考える。第9章「トランスナショナリズム」では，現代社会は，人やモノ，資本などが国境を自由に越えて行きかうグローバリゼーションの時代と言われるが，本当にそうなのかを考える。第10章「多文化共生」では，日本の多文化共生の現状を紹介するとともにその問題点を指摘し，関係の新たなあり方について述べる。第11章「観光」では，日本で急増する外国人観光客を事例に観光に文化人類学がどうアプローチできるか，その一端を示す。これらの章では，台湾，香港，日本，韓国，そして日本人が多く移住したパラオなどが舞台となる。

　第12章と第13章で扱うのは，入門書的な教科書ではあまり取り上げられてこなかったテーマである。第12章「経済」では，食料の確保という生業についてモンゴルの牧畜業を事例に社会主義の影響も含めて紹介する。世界は市場で生活必需品を買う社会ばかりではない。第13章「人類学の応用」では，「役に立つ」とはどういうことかを根本的に問うことを出発点に，文化人類学が現代社会で果たす役割について本書の最後に述べる。

　これらの章とは別に東アジアを知るうえで現在話題となっている，知っておくべきトピックをコラムとした。「米軍基地問題」「変わる一人っ子政策」「年中行事と環境保護」「慰安婦問題」「東アジアの華夷秩序と朝貢・冊封関

係」「尖閣諸島と竹島」「韓国日本語学習事情」「東アジアの学生運動」「マグロ・サンマ問題」「ヘイト・スピーチ」「中国の観光事例」「モンゴル国と内モンゴル」である。文化人類学がどこかよその地域の「奇妙」と思われる風習だけを考える学問ではないことを知ってもらえるだろう。

6　文化人類学的思考へ

　私はフィールドとして最終的に台湾を選んだ。フィールドワークのために台湾に着いた翌日に70歳過ぎの男性から「私も昔はあなたと同じ日本人だった」「日本が台湾を統治すればよかった」と日本語で言われた衝撃は，今でも忘れられない。新聞などのメディアでは知ることができない台湾の人々の姿があった。その言葉には，「日本が好きだ」「日本はよいことをした」という単純な説明に還元できない彼らの複雑な思いがあることも，その後の台湾の調査を通じて知った。本書の読者が，東アジアの人々の暮らしについて学び，自分が当たり前だと思っていたことを見直してもらえれば幸いだ。文化人類学のかなめは，自明性への疑いであり，その陰で見えなくなっている問題に気づき，自明性の認識を変えていくことだからだ。

　最後に，もし本書を読んで「やはり日本が1番だ」や「アジアは遅れている」などと読者が思ったのであれば，本書は失敗である。文化人類学では，「〇〇文化が進んでいる」または「遅れている」という発想を文化相対主義のもと否定してきた。各章を読んで，文化を進歩の観点から比べることがどんなに無意味なものかを学んでほしい。それが文化人類学的思考を身につける第1歩である。

参考文献

青木恵理子　2006「頭痛直しは蝋燭を灯して」田中雅一・松田素二編『ミクロ人類学の実践——エイジェンシー／ネットワーク／身体』世界思想社，40-75頁。

第1章
フィールドワークとエスノグラフィ
文化人類学は人を大人にする

玉城　毅

文化人類学の核心であるフィールドワークからエスノグラフィ作成のプロセスを通して，人は大人になっていく。なぜそう言えるのかを考える。写真は沖縄県石垣島の親子の漁師（2014年，筆者撮影）。

1　大人の学問

　「あの人・場所に何となく惹かれる，もっと知りたい」，そのような誰もがもっている日常的感覚と文化人類学はつながっている。この「知りたい」という気持ちの延長線上にフィールドワークがある。
　本章では，文化人類学の基本的な方法であるフィールドワークと，その成果であるエスノグラフィ（民族誌）の特徴を解説する。具体的には，①フィールドワークは，何を目的とした，どのような活動なのか，②そこから

紡ぎだされるエスノグラフィとはどのような特徴をもった研究成果なのか，③東アジアにおけるフィールドワークとエスノグラフィの特徴は何か，という3つの問いに答えつつ，文化人類学的研究に特有なフィールドワークとエスノグラフィという研究方法・スタイルを明らかにする。これをふまえて，文化人類学的研究の実践によって，それを学ぶ者は何を身につけ，どう変わっていくのかという問題を考えたい。

アメリカの文化人類学者，クリフォード・ギアツ（Clifford Geertz, 1926-2006）は，人類学者の仕事とは，「研究対象の人びとと親しくなり」，文化に関する広範な知識を得て，「厚い記述」のエスノグラフィを書くことであると言った（ギアツ 1987：7-8）。国立民族学博物館の初代館長の梅棹忠夫は，「人類学は大人の学問であるとともに，大人になるための学問である」と言った（梅棹 1974：281）。2人の文化人類学者の言葉をつなげると，人類学を学ぶ者は，フィールドワークからエスノグラフィ作成に至るプロセスにおいて，「大人」になっていくことになる。「大人」になるとはどういうことだろうか。そして，人を「大人」にする文化人類学的実践とはどのようなものだろうか。

2 文化人類学とフィールドワーク

(1) フィールドワークの目的

1人の文化人類学者がフィールドワークで出会える人はそれほど多くはない。フィールドワークは，特定の個人や集団を対象として，短くても1年，長ければ3年以上にも及び，じっくりと時間をかけて行うのが一般的である。このように，限られた数の人との出会いを大切にしながら長期間の調査を行うことが，人類学的フィールドワークの最大の特徴である。

この点が，マクロな社会情勢を知るために行われる社会学的なサーベイ調査と大きく異なる。文化人類学者は，社会文化現象を定量的に測ってマクロな傾向を知ろうとするよりも，少数ではあっても具体的な人の動きや考え方を定性的に理解することを出発点にしている。だからといって，フィールド

ワークの目的が個人の理解にとどまるわけではない。文化人類学者は，フィールドで出会った個別具体的な現象をなるべく広い社会・文化的脈絡で理解しようとする。いわば，特定の他者の考え方や行動の仕方から，その背後にある社会的パターンや文化的意味，歴史的な傾向などを読み取ろうとしているのである。

(2) 方法としてのフィールドワーク

このような文化人類学的フィールドワークの方法を確立したのは，ポーランド出身のイギリスで活躍したブラニスラフ・マリノフスキ（Bronislaw K. Malinowski, 1884-1942）であった。マリノフスキ以前の欧米の人類学では，世界各地をめぐる船乗り，商人，宣教師などが記録した資料を手がかりに，非西洋の社会・文化を研究していた。マリノフスキ以降，このようなやり方は「安楽椅子の人類学者」として否定されるようになった。マリノフスキが確立したフィールドワークの特徴は，長期間調査地で暮らしながら参与観察とインタビューを行う点にある。これに加えて，マリノフスキは，フィールドワークは次のようなものであるべきだと言う。

> 民族誌的調査をする人は，平凡で，単純で，日常的なものと，奇妙な普通でないものとのあいだに差別をもうけず，対象としての部族文化のあらゆる面にみられる現象を真剣に，冷静な態度で，そのすべてにわたって調査しつくさなければならない。（中略）宗教だけを，あるいは技術，あるいは社会組織だけを研究しようとする民族誌学者は，調査のための人工的に切りとった領域を研究しているわけで，仕事をするうえに大変な制約を受けることになるだろう。（マリノフスキ 2010：45）

マリノフスキにとって，人々の生活のあらゆる側面を微細に知ることは，その社会・文化の「統一的全体」を理解するためであった。フィールドで観察することができるのは断片でしかあり得ないが，その一つひとつを忍耐強く集めていけば，全体像に迫ることができるというわけである。研究対象に

関するこのような方法論的な考え方は全体的アプローチ（holistic approach）と呼ばれる。

　マリノフスキによると，実際のフィールドワークの進め方には3つの原則があるという。それは，①研究対象の社会・文化を分析する枠組みを民族誌データからつくり，②これにしたがって，人々の生活のあらゆる側面を記録する，③さらに，そこで表れている人々の考え方を記録するというものである。このようなプロセスを経てフィールドワーカーがたどり着く「最後の目標」は，「人びとのものの考え方，及び彼と生活との関係を把握し，彼の世界についての彼の見方を理解することである」（マリノフスキ 2010：65）。つまり，フィールドワークの目標は他者理解であり，それは，時間をかけて他者に寄り添った緻密なフィールドワークによって可能になるということである。さらに，マリノフスキは，他者理解が自己理解に通じるものだとも考えていた。

　　この遠い国の習慣の説明を読んでいるうちに，おそらく，これらの住民たちの野心と努力にたいするある連帯感が，読者の胸中に生まれるかもしれない。おそらくかつてたどったことのない道にそって，人間の心があきらかになり，近づいてくるだろう。われわれとは遠く離れ，不思議な姿をとって現れた人間性を理解することによって，おそらく，われわれ自身のうえに若干の照明があてられるだろう。（マリノフスキ 2010：66）

　マリノフスキが考えた他者理解は，「自分のものさし」で他者を測ろうとするのではなく，「他者のものさし」自体を理解しようとするものであった。「他者のものさし」を知ることで，今まで気づかなかった自己を照らす視点をもつことになる。他者理解によって自己に「照明があてられる」のは，「他者のものさし」でみた自己が明らかになることにほかならない。
　このような自己／他者理解を目指したフィールドワークの研究成果は，エスノグラフィとして結実することになる。20世紀中頃まで，マリノフスキが提起したフィールドワークの方法は，エスノグラフィ作成に向かう基本的な

作業とみなされてきたが，1980年代になると，そのプロセスが反省的に捉え直されるようになった。

(3) フィールドワーク・エスノグラフィ批判

マリノフスキの時代の文化人類学者のなかには，調査者をカメラにたとえる者が少なくなかった。フィールドワークの記録（フィールドノーツ）は写真のように現実を写しとった「客観的なデータ」であり，そのデータを元に研究対象の社会・文化の全体像を客観的に描くことができると考えた（Jackson 1992: 16, クリフォード 1996：33）。この見方は，全体的アプローチとよくなじんだものであり，20世紀前半の文化人類学の標準的な考え方であった。しかし，1980年代以降，多くの批判が続出するようになった（マーカス／フィッシャー編 1989, クリフォード／マーカス編 1996）。

フィールドワーク・エスノグラフィ批判の先導者の1人であるジェイムス・クリフォード（James Clifford）は，「フィールド」が文化人類学者の創造物であると主張した。人類学者は，ある空間を切り取って「フィールド」として対象化してきた。しかし，「フィールド」そのものに境界線が引かれているわけではなく，その空間の切り取り方それ自体が，不平等な権力関係のなかで強いられた歴史的な産物であることが多い。場合によっては人類学者の恣意的な線引きによるものかもしれない。特定の「フィールド」についての記述と分析は，歴史的につくられてきた空間の切り取り方と密接に結びついたものであり，「フィールド」概念は固定的なものではない，とクリフォードは言う（Clifford 1992: 66）。マリノフスキは，フィールドにおける人々の生活のなかの「宗教」「技術」「社会組織」のような特定の側面だけを研究することが，「人工的に切りとった領域」を設定することになると考えたが，クリフォードは，「フィールド」そのものが研究者が切り取ったものであると主張したのである。

このような批判は，文化人類学を学ぶ多くの者にインパクトを与えた。「フィールドを設定すること自体が問題である」という批判は，これからフィールドワークをしようとする者にとって，出鼻をくじかれたようなもの

であり，筆者自身，途方にくれた。しかし，それは「フィールドワークはもう止めるべきだ」と主張するものではなかった（Strathern 2004: 9）。エスノグラフィ批判の中心は，フィールドワークからエスノグラフィ作成へのプロセス，つまり，文化の「書き方」に対する批判であり，他者の文化を描き出してきたそれまでの人類学的な営みを反省するものであった。

　文化人類学者の自己省察は，他者を理解しようとする者がたどらなければならない必然的なプロセスだった。自己を省みずに他者を対象化して他者理解を目指しているというならば，そこには必ず欺瞞がある。「他者理解を目指すと言っているあなたはどんな存在なのか」，フィールドワーク・エスノグラフィ批判が突きつけたのは，このような問いであった。

3　東アジアのフィールドワークとエスノグラフィ

(1)　東アジアの文化人類学と日本

　不平等な権力関係を背景に文化人類学的研究が成立・展開したのは，欧米の文化人類学だけでなく，日本においても同様であった。今日の目から見ると最もスキャンダラスな「人類学的他者理解」のやり方は，「学術人類館事件」に見ることができる。これは，1903年に大阪で開かれた第5回内国勧業博覧会において，「沖縄人，アイヌ民族，台湾タイヤル族」などの生身の人間が展示された事件である。人間展示の主導的役割を担ったのは，日本の先駆的な人類学者・坪井正五郎（1863〜1913）であった（山路 2011：15-16, cf. 小熊 1998：286）。坪井正五郎の「人間展示」の目的は，人類文化の「風俗習慣の一様ならざる」ことを明らかにするためであり，文化相対主義の立場に立つものであった。しかし，展示されたのは日本の植民地の住民であり，人間展示は，支配（＝研究）する側が支配（＝研究）される側の人々を「見世物」にしたことには違いなかった。

　初期の日本の人類学が植民地と結びついていたのは，「学術人類館事件」だけではない。坪井正五郎の高弟であった鳥居龍蔵（1870〜1953）は，幅広いフィールドワークを行った人類学者として知られている。鳥居が，遼東半

島の調査（1895）を皮切りに，台湾・西南中国，満州，朝鮮，蒙古，千島列島，シベリア，樺太と，調査地を広げていった過程は，日本が植民地を獲得していった過程と重なっている（山路 2011：20-21）。日本の文化人類学は，近代日本の植民地主義と緊密に結びついて成立・展開したのである。

　その一方で，植民地人類学の研究が，その後の東アジア地域の文化人類学的研究の基礎となったことも確かである（宮岡 2011，朝倉 2011，崔 2011）。太平洋戦争後，日本の植民地が独立していくと，それぞれの社会において自文化研究者が多く現れるようになったが，自文化研究は，かつての植民地人類学と向き合うことによって展開した。例えば，韓国出身の文化人類学者・崔吉城は，植民地朝鮮の代表的な民族学者である村山智順と秋葉隆の巫俗に関する研究成果を検討し，「彼らの巫俗研究は朝鮮半島全体の文化を調査したものとして大きい意味がある」と評価している（崔 2011：168）。それは，植民地の歴史とその影響を肯定したという意味ではなく，それぞれの時代の人類学者がおかれていた歴史的文脈を考慮したうえで，それと批判的に対話する姿勢から出てきた評価である。

(2)　**大国の覇権と自文化研究**

　それでも，支配される側の自文化研究では，支配する側の影響を知らず知らずのうちに受けてしまうことがある。これについて，初期の沖縄研究の状況を見てみよう。

　日本の地方としての「沖縄県」が成立したのは，明治政府が強制的に琉球王国を解体した1879年であった（琉球処分）。その直後，琉球の再独立のための支援を中国に求める動きがあったが，日清戦争（1894～1895）で日本が勝利して，東アジアにおける日本の勢力が増すと，琉球の再独立はほとんど不可能となった。そして，明治中期になると，沖縄の知識人たちの間で日本への同化を求める言説が主流になっていった。本格的な沖縄研究が始まったのは，このような歴史的状況においてであった。

　沖縄研究の先駆者である伊波普猷（1876～1947）は，日本人と琉球人が祖先を共有しているとする「日琉同祖論」を展開した（伊波 1906，小熊 1998：

294-299)。「日琉同祖論」は，日清戦争後の沖縄の知識人の間で一般的となった見方であり，それは，当時沖縄がおかれていた差別的な状況を脱却し，日本と同化することによって政治経済的な地位を上昇させていこうとする考えと結びついていた。しかし，伊波の「日琉同祖論」は，当時の知識人の一般的な言論とは違って，同化を志向するものではなかった。伊波の「日琉同祖論」は，文字通り，日本と沖縄のそれぞれの祖先が共通しているということであり，日本本土の目からすれば奇異に見える風習も，元をたどれば日本本土とつながっている，伊波はそう主張したのである（伊波 1906, cf. 小熊 1998）。

　このような見方は，端的に言えば，沖縄を「古代日本を映す鏡」として捉えたものである。この見方は，柳田國男に引き継がれて強化され，太平洋戦争までの沖縄研究のパラダイムになった（Hara 2007: 106-107, 屋嘉比 1999）。伊波普猷の研究の視点と枠組みは，「強力な他者」に影響されたものであり，日本との調和を図りながら沖縄の独自性を明らかにしようとするものであった。このような研究は，今日の目から見ると，不平等な権力関係を結果的に強化しているように見える。支配される側の自文化研究者が「強力な他者」によって自己規定させられてしまうことに抗うことは簡単なことではない。

(3)　沖縄研究と日本・アメリカ

　時代を一気に下って，近年の沖縄研究の例として，アメリカ人の文化人類学者，クリストファー・ネルソン（Cristopher Nelson）が書いたエスノグラフィを見てみたい。1985年に初めて沖縄を訪れたとき，ネルソンは23歳の若い海兵隊将校だった。ある夏の夜，米軍基地の近くにあるビートルズの曲が鳴り響くバーの外で，一人の老人を見た。老人は，少し立ち止まってネルソンの方を見た。目があった。老人は，その場からゆっくり歩き出した。それだけのことだったが，このとき，ネルソンのなかにある問いが湧いてきた。

> 年齢からして，彼はあの戦争を生き抜いてきた人に違いない。彼はその後の人生をどのように生きてきたのだろうか。彼の町につくられた基地とバーの風景を見るとき，そして，私のような海兵隊員を見るとき，彼は何を感じる

のだろうか。(筆者訳)(Nelson 2008: 2)

　その後ネルソンはアメリカに戻り，日本語を勉強するとともに文化人類学の教育を受けた。その過程で，あの夏の夜のバー街の光景を繰り返し思い出すようになった。それから10年後の1995年，ネルソンは，フィールドワークをするために沖縄に戻ってきた。そして，『死者と共に踊る──戦後沖縄における記憶，パフォーマンス，日常生活』(Nelson 2008)というエスノグラフィを書いた。その冒頭でネルソンは次のように書いている。

　　沖縄の人々は，過去をどのように理解しているのだろうか。彼らが耐えてきた恐怖や，あきらめてきた喜び，あるいは払ってきた犠牲について，どのように思い出すのだろうか。これらのことは，彼らが続けている，あるいは断念した行為と，どのように結びついているのだろうか。彼らは記憶とどのようにつきあっているのだろうか。必死に思い出そうとしているのだろうか，それとも，受け入れようとしているのだろうか，あるいは次第に忘れていくことを許しているのだろうか。(筆者訳)(Nelson 2008: 2)

　ネルソンの研究の目的と動機は，マリノフスキのように社会の全体像を理解しようとするものではなく，伊波普猷や柳田國男のように日本と対比して沖縄文化の特徴を明らかにしようとするものでもない。また，ネルソンが設定した研究対象は，クリフォードが批判したような権力関係に無自覚な研究者が恣意的に創りあげたものではない。むしろ，かつての，そして現在の権力状況に敏感であるがゆえに気づいた問題と対象に目を向けたのである。若い海兵隊将校であった日の沖縄の老人との出会いは，10年後，ネルソンの足を再び沖縄に向けさせた。文化人類学者になったネルソンが研究すべき対象として見出したのは，「一人芝居」や「エイサー」であり，そこで彼が取り組んだのは，沖縄戦を基点として沖縄の人々が背負ってきた歴史的経験が，現在の人々の生き方にどのように影響しているか，過去の記憶が未来の展望とどうつながっているかという問題であった。

第1章　フィールドワークとエスノグラフィ　　19

ネルソンのフィールドワークからエスノグラフィ作成へのプロセスは，研究対象である沖縄の人々が生きてきた（いる）世界と，文化人類学者ネルソンが生きてきた（いる）世界が交差するところで展開したのである．

4 フィールドと文献の間からの発想

文化人類学は，フィールドでの出会いに始まる．しかし，研究課題の発見は，フィールドだけで起きるとは限らず，多くの場合，フィールドワークと文献研究の間で生まれる．文献で学んだことやそれが提起する問題は，自分がこれからなそうとする新しい研究の基礎となる．

文化人類学者は，フィールドワークを基礎として，他者の社会・文化の理解を目指している．さらに，「人類」学という名称に表れているように，人類の知への貢献をも果たそうとしている．それゆえに，文化人類学を学ぶ者は，自分のフィールドだけでなく，ほかのフィールドにも学ぶ必要がある．私の場合，メインのフィールドである沖縄と，沖縄研究と直接には関係のないインドでの経験が重要であった．私の一つの経験から研究課題発見のプロセスがどのように進んでいったかを示してみたい．

1986年から1988年にかけて，私は，インド東部のカルカッタにある日本総領事館に派遣員として勤めた．そのときから，インド研究がやりたいと漠然と思うようになっていた．しかし，帰国してから大学院進学の準備をしているとき，沖縄の歴史の本を読んだことがきっかけで，沖縄について学ぶべきだと強く思った．それまで，私は沖縄の歴史についてほとんど知識がなかった．何も知らなかったわけではなかったが，島津侵攻・琉球処分・沖縄戦・本土復帰という大きな力に何度も揺さぶられてきた歴史のなかで，そこで生きた具体的な人がいた（いる）ことに対する想像力が欠けていた．自分を育ててくれた場所に目を向けないままで異文化を研究することは，何か違うと思った．それが，私の沖縄研究の出発点であった．

それ以来，沖縄研究を行っているが，インドへの関心を無くしたわけではなかった．沖縄でフィールドワークをしていた2000年の春，インドへ小旅行

写真1-1　ビハール人・ドーバーの洗濯風景（2000年，筆者撮影）

に出かけた。西ベンガル州カルカッタから北東160kmほど離れたシャンティニケタンという町に行った。そこで，ドーバーと呼ばれる低カーストの洗濯を生業とする人々に出会った。10人くらいの男女が，池でベッドシーツを洗濯していた。池の辺りに座っていた1人の老人（男性）にベンガル語で話しかけてみた。通じなかった。彼らはベンガル人ではなかった。片言のヒンディー語で何とか話すと，彼らが集団でビハール州からシャンティニケタンに来たこと，1ヵ月の稼ぎが2000ルピーほどであることなどがわかった。

　旅行中のささやかな経験であるが，このことは，以前に読んだ中根千枝（1926～）の「タテ社会・ヨコ社会論」と結びついた。中根によると，社会構造を規定する原理には「資格」と「場」があり，「資格」の原理は人をヨコに結びつけ，「場」の原理は人をタテに結びつける機能があるという。中根は，ヨコの関係の例としてインドを，タテの関係の例として日本を分析している（中根 1967, 1987）。中根によると，異なるカーストの間での人口移動はほとんどないが，同じカーストの成員はヨコにつながっており，そのつながりは村落の範囲を越えていくという。私が出会った人々は，村落の範囲を越えたどころか，言葉が通じない場所で生活していた。

　フィールドでの経験と文献によって，私のなかに一つの問いが生まれた。

沖縄ではどうだろうかということである。沖縄の社会や人口移動の状況は，日本よりもインドに近いように感じた。この着想に導かれるように，私は再び沖縄でのフィールドワークに帰っていった。インドで暮らしていた頃には知ろうともしなかった低カーストの人々の背景に気づかせてくれたのは，中根千枝の社会組織論であり，それは間接的に沖縄研究に結びついた。私のフィールドワークは，沖縄とインドと文献が交差するところから進んでいった。

5　他者／自己理解から通じ合う世界の地平へ

　文化人類学的実践を通して「大人になる」とは，それまで見えていなかったことが見えるようになることである。子どもには見えていなくて，大人に見えているものは何だろうか。ある講義で聞いた話だが，いつも夕食のおかずがメザシであることに，子どもは不満を言うが，一家の稼ぎ手である父親は文句を言わないという。おかずがメザシなのは，自分にも責任の一端があるからである。目の前のことに素直に反応するのが子どもならば，事象の背後を知っている大人は，目の前のことだけに反応するわけにはいかない。人類学が「大人の学問であるとともに，大人になるための学問である」と梅棹忠夫が言ったのは，そのような意味で理解することができる。フィールドワーカーは，フィールドでの現象とその背後を探求し，より広い文脈で他者を理解しようと試みる。全体的アプローチとは，「自分のものさし」を相手に押しつけず，「相手のものさし」に寄り添いながら，事象の背後を見ようとする姿勢と言い換えることができる。

　マリノフスキは，社会の「統一的全体」のなかで事象を捉えた。マリノフスキ流の全体的アプローチをクリフォードらは批判したが，彼らは別種の全体的アプローチを主張したと見ることができる。つまり，彼らが志向したのは，研究する側とされる側を含んだ「全体的アプローチ」である（それは「部分」にすぎないというのがクリフォードの主張ではあるが）。1980年代の文化人類学批判は，他者理解には，必然的に自己理解を含むことを主張したものであった。

今日，現地に赴いて現場の人や集団を対象にする調査は，歴史学や社会学など様々な学問分野においても実践されるようになった。そのような状況において，文化人類学的フィールドワークがほかの現地調査と区別されるのは，そこに他者／自己理解が含まれているかどうかにかかっていると筆者は考えている。それは，自文化研究でも異文化研究でも同じである。フィールドが他者との出会いの場だからである。フィールドワークからエスノグラフィ作成へのプロセスにおいて，具体的な他者に対する理解が深まることによって自己が照らされていく。それがフィールドワークの醍醐味である。

　このような文化人類学的実践が人類の知への貢献となりえるのは，自己と他者が通じ合う地平を明らかにしようとしているからである。人類の歴史は，相互の無理解・反目・争い・殺し合いに満ちている。米国国務省の報告（1999）によると，世界160ヵ国で男性の女性への暴力が顕著に見られる。また，20世紀の100年間に戦争で殺された人は，1億数千万人に及ぶ（常石2003：145）。ドメスティック・ヴァイオレンスから戦争まで，社会のあらゆるレベルで人は争ってきたし，今もどこかで争っている。争いは，「自分のものさし」で他者を測るところから始まる。「自分のものさし」で測れない他者は，同化か排除の対象になる（バウマン 2001：132）。このような世界の現実のなかで，文化人類学者は他者／自己理解を目指し，相互に通じ合う地平を明らかにしようとしている。フィールドワークはそのような遠大な目標を見据えた調査技法であり，エスノグラフィは，その成果として他者／自己理解を表現したものである。

　と，ここまで書いたところで，妻に原稿を読んでもらうと，「『大人になる』，すごく『立派な』ことを書いたね，家での日常生活のなかで，ぜひ『大人』になってほしいと思った」と言われた。他者は遠いフィールドにいるだけでなく，すぐそばにもいる。他者とは自分でない人（よって自分の思い通りには絶対ならない人）であり，しばしば，他者は自己の盲点と急所を突いてくる。生きている限り，他者理解のプロセスは果てしなく，他者のものさしで照らし出される自己も果てしない。だからこそ，私たちは，今すぐにフィールドワークを始めることができ，続けていく価値がある。

参考文献

朝倉敏夫　2011「植民地期朝鮮の日本人研究者の評価――今村鞆・赤松智城・秋葉隆・村山智順・善生永助」山路勝彦編『日本の人類学』関西学院大学出版会，121-150頁。
伊波普猷　1906「沖縄人の祖先に就いて」『琉球新報』（1906年12月5～9日）。
梅棹忠夫　1974「人類学のすすめ」梅棹忠夫編『人類学のすすめ』筑摩書房，245-281頁。
小熊英二　1998『〈日本人〉の境界』新曜社。
ギアツ，C　1987「厚い記述――文化の解釈学的理論をめざして」『文化の解釈学Ⅱ』吉田禎吾・柳川啓一・中牧弘允・板橋作美訳，岩波書店，3-56頁。
クリフォード，J　1996「序論――部分的真実」J・クリフォード／G・マーカス編『文化を書く』春日直樹・足羽與志子・橋本和也・多和田裕司・西川麦子・和迩悦子訳，紀伊國屋書店，1-50頁。
クリフォード，J／G・マーカス編　1996『文化を書く』春日直樹・足羽與志子・橋本和也・多和田裕司・西川麦子・和迩悦子訳，紀伊國屋書店。
崔吉城　2011「朝鮮総督府調査資料と民族学――村山智順と秋葉隆を中心に」山路勝彦編『日本の人類学』関西学院大学出版会，151-173頁。
常石希望　2003「戦争という暴力」海老澤善一ほか『人はなぜ暴力をふるうのか』梓出版社。
中根千枝　1967『タテ社会の人間関係』講談社。
中根千枝　1987『社会人類学――アジア諸社会の考察』東京大学出版会。
バウマン，Z　2001『リキッド・モダニティ――液状化する社会』森田典正訳，大月書店。
米国務省編　1999『なぐられる女たち――世界女性人権白書』東信堂。
マーカス，G・E／M・M・J・フィッシャー編　1989『文化批判としての人類学――人間科学における実験的試み』永淵康之訳，紀伊國屋書店。
マリノフスキ，B　2010『西太平洋の遠洋航海者――メラネシアのニュー・ギニア諸島における住民たちの事業と冒険の報告』増田義郎訳，講談社。
三笘利幸編　2008「伊波普猷『沖縄人の祖先に就いて』」『九州国際大学教養研究』15（1）：83-118頁。
宮岡真央子　2011「台湾原住民族研究の継承と展開」山路勝彦編『日本の人類学』関西学院大学出版会，77-119頁。
屋嘉比収　1999「古日本の鏡としての琉球――柳田国男と沖縄研究の枠組み」沖縄国際大学南島文化研究所『南島文化』21：45-173頁。
山路勝彦　2011「日本人類学の歴史的展開」山路勝彦編『日本の人類学』関西学院大学出版会，9-73頁。
Clifford, J. 1992. Notes on (Field) notes. In Sanjek, R. (ed.), *Field Notes: Making of*

Anthropology. New York: Cornel University Press, pp.47-70.
Hara, T. 2007. Okinawan Studies in Japan, 1879-2007. *Japanese Review of Cultural Anthropology* 8 : 101-136.
Jackson, J. E. 1992. I Am a Fieldnote: Fieldnotes as a Symbols of Professional Identity. In R. Sanjek (ed.), *Field Notes: Making of Anthropology.* New York: Cornel University Press, pp.3-33.
Nelson, C. 2008. *Dancing with the Dead: Memory, Performance, and Everyday Life in Postwar Okinawa.* Durham and London: Duke University Press.
Strathern, M. 2004. *Partial Connections*(*Updated Edition*). Lanham: Rowman and Littlefield Publishers, Inc.

●読書案内●

『フィールドワークの物語──エスノグラフィーの文章作法』J・V・マーネン，森川渉訳，現代書館，1999年。
　1980年代の「文化の書き方」批判をふまえてフィールドワークからエスノグラフィ作成までのプロセスを解説した入門書。独自の視点から分類したエスノグラフィのタイプや，エスノグラフィ作成に必要な技術が「歴史的知識と言語能力と深い個人的経験」であると指摘するなど(p.12)，文化人類学的営みのヴァリエーションと奥行きを教えてくれる。

『京大式 フィールドワーク入門』京都大学大学院アジア・アフリカ地域研究研究科，京都大学東南アジア研究所編，ＮＴＴ出版，2006年。
　若手研究者や大学院生によって発表された研究論文を主な題材として，フィールドワークからエスノグラフィ作成までのプロセスが紹介されている。現地での試行錯誤や論文にまとめるまでの工夫が具体的に検討されている本書は，フィールドワークをやっている人と，これからやろうと思っている人に大きなヒントを与えてくれる。

『ラディカル・オーラル・ヒストリー──オーストラリア先住民アボリジニの歴史実践』保苅実，御茶の水書房，2004年。
　文化人類学的フィールドワークの方法を用いて歴史学者が書いた「歴史民族誌」である。この本が刊行される直前まで，著者は末期がんの病床にいた。本書は，著者・保苅実氏がいのちをかけて仕上げた研究であり，著者の生き方そのものの表現でもあることが伝わってくる。

【コラム1】

米軍基地問題　　　　　　　　　　　　　　玉城　毅

　沖縄に対する日本の施政権を停止したニミッツ布告（1945年3月26日）から貨幣経済復活（1946年4月15日）までの1年間，沖縄にはいかなる自治も自由もなかった。沖縄島の住民は，指定された12の収容地区に集められ，それ以外の広大な土地は米軍用地にされた。収容地区は人口過密となり，1軒の家に5～6世帯が暮らすのが普通だった。これが今日につながる米軍基地問題の始まりである。

　1950年前後，沖縄の米軍基地は決して少なかったとはいえないが，同時期の日本本土には沖縄の約8倍の米軍基地があり，沖縄だけに米軍基地が集中していたわけではなかった。しかし，対日平和条約（1952年4月28日発効）をきっかけに，日本本土の米軍基地は一気に縮小することになった。その一方，同条約にアメリカによる沖縄統治を認める条項が盛り込まれ（第3条），沖縄は日本から切り離された。これを機に日本本土の基地が沖縄に移転され，さらに大規模工事による基地の「恒久化」が進められることになった。

　このような状況に沖縄の住民は強く反発し，米軍基地に反対する社会運動が起こった。1960年代になると，それは「祖国復帰運動」へとつながっていった。祖国に復帰することで，基地がなくなると多くの人が願い期待したからである。しかし，復帰後も，沖縄の基地はほとんど減らなかった。その結果，国土面積の0.6％の沖縄に在日米軍基地（専用施設）の74％が集中するという状況が生み出された。

　この20年間，辺野古（沖縄島北部）の新基地建設に反対する運動が続いている。この運動に関わる知花昌一氏は，アメリカ人映画監督ジャン・ユンカーマン氏のインタビューに応えて，「沖縄は負けたことがない」と述べている。ユンカーマン監督はびっくりして，「『負け続けている』の間違いではないですか」と問うと，知花氏は「今まで1度も勝ったことがないので負けも知らない。だから，勝ち負けを意識せず，今できることをやるだけだ」と答えた。長く続く米軍基地に反対する運動は，知花氏のような息の長い地道で着実な活動に支えられている。

第 2 章

家族と親族
韓国と日本の血縁から考える

太田心平

韓国の伝統的な祖先祭祀は，式次第に沿い盛大に行われる。参加者は，同じ親族集団の人々だが，互いの名前すら知らないことが多い。若者はほとんどいない。この背景には何があるか（2009年，筆者撮影）。

　あなたにとって家族とは何だろう。よくある答えは，「帰ることができる場所」とか，「どんなことがあっても信じ，助けあえる集団」というものだ。これらは，なるほど納得がいく家族の機能的側面である。では，あなたはどんな家族をつくりたいだろうか。「愛している人と結婚して，幸せな家庭をつくりたい」という答えが，日本では一般的だろう。

　しかし，一度疑ってほしい。結婚って，何だろう。結婚が，家族をつくる唯一の方法なのか。家族愛や家族の幸せは，1つの形に収まるものか。家族を，上記のような機能だけで捉えていいのか，など。

　加えて，自分が思っている理想的なパートナーの条件も，一度疑ってみて

ほしい。授業で私が学生たちに，「誰かと家族をつくるなら，パートナーはどんな人がいい？」と聞くと，学生たちは性格，容姿，収入などを熱心に答えてくれる。だが，「その相手はどこから選ぶ？　みなさんのパートナーになる可能性がある人は，全人類の何％くらい？」と聞くと，みんな黙りこむ。「何％とかじゃなくて，人生のなかでめぐり逢って，親しくなれる人なんて，しょせん100人くらいだ」と，「めぐり逢える」「親しい」という隠れた必須条件が，未来のパートナーの条件に加わる。追い打ちをかけて私は聞く，「親しければ，みんなパートナー候補？」。学生たちは動揺する。自分のいちばん親しい人たちほど，実はパートナーにできっこないということに気づくからだ。親，兄弟姉妹，親友（恋愛対象になりえない親友）などは，パートナーに向かない。既婚者も，理想の候補から外すことになる。これらは，ほとんどの日本人にとって，きわめて重要なのに，意識すらされない暗黙の了解である。

　家族と親族は，文化人類学が始まった頃から，重要なテーマの1つだった。その主要な論点を追っていくことで，読者や読者の周りの人々の恋愛や人生の大前提となっているような，暗黙の了解となっている領域を照らしてみよう。その際，日本の場合と，韓国・朝鮮の場合を何度か引き合いに出す。日本に暮らす人々が自らの姿を照らしてみようとするとき，隣国である韓国・朝鮮の事例は，鏡として面白い効果をもつからだ。

1　親族関係と親族集団

　文化人類学の始まりは，19世紀中盤，西欧にさかのぼる。その頃は，西欧人にとってすら，世界の多くがまだ未知の領域だった。世界地図も，国ごとに線引きして表すには問題だらけ。なかにはサハラ以南のアフリカ，南アメリカ，オセアニアなどのように，国家というシステム自体をもたない人々が散在する地域すらあった。

　そんな国家をもたない人々が，自らの集団をほかから区別するためによく使っていた概念が，概して親族関係（kinship）だった。同じ言語を話してい

ても，似たような習俗をもっていても，あの人は我々の一員であるとか，ないとかというようなことを，現地の人々は言っており，ほとんどの地域で出自（descent）が同じということが自集団の条件だった。そうした親族集団（lineage）は，しばしば対外的な政治（外交）の単位にもなっていた。

　これに特に強い関心を示したのは，英国の学者たちである。英国では伝統的に文化人類学のことを社会人類学（social anthropology）ということが多い。親族関係のような，社会を根底で形成するものを研究したがる傾向が強いからだ。

　19世紀後半，英国を含む西欧で知識人社会を支配していた考え方に，社会進化論（social Darwinism）がある。これは生物学の進化論から影響されて，人間の社会も進化すると主張する考え方である。オックスフォード大学の人類学教室の初代教授で，よく「社会人類学の父」と呼ばれるタイラー（Edward B. Tylor, 1832-1917）も，自分の研究に進化論を好んで取り入れた。やがて彼の影響を受けた社会人類学者たちが，いずれの文化も，「野蛮」な形態から，「未開」の形態へ，そして「文明」の形態へと，同じ段階を踏んで発展するという考え方を，世に広めていった。文化進化論（cultural evolutionism）の誕生である。

　この影響で，結婚と家族の形態について考える上でも進化論が唱えられた。有名なのは，米国人モーガン（Lewis H. Morgan, 1818-1881）の主著『古代社会』（1877）だ。そこで彼は，婚姻が，パートナーの不明確な原始的グループ婚（乱婚）から，兄弟どうしの何人かがほかの集団の姉妹どうしの何人かにまとめて婚入りするというルール（プナルア婚）へ，進化したと考えた。ここまでの過程を，彼は野蛮に分類する。そして，土器をつくるくらいの段階で，1人の男が1人の女へ婚入りする形態（母系対偶婚家族）になり，牧畜や農耕が始まると，男性リーダーが支配する血縁グループにほかのグループが女性を贈るという家父長家族に進化するとした。つまり，母系家族に基づいた社会から父系家族を重視する社会への進化である。モーガンによれば，これでもまだ未開な段階。やがて，国家をつくるくらいまで社会が進化し，結婚も家族どうしの取り決めで女性が男性の家族に嫁ぐという形態に

なって，やっと文明に近い社会が形成されるとした。

　注目すべきは，母系家族が未開社会の慣習で，文明社会の父系家族より遅れていると考えられた点だ。自分たち西欧のような社会文化こそ進化の頂点だと主張する点で，モーガンは自文化中心的であり，他者に対して侮蔑的だったと言える。ただ，彼のような文化進化論者は，人づてながら世界各地の多様な情報を集め，それを比較し整理するという方法をとった点で，文化の研究を科学に近づけたと評価できるのであるが。

　これに対し，1920年代になると，社会人類学の研究方法は激変する。特定の集団を直接フィールドワークして，その文化をつきつめて説明することが，学者たちの主流になったのだ。この頃には文化相対主義が確立されはじめ，研究対象も現存している文化が中心になった。そして，その文化は互いに支えあう要素の集合体だと考えられるようになった。例えば家族や婚姻にしても，そのかたちを変えると，同じ社会のほかの文化要素にも影響が及ぶと考えられるようになった。

　最後の点をわかりやすくするために，単純化して例え話をつくろう。生態系のことを考えてほしい。1つの生態系のなかでは，どんな生物も全体を支えていて，どれかが絶滅したら全体もグラつく。いま，1つの文化を1つの生態系と考え，結婚に関する個々の取り決めなど，すべての個々の文化要素が文化のなかにいる生物のようなものだと考えよう。そうすると，どの要素も全体を支え，形づくるうえで不可欠な一部であることが，わかるだろう。

　これらの考え方を備えた社会人類学を，機能主義（functionalism）という。その騎手だったマリノフスキ（Bronisław K. Malinowski, 1884-1942）は，モーガンが語った乱婚やプナルア婚が，人間の生物的な特徴に反する仮説で，そもそもありえないと批判した（Knight 2008: 70）。もう1人の騎手であるラドクリフ＝ブラウン（Alfred R. Radcliffe-Brown, 1881-1955）も，『アンダマン島民』（1922）や『未開社会における機能と構造』（1952）で，西欧人から見て奇異な親族関係も，その社会の文化全体を支える要素であることを示した。

2　日本と韓国の親族

　機能主義の社会人類学は日本にも伝わり，日本のイエ制度を探求するのに活用する人々が，1930年代から出てきた。発端となったのは，有賀喜左衛門(あるがきざえもん)（1897〜1979）などの農村社会学者たちだ。「イエ」とカタカナで書くのには，理由がある。「家族」という言葉は，英語のfamilyの訳語として，近代になってから造られた日本語である。それに対し日本で在来的に使われてきた「イエ」という言葉は，建物としての家，歴史的で社会的な家門，そしてそのメンバーなど，いろいろな意味を複合的かつ重層的に含んでいる。

　例えば有賀は，イエを労働と結びつけて考えた。「家連合」理論と呼ばれる彼の分析によれば，労働の組織化がイエという集団を生み，それが生活保障の機能も果たすようになったという。彼は，本家分家というような同族の連合と，地縁に基づく村組の連合を構成する最小単位としてイエを捉え，それは家父長的な夫婦関係を基本に据えつつも，非血縁者まで含む生活集団で，成員が世代交代しても永続するものだとした（有賀 1965）。

　ここで，「なんで非血縁者がイエに含まれるの？」と疑う読者は，近代まで日本の地主が小作をしばしばイエに包摂していたことや，商家では番頭やら奉公人やらもイエの一員だったことを考えてみてほしい。彼／彼女らにとっても，イエは帰る場所であり，信じて助けあえる集団だった。また，「イエが永続するって，どういうこと？」と思う読者は，日本のイエで大切にされる跡取り問題や，相続される墓，過去帳，袱紗，屋号などのことを調べてみると，面白い発見があるだろう。

　彼の考えには，その後に批判も多く出た。だが，彼に代表されるような戦前の農村社会学者は，後述する通り後世にも影響を与えた。

　同じく戦前の話として，ここで紹介したいのが，日本人による朝鮮の親族関係の研究だ。朝鮮の親族制度は，中国の漢族の影響を日本以上に受けた。父系制ながら夫婦別姓，つまり結婚しても妻は夫の姓を名乗らない。日本のイエに近い意味の「チブ」は，女性が相続できない。「同姓同本」(トンソン・ドンボン)（後述）の

関係にある男女は，どんなに親等が離れていても，結婚できなかった。同姓同本でなくても，曽祖父母の代までさかのぼって，親族関係の近い祖先がいなかったか確認するということが，しばしば行われた。非血縁者はチブの一員になりえず，養子ですら同じ同姓同本の，できるだけ近親者の，しかも同じ代の幼児をもらうのが標準的だとされていた。こうした点が，日本の知識人たちの関心を呼んだ。日本による植民地支配の総本部であった朝鮮総督府も，朝鮮の歴史や文化を嘱託（非正規職員）に研究させ，「調査資料」シリーズを刊行していたが，そのなかにも善生永助（ぜんしょうえいすけ）（1885～1971）の『朝鮮の姓氏と同族部落』(1943) など，親族関係の調査研究がある。

同姓同本とは，姓と「本貫（ポングヮン）」が同じということである。例えば金海金氏（キメ・キム）という同姓同本組織は，金という姓と，金海という本貫をもつ集団であることを示している。本貫はその先祖に縁が深い地名であり，同じ金氏であっても，慶州金（キョンジュ・キム）氏や光山金（クヮンサン・キム）氏など本貫が異なる金氏と金海金氏は親族関係がないとされる。同姓同本組織は，宗親や宗族などと言い換えられることもある。

同姓同本組織は規模がたいへん大きい。最も巨大な金海金氏の場合，現在の韓国では総人口の約9％にもなってしまう。これでは当然まとまりが悪い。このため同姓同本組織は，朝鮮王朝（1392～1897）で出世した人物など高名な先祖を起点に分派し，「門中（ムンジュン）」や「派（パ）」と呼ばれる下部組織に分かれている。これを単位とし，「族譜（チョクポ）」を編纂したり，大規模な年中祭祀を行ったりする。族譜は，韓国の韓民族，中国の漢族，ベトナムのキン族など，東アジアの多くの人々が，現在でも大切にする書物だ。ここには，派の始祖から編纂時にいたるまでの男子の名や略歴が記され，女子の嫁ぎ先が加えられていることも多い（図2-1）。しかし，門中ですら規模が巨大すぎ，個々のメンバーにしてみれば，知らない者だらけの組織である。

これらに対し，おおよそ4代前までの祖先をともにするような単位として，「チバン」ないし「堂内（タンネ）」がある。韓国・朝鮮では，4代祖までの先祖に対し，毎年の忌日に個別の祭祀を行うことになっている。このため，チバンくらいのメンバーともなれば，ほとんどの場合，互いに面識がある。ただ，あくまでも父系の話だ。母方の親戚とは，これほど遠くまで付き合いを

図2-1　1980年に発刊された潘南朴氏（パンナム・パク）の族譜の一部
出典：潘南朴氏大宗中（1980：10）。

もつものではない。

　これらどの単位でも，日本の本家にあたる韓国・朝鮮の「宗家（チョンガ）」は，長男に相続された。長男を優遇したうえで次男以下にも財産を分配する場合もあったが，その場合でも宗家の位相は長男が相続した。この長男の権利に付随したものが，祖先祭祀の義務だった。祭祀には相当の出費がかかり，しかも4代祖まで祀るなら最小で年8回も行なわなければならない。加えて先祖の妾も祀るとなると，祭祀はさらに増えるし，もし門中の宗家だったら，門中レベルの祭祀も加算される。宗家に財産や位相を優遇するシステムには，この祭祀の義務をつつがなく行うリーダーシップとしての機能が隠されていることになる。なお，中国などの漢族の場合には財産が均等相続されるのがより一般的で，ベトナムの場合には女児の相続権すら認められていた例が報告されている（中西 1999）。

韓国・朝鮮の親族関係には，伝統的な身分制度に関わる事象も見え隠れする。戦前の日本の知識人が朝鮮の文化を知るうえで多大な影響を受けた人物に，朝鮮半島東部勤務の警察官から朝鮮通として名を馳せ，学界の御意見番へと転じた今村鞆（1870～1943）がいた。彼は，朝鮮の人々に接する日本本土の人が最も知っておかなければならないこととして，伝統的な身分制度の重要性を説いている。今村は，朝鮮の伝統的な身分制度に，「両班」と呼ばれる特権身分と，「中人」という専門技能職の身分，そして常民，奴婢の4つがあるとした（今村 1914：17）。

　両班とは，本来，高麗王朝（918～1392）から朝鮮王朝まで，文官と武官を合わせて称する言葉であった。だが，そうした役人になる資格は，16世紀から17世紀までに次第に特定の門中の男子に限られていった。こうして，特権身分としての両班が固定された。朝鮮王朝の両班は，最終的に人口の5％にも満たなかったとされる（Deuchler 1992）。

　今村が活躍して以降，多くの研究者たちが韓国・朝鮮の歴史的な身分制度を研究していった。だが，上記の書籍で今村が解説しているのは両班のことだけであり，後進たちも同じ傾向を示した。21世紀にいたっても中人や常民や奴婢の研究はきわめて少ない（桑野 2002）。

　そして，今村の考えには実は重大な問題がある。そもそも，韓国・朝鮮の伝統的な身分制度を4分割するのは，正しくないのだ。朝鮮王朝は，その唯一の憲法『経国大典』（1485）で，民を「良民」と「賤民」，つまり一般人と奴婢にしか分類していない。王朝の公文書は，社会的に両班と同義と考えられることが多い「士族」という特権身分を認めたこともあったが，その身分すら永代継承を許していない。よって，良民と賤民の2つ以外の身分は，せいぜい社会通念にすぎない。しかも，これらの4分類以外の社会通念で人々を身分わけしていた地域がなかったとも言えず，4分類の普遍性は疑わしい。かつ両班と中人と常民の間には相当数の身分移動もあった。日本の江戸時代にも，武士や町人や農漁民といった身分のあいだに，婿養子，御家人株の取得，登用や雇用などにより，身分移動がありえたが，朝鮮王朝でも同様，またはそれ以上に身分の上下動があり，かつ日本とは異なって，奴婢へ

の下落すらどんな身分にもありえた。

　韓国・朝鮮の親族関係について，読者は「妙だな」と思うだろうか。だが，これを鏡に日本のことを振り返ってみてほしい。女性でも婿養子をとってイエを継承できる日本は，本当に父系だろうか。韓国・朝鮮にも「テッリサウィ」といって，婿をチブに住まわせる場合はあったが，その場合にも婿は嫁のチブを継がない。さらに長子相続についても，日本は不思議である。性別にかかわらず第1子がイエを相続することを標準としていた地域（東北地方など）や，末っ子に多くが相続されていた地域（瀬戸内海地方など）もあった。日本の一部の商家では，実子より商売が上手い人物を養子に取り，イエを継がせる成人養子も珍しくなかった。私が韓国の大学で授業をするたび，韓国人の学生たちは，こうした日本のイエ制度に対して「信じられない！」と目を白黒させる。

3　婚姻のかたち

　韓国の学生たちをさらに困惑させるのは，日本のイトコ婚の話だ。すでに述べた通り，韓国・朝鮮では親族関係にある者どうしの婚姻を厳密に避けようとしていた。このような婚姻を，「外婚（exogamy）」という。加えて，韓国・朝鮮には婚姻に関するさらに厳しい禁忌もあった。同じチブどうしの間で婚姻が重なること（キョプサ婚）は，避けねばならないという通念である。つまり，例えば自分が兄をもつ女性だとするならば，兄嫁の実家の男性とは結婚できなかったのだ。

　対して日本ではどうか。平安時代の貴族社会や，戦国時代の武家社会のように，「内婚（endogamy）」がむしろ奨励される場合もあった。そのほかの場合にも，先祖を調べ上げて内婚を厳密に避けようというほどの規範はなかった。現在でも，イトコ婚を含め，親戚どうしの結婚は少なからず行われている。

　マリノフスキは，人類に普遍的に見られる「近親相姦禁制（incest taboo）」について，家族成員の間で男女が結ばれることを認めないことで，

家族のなかの緊張（兄弟が妹を取り合って争うことなど）を減らし，家族の分裂を避ける機能をもっていると指摘した。ただし，この近親相姦禁制に抵触する近親婚というものを，先に述べた内婚と混同しないでほしい。日本のように近親婚の範囲と内婚の範囲が違うこともある。そして，インドのカースト内婚のように，共通の社会的属性をもつ者どうしの婚姻（homogamy）を奨励しつつも，近親婚を犯さないようにするために，遠戚との内婚がむしろ当然になった例もある。また，イスラム文化圏のようにイトコ婚，特に父方平行イトコ（男性と，その父方オジの娘）との結婚を尊ぶ例もある。さらに，母方交差イトコ（男性と，その母方オジの娘）の結婚を理想的とする社会もある。こうした社会では，特定のイトコとの結婚に特別な価値を見出す他方で，そのほかのイトコとの結婚を近親婚，ないしそれに近いものだと認知して忌避する場合が多い。

　こうした婚姻の規範を理論的に説明した民族学者に，レヴィ＝ストロース（Claude Lévi-Strauss, 1908-2009）がいた。ここでいう「民族学（ethnology）」は，ヨーロッパ大陸を中心に発達した文化人類学だと言い換えてもいい。彼は構造主義（structuralism）を確立し，現代思想に多大な影響を与えたことで知られるが，『親族の基本構造』（1949）では贈与という概念を活用して婚姻と親族の根本原理を解き明らかにした。彼の業績の特徴は，1つ，ないしいくつかの社会の複数の文化要素を，図式化や数式化により整理し，それに変換操作を施すことによって，人々の文化を根底で規定する，無意識な法則を洗い出すことだった。そのなかで婚姻についても，親族集団が女性を贈ることで隣接する親族集団と連合（alliance）を形成するものと解説した（吉岡1984）。婚姻に際して贈られるのは，女性だけではない。社会により，嫁材や婚材のような婚資もやりとりされる。新郎が新婦の家族にしばらく奉仕すること（新郎奉仕）を経て，やっと結婚が成立したとみなす社会もある。

　この考えにしたがうなら，韓国・朝鮮のキョプサ婚禁制は，親族連合を最大限に形成する方法なのかもしれない。嫁に行った女子は，「出嫁外人（チュルガ・ウェイン）」という法則で，元のチブの一員とはみなされなかったが，その女子の存在は嫁ぎ先を伴って族譜に残され，チブどうしのつながりは確かに記録された。

韓国・朝鮮でも，婚資のやりとりがある。現在でも，新郎側は新婦側に装飾品を贈り，新婦側は家財道具を準備し，新居にかかる費用は相談しあうというように，贈りあいの標準ルールがある。日本にも，新郎側が新婦側に，婚約指輪と結納品（象徴的な品物と金一封）を贈り，新婦側は家財道具を準備するという標準ルールがある。もちろん，標準ルールに個人がどこまでしたがうかや，どんな地方ルールやバリエーションがあるかは，違ったレベルの話だ。

　構造主義の考え方を取り入れ，日本社会の構造をタテ社会の人間関係に集約して表現した社会人類学者の中根千枝（1926～）も，例外はいくらでもありうることを前提にして考えなければ，親族の構造は解明できないという。彼女は，戦前の農村社会学者の経済的居住単位としての同族の概念に，構成員どうしやイエどうしのヒエラルキーを重要な関数として取り入れた（中根1962）。そして，このような本家と分家のヒエラルキー，親と子のヒエラルキーなどのタテ関係が，会社社会など，日本のどこにでも見られるということを指摘した『タテ社会の人間関係』（1967）で，日本のみならず世界にまで衝撃を与えた。

4　家族のかたち

　冒頭で書いたことに立ち返りたい。家族を考えるとき，我々は精神的つながりを重要視する傾向がある。しかし，これまでに見てきた文化人類学の研究成果は，どうしても親族の政治経済に関わるような，いわば夢のない話だった。実は，家族に関する文化人類学の古典的定義も，「居住をともにし，経済的共同と子どもの生産に特徴づけられるような，ひとつの社会集団」（Murdock 1948: 1）というものだ。これも有賀や中根の同族論と似ている。我々が思い描くような，愛を必要条件とする家族像から程遠い。

　とはいっても，伝統的な家族や親族のかたちが精神的つながりと無縁だと，これらが言いたいわけではない。核家族化が進んだ現代に生きる我々にとっては，核家族こそが最後の拠り所だと思うほど，家族は小さなものに

なってしまった。だが，伝統社会には違った家族像があった。しばしば文化人類学者は，拡大家族（extended family）とか結合家族（joint family）という用語で，複数の夫婦が1つの家族を形づくるという家族形態に着目した。そこで報告されてきたことも，核家族の枠すら越えた，人と人との深い信頼関係だった。具体的には，空間の共用，共通財や家計の一体化，共同育児などであり，これらは愛と置き換えてもいいほどの信頼関係を前提としている。核家族内での信頼関係は，いわずもがなだったと言ってよかろう。

　ここで，社会の価値観の変化が激しかった1990年前後のソウルを舞台に，庶民の暮らしを描いたドラマ『応答せよ1988』（tvN，2015-2016）を紹介したい。そのなかでは，隣近所の人々が，チブの分け隔てなく，行き来して生きている。料理のおすそ分けはもちろん，食事はどこかの家で食べればいいという感覚すら見られる。子どもは夜に近所の子どもの家で眠っても，何もおかしくない。ソウルへの一極集中が進むなか，ソウル移住者の一世や二世にあたる人々は，結合家族さながらのお隣づきあいをしていたということだろう。その後，韓国の家族像は，日本のそれよりも急速に，大きく変わった。だからこそ，たかが20年ちょっと前の日常物語であるこのドラマが，現在の人々に新鮮に受け止められ，大ヒットしたのである。

　韓国のドラマ界では歴史活劇も人気だが，このことは両班への尽きない関心とも関係がある。両班は多く見積もっても人口の5％以下だったはずなのに，いつのまにか両班の子孫を自称する門中が全体の約9割にもなり，両班らしさを実践しようとする人々が増えた。このことを「両班化（yangbanization）」という（Lee 1986，末成 1987，仲川 2008）。この過程で，多かれ少なかれ，庶民が庶民的なことを忌避するようになり，自己アイデンティティを両班に求めようとするようになっていった。これでは庶民的な結合家族が成り立たない。

　人口の半分以上を抱えるようになったソウル都市圏では，アパート生活者が4割となり，お隣づきあいがままならなくなってきた。こうした急速な一極集中や居住空間の変化も，家族像が激変した要因だと言えよう。

5 現代のひずみ

別の激変の例として,1990年,2002年,2014年の4年制大学進学率,平均初婚年齢,出生率の変化を示すと,表2-1のようになる。ここに見られるのは,女性の高学歴化や,性別に関わらない晩婚化,出生率の低下という日本とも共通する変化だが,問題はその変化の速さだ。

また,2014年の大韓民国統計庁のデータベースによれば,40代から50代までの夫婦の51％以上が共働きである。

同データベースで目を引くのは,結婚に対する意識調査だ。結婚はすべきと答えている人が,男性で61.5％,女性で52.3％しかいない。また,複数の新聞社などの調査では,2030年頃,韓国の生涯未婚率(50歳の時点で結婚したことがない人の割合)は,日本のその頃と並んで,およそ男性が3人に1人,女性が4人に1人となるという。

この背景に,都市部のアパート価格の高騰をあげる人が多い。1人でワンルームの生活を維持することも大変なのだから,2人で働いても家族向け(2LDK以上)のアパートをもつなんて無理だという未婚者が多い。また,子どもの私教育費,つまり保育所や学習塾などにかかる費用も,韓国の未婚者たちが結婚に前向きになれない理由である。韓国の私教育費が経済協力開発機構(OECD)加盟国,つまりおおよそ先進国すべてのなかでも最高だという話は,韓国でよく知られている。

表2-1 韓国人の暮らしの変化の例(全国データ)

	1990年		2002年		2014年	
	男性	女性	男性	女性	男性	女性
4年制大学進学率 (国内大学のみ)(％)	22.1	19.4	47.0	43.5	44.8	48.8
平均初婚年齢(歳)	27.8	24.8	29.8	27.0	32.6	30.0
出生率(ポイント)	1.570		1.166		1.205	

出典:大韓民国統計庁のデータベースから作成。

だが，こうした経済的動機だけでは，晩婚化や非婚化の背景を説明できない。現に，研究者が指摘したがる晩婚化や非婚化の理由も，経済との関係は薄い。研究者が指摘したがるのは，むしろ儒教的な規範意識の衰退である。人は結婚し，跡取りの男子を設け，その子を結婚させて，さらに跡取りを残さなければならない——この考えは，自分も含めた先祖の祭祀を途切れさせないための儒教的な規範によるものだ（第3章参照）。韓国の伝統的な墓は，1体ずつ土葬するもので，誰かが祀らなければ朽ちてしまう。だから，跡取りがない人は，墓を残さず火葬された。大韓民国保健福祉部の統計によると，1990年に火葬された人は10％ほどだったが，この数は30代半ばまでに死亡した比率と大差なかろう。だが，火葬は急速に普及の一途をたどり，2014年の場合80％に迫る勢いだった。先祖の伝統的な墓を掘り起こし，火葬し直して納骨堂に収める人もいる。こうなると，韓国に儒教の規範が強く残っていると言えるのか，怪しくなってくる。

　では，当事者は晩婚化や非婚化をどう説明するのか。これを考えるためには，上記の経済的理由の内実に踏み込まねばならない。

　そもそも，どうして都市部の家族向けアパートに住まなければならないのか。その背景には，都市で月給取りの仕事をし，みんなと同じように設備が整ったアパートで暮らす以外は考えられないという，人々のライフ・スタイルがある。子どもに受験戦争を強いて当然という思いが，家計のバランス感覚を狂わせ，身の丈以上の私教育費につながっているのも，人々のライフ・スタイルの帰結だと言えよう。

　私教育費の問題の背景には，別の点もある。子どもを毎日夜遅くまで塾に通わせる理由として親たちが語る実情は，子どもに競争を勝ち抜いてほしいということだけでない。夫婦とも夜遅くまで職場にいるためには，小さな子どもを帰宅させられないというのだ。この場合，母親の稼ぎがそのまま子どもの私教育費になっていることもあり，私が知る40代の韓国人女性は，何かの話の折に，ふとこう言った。

　　結局，私が家に籠っていたくないから，働いているだけ。でも，人にそんな

こと言うと，悪い母親だと思われるでしょう？　だから，子どもを塾に送るために働いているっていうの。（中略）ときどき思うわ，仕事を辞めて，自分が子どもの勉強を見てやっても，結果は何も変わらないなってね。

　子どもを祖父母に預ける人も，もちろんいる。しかし，すでに核家族用のアパートで暮らすようになった韓国人にとって，それは容易なことでない。さらに，みんな塾に通っているから，自分だけ通わさないと，子どもが学校で，自分はママ友の間で，ともにイジメられるというのも，よく聞く話だ。やはり，経済ではなく，ライフ・スタイルに起因することであろう。
　こうした養育疲れの逸話は，未婚者に反面教師として受け止められ，結婚をしない動機づけとなる。ただ，この話に読者は「しっくりこない」だろう。子どもをもたない夫婦という選択肢は，韓国にないのか，と。10年ほど前に結婚し，子どもをもたない姿勢を貫いている韓国の夫婦を，私は２組だけ知っている。そのうち１組の夫は，こんなことを言う。

この国では，子どもをもたない夫婦が，まだ珍しいんだよ。医者を紹介したがる人や，なぜか聞きたがる人は，俺の周りにもいっぱいいる。変な嘘の噂話をする人もいる。うるさいんだよ。（中略）俺たちは，結婚する前から，子どもはいらないって，言ってたじゃない？

　つまり，子どもを養育する負担が大きいという認識はありながらも，結婚するからには子どもをもうけて当然という風潮が，韓国では根強い。また，他人から干渉される傾向が強いことも，この話からわかる。
　最後に，伝統的な親族関係の話に戻ろう。韓国では，幾度の試行を経て，2005年に民法が改正され，同姓同本の結婚が解禁され，七親等以上の男女ならば結婚できるようになった。キョプサ婚を禁忌とする通念も，前後して昔話になりつつある。もちろん，その後もこれらの風習にこだわる人々はいて，親族にそういう人がいるほど，同姓同本結婚もキョプサ婚も，越えねばならない壁がほかの場合より多くなるのだが。

族譜についても変化が見られる。近年では、女子の名や略歴も記載することになった門中が少なくない。しかし、そう変えようとしたところ、「両班はそういうことをすべきでない」という反対意見があがるということがよく見られる。

　最後に重要なことを復習しよう。文化要素は、1つ変えれば、全体の機能的調和に歪みを来たす。そして法律を変えたところで、社会の深層に残る構造は、あれやこれやと姿を変え、行為レベルにまで影響を与え続ける。

　あなたの頭のなかや、身近なところにも、家族と親族のかたちについて、そんなひずみはないだろうか。そして、現代や近未来の日本の家族と親族のスタイルは、本当に法や制度で「矯正」すべき「問題」なのだろうか。

参考文献

有賀喜左衛門　1965『日本の家族』至文堂。
今村鞆　1914『朝鮮風俗集』ウツボヤ書籍店。
桑野栄治　2002「朝鮮社会の身分制度」古田博司・小倉紀藏編『韓国学のすべて』新書館、96-99頁。
末成道男　1987「韓国社会の『両班』化」伊藤亜人ほか編『現代の社会人類学1』東京大学出版会、45-79頁。
仲川裕里　2008「『両班化』の諸相と儒教――イデオロギーの社会的上昇機能と限界」土屋昌明編『東アジア社会における儒教の変容』専修大学出版局、53-105頁。
中西裕二　1999「祖先の作り方――アジア諸文化にみる親族」片山隆裕編『アジアの文化人類学』ナカニシヤ出版、13-27頁。
中根千枝　1962「日本同族構造の分析――社会人類学的考察」『東洋文化研究所紀要』28：133-167頁。
中根千枝　1967『タテ社会の人間関係――単一社会の理論』講談社。
モルガン，L・H　1958『古代社会（上・下）』青山道夫訳、岩波書店。
吉岡政徳　1984「構造主義」綾部恒雄編『文化人類学15の理論』中央公論社、163-181頁。
レヴィ＝ストロース，C　2001『親族の基本構造』福井和美訳、青弓社。
Deuchler, M. 1992. *The Cofucian Transformation of Korea: A Study of Society and Ideology*. Boston: Harvard University Press.
Knight, C. 2008. Early Human Kinship Was Matrilineal. In N. J. Allen, H. Callan, R.

Dunbar and W. James (eds.), *Early Human Kinship: From Sex to Social Reproduction*. Oxford: Blackwell, pp. 61-82.
Lee, K. K. 1986. Confucian Tradition in the Contemporary Korean Family. In W. H. Slote (ed.), *The Psycho-Cultural Dynamics of the Confucian Family: Past and Present* (ICSK Forum Series No. 8). Seoul: International Cultural Society of Korea, pp. 3-22.
Murdock, G. P. 1949. *Social Structure*. New York: Macmillan.
潘南朴氏大宗中　1980『潘南朴氏世譜』Seoul: 潘南朴氏大宗中（ハングル，非売品）。

●読書案内●

『つながりの文化人類学』高谷紀夫・沼崎一郎編，東北大学出版会，2012年。
　　「つながり」という独自のキーワードで人間関係のあり方を広く捉えた，気鋭の文化人類学者たちの論集。東アジア地域の家族と親族を中心としつつも，それ以外のつながりや地域も論じている点から，本章の内容をより広げて考えたい読者におすすめしたい。

『〈血縁〉の再構築——東アジアにおける父系出自と同姓結合』
吉原和男・鈴木正崇・末成道男編，風響社，2000年。
　　中華圏，朝鮮半島や済州島，ベトナム北部について，家族と親族のあり方を深く追っている。古典的な研究成果を整理しつつも，具体的な実例に沿い，都市化や時代変容にも視座をよく開いている。本章であつかった内容をより深く極めたい読者におすすめしたい。

『日本人の仲間意識』米山俊直，講談社，1976年。
　　本章でも紹介した中根千枝『タテ社会の人間関係』と合わせて読んでもらいたい。米山が展開したヨコのつながりの議論は，本章でも紹介した中根の議論を補足しつつも，日本文化論に対する新たな発議となった。

【コラム２】

変わる一人っ子政策　　　　　　　　　　兼城糸絵

　共産党政権成立直後の中国では，国力増強のために出産を奨励する政策が実施されていた。その後，食料事情の悪化を受けて，1957年には経済学者の馬寅初が「晩婚」や産児制限を骨子とした人口抑制論を唱えた。しかし，社会主義国家に人口問題は存在しないという考えから，馬寅初の人口抑制論は党の思想に反するものとして厳しく批判された。その後もしばらくは人口増加が目指されたものの，「大躍進」の失敗や災害による食料自給率の下落，そして出生率がピークを迎えたことを受け，人口政策の見直しが行われた。そこで1979年より「晩婚晩育（遅く結婚し，出産する）」「少生優育（子を少なく産み，優秀に育てる）」を奨励するいわゆる「一人っ子政策（中国語では「計画生育」）」が開始された。「一人っ子政策」では，夫婦１組につき子どもは１人までと提唱されたが，条件によっては２人の子どもまで許された。また，政策にしたがった人々は様々な面において優遇されたが，違反者には罰則が課せられた。その意味では，まさに「アメ」と「ムチ」をもって人口をコントロールしてきたともいえる。

　結果的に，中国の人口は一定程度抑制されたが，代わりに様々な社会問題が生じた。例えば，農村部を中心に男児を望む傾向が強いため，女児とわかれば堕胎するケースが多発し，国際的に非難された。また，計画外出産をしたがゆえに戸籍に登録できない子どもたち（いわゆる「闇っ子」）の存在も深刻な問題となっている。さらに，少子高齢化の進展に伴い老人扶養問題が注目を浴びており，将来若者に課せられる経済的負担が大きくなることも指摘されている。

　2010年には一人っ子どうしが夫婦となる場合には２人まで子どもを産むことができるように政策が緩和され，2015年12月にはすべての夫婦が２人の子どもをもつことが認められた。しかしながら，依然として政府によって人口が管理されていることに変わりはなく，今後も新たな問題が生じることが予想される。

第 3 章
宗教
中国の神・祖先・鬼から考える

川口幸大

「あの世の沙汰も金次第」という言葉がある。この写真は死んだ祖先に使ってもらうためのお金だ。では、祖先にお金を贈るという行為は宗教だろうか。そもそも宗教とは何か。この章で考えよう（2016年，筆者撮影）。

1　宗教とは何か

　「あなたの宗教は何ですか？」とたずねられたら、どう答えるだろう。ある調査によれば、日本で「特定の宗教団体に入っている」人の割合は6.8％、「信仰をもっている」と答えた20代の人の割合は11.5％なので（石井 2011）、みなさんの多くも「信じている宗教はない」と答えるのではないだろうか。

(1) 最近身の回りで起きたこと

　ところで，私は毎朝テレビの「今日の占い」コーナーが気になっている。運勢の上位から発表されてゆくのだが，自分の星座である乙女座が出てこないと，まだかまだかと心配でしょうがない。そして結局「ごめんなさーい，今日の最下位は乙女座でした」と言われると，朝のスタートからつまずいた気分になってしまう。だが，ここで気を取り直して，そんな人を慰めるかのように教えてもらえる「ラッキーアイテム」を，何とか身につけたり，食べたりできないものかと思案してしまう。また，これを書いている日はたまたま3月3日のひな祭りなので，娘のために小さなひな人形を飾り，夜はちらし寿司をつくって，はまぐりの吸い物とともにいただいた。数日前には，93歳の祖母の容態がよくないというので，見舞いのために大阪の実家に帰って，（悲しいことだが）祖母が亡くなったら，葬式はどのようにするかという父と伯父の会話に加わるとともに，久しぶりに仏壇に線香を上げて，祖母の無事を祈った。帰途の伊丹空港では，プロ野球オープン戦の結果を報じるスポーツ新聞を買って機内で熟読し，デビュー時から応援している阪神・藤浪投手の順調な調整ぶりを嬉しく思った。仙台に戻って職場の大学に顔を出すと，あと数日で東日本大震災から5年，地震発生時刻の2時45分には全職員で黙祷を捧げますというアナウンスがなされていた。

(2) 宗教はどれ？

　私の数日間のこうした出来事のうち，宗教と呼べるものはいくつあるだろうか。占いを気にする。子の健康と成長を願って人形を飾り，決まった食べ物を食べる。親族の死について考え，死後の儀礼，つまり葬式に関わる。先祖の仏壇に手を合わせる。特定のスポーツチームや選手を応援する。災害による犠牲者のために祈る……。もちろんこれは宗教をどのようなものとして考えるかにもよる。仮に宗教を，①「自分には及ばないような力の存在を認め，それを畏れ，災いを避けられるように，あるいはよい結果がもたらされるように，何らかの働きかけを行うこと」だとみなしたらどうだろうか。占

いを気にするのも，死者のために祈るのも，みな宗教に当てはまるだろう。また，ひな祭りをはじめとする，いわゆる伝統的な年中行事には，「福を招き，災を払う」（招福攘災）という願いが込められている。特定のスポーツチームや選手，あるいはアイドルなどを熱心に応援するのも，自分の声援がそのチームの勝利や選手・アイドルのパフォーマンスに何らかの影響を与えうる（ものであってほしい）と望んでいる点において，占いやおまじないなどと共通性が見い出せるだろう。

(3) 私たちにとって宗教とは

だが，私たちは普通，宗教をこのようなものとしては考えない。上に見たようなたくさんの行事やイベントに携わっているにもかかわらず，大半の人が「宗教を信じていない」と答えていることは，まさにそれを物語っていよう。ましてスポーツチームやアイドルの応援を宗教だと言ったなら，ほとんどの人は眉をひそめるに違いない。

私たちにとって宗教と聞いてイメージするのは，すなわち，②「a. 絶対的な神／教祖がおり，b. その教えを記した経典があり，c. それを実践するための施設と組織がある」といった特徴であろう。そして，おそらく私たちは，この②が具体的には何を示しているのか，また a, b, c とは何のことを言っているのかがすぐに想像できるだろう。そう，私たちが「宗教」と聞いて思いつくのは，ユダヤ教，キリスト教，イスラームのいわゆるアブラハムの宗教であり，もしくは新興宗教や，いわゆるカルト教団と呼ばれるものである。そして，キリスト教であれば，a の神は God，b の経典は聖書，c の施設は教会であり，イスラームならそれぞれ，a. アッラー，b. コーラン，c. モスクとなるだろう。

私たちの多くにとって必ずしも身近だとは言えないキリスト教やイスラームを宗教として認識し，他方で日々の生活のなかで親しんでいるおまじないや占いや墓参りなどを宗教と呼ぶのがためらわれるのは，どうしてなのだろう。まずは，東アジアにおける宗教の成り立ちにさかのぼって，この問いについて考えてみよう。

2　東アジアにおける宗教

(1) 宗教はある？　ない？

　そもそも日本や中国などの東アジアにおいては宗教など存在しなかった，と言い切るのは，やや語弊があるかもしれない。人間が自分より大きな存在を畏れたり，目には見えないものを認識したり，死者の行く末を案じたりするのは原初的な行為だと考えられている（エリアーデ 1991）。むしろ，こうした，いわば想像力を働かせることができるという点こそが，人間をほかの動物から隔てる特徴の1つだとみなしてよいだろう。そうすると，①，つまり「自分には及ばないような力の存在を認め，それを畏れ，災いを避けられるように，あるいはよい結果がもたらされるように，何らかの働きかけを行うこと」という意味での宗教は，はるか昔から，どこの人々の間にも，もちろん東アジアにも，存在したということになる。

　では，②の方の「宗教」はどうだろうか。「これも日本や中国にはあった」という声が聞こえてきそうである。確かに，日本でも中国でもお寺はたくさんあり，世界三大宗教の1つと言われる仏教は普及していると言ってよいだろう。日本には実に約8万もの寺があるのだ。郵便局は約2万5,000，コンビニエンスストアは5万あまりだから，いかに寺の数が多いかがわかる。また，神道の神社も全国に約8万あり，みなさんも初詣や七五三や合格祈願などのために足を運んだことがあるだろう。一方，中国には道教がある。道教の神を祀った施設を廟という。中国には数多くの廟があり，地域によっては村ごとに複数の廟があるほどだ。こうした廟には普段からさまざまな願いごとのために人々が訪れ，祀られている神様の誕生日にはさらに多くの人が供え物をして祈りを捧げる。こうして見てくると，仏教も，神道も，道教も，東アジアの人々の暮らしに密接に関わっていることがわかるだろう。

(2) 制度としての「宗教」——日本と中国

では，これら仏教，神道，道教は，「宗教」なのだろうか。「宗教」を制度として理解すれば，答えは「イエス」である。ただし，それは「ある時期から」という限定つきでだ。宗教という言葉はもともと漢語訳された仏典（仏教のテキスト）で使われており，江戸時代には「仏教の説く真理の教え」という意味であった。それが幕末から明治初期の日本でキリスト教を黙認せざるを得なくなった際に，西洋の言葉である religion の翻訳語として新たな意味を担うようになったのである（磯前 2012：179）。そして，この「宗教」という新しい言葉は，日本から中国へと，いわば逆輸入された（なお，「経済」や「科学」など，この時期に日本から中国にもたらされた和製漢語はかなりある）。

日本では戦後に公布された憲法において「信仰の自由」が改めて保障されているから，国が認めた宗教法人以外でも，言い換えると，ごく個人的にでも宗教活動はできる。だから，何が宗教で，何がそうでないかは，状況や認識の仕方によりけりだと言えるだろう。

一方，中国でも信仰の自由は保障されているが，実情は日本とは大きく違う。中国では，国が認めた場所以外での宗教活動は禁じられているのである。どういった場所が認められているかと言えば，主としてキリスト教（カトリックとプロテスタント）の教会，仏教の寺，イスラームのモスク（清真寺），道教の廟であり，これらが事実上，中国において信仰を認められている宗教ということになる。逆に言うと，これ以外の，例えば①であげたような，おまじないや占いや行事にまつわる様々な行為などは宗教ではないということである。日本とは対照的に，中国では何が宗教で何がそうでないかは国が明確に決め，宗教以外の宗教的な活動はいっさい認めていないのである。ただし，祖先祭祀をしたり，年中行事を行ったりするのは，宗教としてではなく，「伝統行事」とか「民族の文化」としてであれば認められる。なんとも曖昧で，興味深いところである。

(3) 制度としての「宗教」——西洋の場合

このように，私たちにとって，何が宗教か／何が宗教でないか，宗教を信じているか／信じていないかといった問いを考えるのがかくも難しいのは，どうしてだろうか。もし，これがヨーロッパのどこかの国，例えばアイルランドであれば，どうであろう。おそらく大半の人にとって宗教とはキリスト教であり，かつ，ほとんどの人からは，信仰に熱心かどうかはともかく，自分はキリスト教徒だという答えが返ってくるであろう（統計では，アイルランドの人口の約9割がカトリック・キリスト教徒である）。

話をわかりやすくするためにやや大ざっぱな言い方をすると，ヨーロッパはキリスト教の世界だったのだ。政治も，学問も，芸術も，みな神の名のもとに行われていた。農耕や牧畜のサイクルもキリスト教の暦と結びついていて，その節目に行われる行事もみな神や聖人に捧げられるものであった。世界の理(ことわり)はすべて神にあったのである。

こうしたいわば神による支配からの解放へと大きく踏み出したのが近代である。政治からも，学問からも，芸術からも，とにかく公的な機関や活動から神は切り離され，信仰は公に強要されるものではなくなった。そして，世界の理は神の論理ではなく，新しいロジック，たいていは科学によって説明されるようになった。人々が教会に通う回数は減り，神に祈る機会はまれになった。これが世俗化である。

しかしながら，こうした近代化と世俗化によって宗教は衰退していく一方だったかと言えば，決してそうではなかった。例えば，宗教は様々な政治的ロビー団体やボランティア組織などの社会セクターに入り込むかたちで，むしろ政治や社会に影響力を発揮している（カサノヴァ 1997）。あるいは，2016年の今日ではイスラーム原理主義を掲げる IS（イスラミック・ステイト）の活動やテロ行為のニュースを見ない日はない（これらは真のイスラームではないという言い方もあるが，当事者たちがその名を用いているところもまた重要である）。現代世界において神は「再発見」（バーガー 1982）され，かたちを変えつつも，人々の生活に密接に関わり続けているのだ。いわゆるポスト世

俗化,あるいは再聖化である。絶対的な神なき世界だからこそ,人々はむしろ新たに神や,もしくは神のようなものを求めずにはいられないのであろう。

(4) キリスト教としての宗教

こうした宗教の歴史,即ち宗教による世界→世俗化→ポスト世俗化という図式は,なるほど,西洋のキリスト教社会から見れば,説得力があるのかもしれない。しかし,私達にとってはどうだろうか。そもそも,近代以前の日本は神が支配する世界だったと言われてもピンとこないし,ならば世俗化もポスト世俗化も,私達は西洋のいう意味では経験していないことになる。

つまり,ここでいう「宗教」が主として想定しているのは,キリスト教にほかならないのである。だから,宗教をキリスト教だと限定的に考えるなら,それはもともと日本にはなかった。しかし,様々な対象や自然に生命や魂を認めて祈ったり,祖先を祭祀したりするという意味での宗教,つまり冒頭で上げた①の意味での宗教なら,日本にも,そして中国にもあった。そして,宗教がこちらの意味ではなく,②「神,経典,施設」を備えたキリスト教フォーマットとして定着したのは,西洋が近代という時代に世界を覆ったからにほかならない。宗教とは,このように様々な条件のなかでかたちづくられてきた歴史的な所産なのである(アサド 2004)。以上のことを頭の片隅におきながら,次からはいよいよ中国の宗教について具体的に見ていこう。

3 中国の宗教——広東省広州市を事例に

私が20年近く調査を行っている中国南部の広州市は,中国東南地域の大都市である。首都の北京からは距離があるが,経済が活発で街には活気がある。日本でいうと福岡のような位置づけにあると言えばイメージしやすいだろうか(ちなみに,広州市と福岡市は友好都市である)。

(1) 認可された「宗教」施設

広州市には政府が公認する宗教の施設が数多くある。広州市の民族宗教事

務局によると，2016年現在，市内にはカトリックが9，プロテスタントが16，イスラームが4，仏教が21，道教が7の公的に認められた活動の場所を有している（広州市民族宗教事務局HPより）。こうした施設には，政府から認可された「宗教活動場所」であることを示すプレートが掲示されている。繰り返しになるが，逆に言えば，現代の中国ではこうした「宗教活動場所」以外での宗教活動は認められていないのである。

では次に，私が調査を行っている広州市近郊の農村部に目を向けてみよう。そこには公的に認可された宗教を知っただけでは想像もつかないような，宗教と信仰のリアルな世界が広がっている。

(2) 村に暮らす人々の宗教

私が主要な調査地としてフィールドワークを行っている村は，広州市の中心部から南に向けて40分ほど地下鉄に乗り，そこからバスで15分ほどのところに位置している。日本の感覚でいうと，大都市郊外の農村部といったところだ。しかし，ここ30年ほどの間に村の周辺には工場がたくさん建てられて，出稼ぎに来た労働者たちが数多く働くようになっている。また，最近では高層マンションも建てられて，都市部のベッドタウン化が進みつつある。農地はほとんどなくなって，空気や水が汚れていると地元の人はなげく。世界の工場，経済発展，貧富の差，環境問題など，私たちがニュースでよく目にする今の中国が凝縮されたような場所だ。

こうした村の人たちは，どのように宗教に携わっているのだろうか。実際に村のなかで暮らしていると，「今日もまたあるの!?」と驚くほど，1年を通して様々な活動が行われている。しかし，まず初めに断っておくと，宗教とはいっても，先ほど見たような，政府が公的に認可した宗教施設はこの村には1つもない。だからそれらは中国共産党政府の定義では宗教ではないということになる。一方で，村の人々は，様々な願いを込めて祈ったり儀礼を行ったりしている。そして，その対象は「神」と「祖先」と「鬼」の3つに大別できる。どんなときに，どんなふうに，人々はそれら神・祖先・鬼に関わっているのだろうか。そして，私たちはそれをどう理解することができる

だろうか。次から順に見てみよう。

①神に祈る——廟での儀礼

　まずは，神である。神が祀られている代表的な場所は廟である。現在，村には大小合わせて5つの廟がある。繰り返すようだが，それらは政府に言わせれば断じて「廟」ではないのだが，村の人々はそう呼んでいるし，建物にも廟と書かれてあるので，とりあえずここではそう呼んでおく。

　廟には様々な神が祀られている。航海の安全を司る天后や北帝，商売と武術の神の関羽，学問の神の文昌，薬の神である呂祖，それに観音などである。それぞれの神には誕生日があり，その日には廟で儀礼が行われる。その様子は次のようなものだ。

　まず，前の晩に近くの村から道教の道士がやってくる。この村の廟の管理人が呼んだのだ。道教の道士とは，仏教でいうと僧侶（お坊さん）であるが，やはりこの人物も，彼が普段いる近くの村の廟も，政府から認定されているわけではないので，正式には「道士」ではない。しかし彼らは，いわば「本物の」道士と同じように，神の像に対してラッパ，木琴，シンバルに似た楽器で音楽を奏でながら経を読み，この日からの儀礼を指揮するのである。

　さて，夜が明けた翌日，廟は朝から大勢の人々でごったがえしている。廟に着いた人から神の像に線香を上げ，祈り，紙でできたお金（紙銭）を燃やす。その間，道士は音楽を奏で，経を読み続ける。しばらくしてそのリズムが速くなると，儀礼のクライマックスが近づいている合図である。参拝者たちは道士の周りに集まり，みな紙でつくった白い馬の像と，自分の体とを交互に撫でる。自らについた厄を馬に託しているのである。道士がシンバルを打ち鳴らすなか，この馬は燃やされる。人々の厄とともに消えていったということだ。最後に大きな爆竹を鳴らし，その轟音と火花で邪悪なものを一掃する。これで1回の儀礼が終わる。正午までの間に3回ほどこの手順が繰り返される。お昼になると，参拝者たちはみなで食事をする。このときに食べるのは，肉や魚を使わない，いわゆる精進料理である。儀礼の後に参拝者が一緒に食事をするのは世界の多くの地域でも見られる（日本では「直会（なおらい）」という）。

写真3-1　音楽を奏で，経を読む道士たち（2009年，筆者撮影）

道教の神と力

　人々はこうした儀礼の際，例えば商売が上手くいきますようにとか，子宝に恵まれますようにとか，試験に合格しますようになど，様々なことを，特にその方面に御利益のあるとされる神に祈るのである。

　道教には実に様々な神がおり，かつそれはときに増えてゆく。儒教の創始者とされている孔子が道教の廟に祀られていることもあるし，最近では，中華人民共和国を建国に導いた毛沢東も崇拝の対象になっている。一時期，タクシーの運転手などが毛沢東の肖像を運転席にぶら下げてお守りにするのが流行っていた。毛沢東は革命を成功させた一方で，大躍進や文化大革命などの政治的な混乱も招き，数千万人とも言われる犠牲者を出すきっかけともなった人物である。その清濁を併せもった力強さが人々を引きつけ，神格化につながったのだ。そういえば日本でも学問の神様として名高い菅原道真は，九州へ左遷されて亡くなった彼の怨念を鎮めようと祀られるようになったのだし，ベトナムでも革命を率いた建国の父であるホー・チ・ミンを祀る廟がある。恨みであれ，革命へのエネルギーであれ，強大な力をもった人物が後に信仰の対象になるのは東アジアでは決して珍しいことではない。

家のなかの神々

　廟以外に，家のなかにも様々な神が祀られている。特に重要なのは，メインルームの祭壇である。祭壇にはその家の神が，そして神の横もしくは下には祖先の位牌が祀られている。神と祖先の位牌がともに祀られているのは，日本の比較的古い家でも神棚に神が，仏壇には位牌がともに祀られているようなものである。では，この祖先とはいったい何か。神とはどう違うのか。祖先を祀ることは宗教なのか。次にそれを見ていこう。

②祖先を祀る——位牌や墓はどこから来たか

　祖先への祭祀は，日本でも，韓国でも，そして中国でも，東アジアで広く行われている。みなさんの多くも仏壇に手を合わせたり，お墓に参ったりするだろう。ところでこの位牌やお墓は仏教のものだと思うだろうか。日本では多くの場合，葬式や仏壇や墓は仏教のやり方にのっとっているが，実はそれは東アジアにおいてすら珍しいことである。日本の仏教は，幕府が定めた檀家制度によって，家々の祖先祭祀を担うという独自の展開を遂げた。しかし，そもそも仏教では，いっさいのものごとへの執着を戒めたのであって，死者を位牌や墓に祀りなさいとは教えていない。しかも，死後49日で生まれ変わって別の生を送ると考えるのだから，祖先祭祀という発想は仏教には本来ないものである（加地 1990）。

　位牌と墓に祖先を祀ること，それは儒教に由来する。儒教の神髄は「孝」である。孝とは，「生前は親に礼にしたがってつかえ，死後は礼にしたがって葬り，礼にしたがってお祭すること」であり，儒教ではこの孝こそ「人の道（ありかた）の根本」だと考えるのである（加地 2007：24）。今のあなたがあるのは，自分を生んでくれ，育ててくれた親のおかげであり，その親があるのも，そのまた親のおかげ……。このように親と祖先の大切さを説く儒教では，死んだ後も息子や孫たち家族と語らってもらおうと，葬られた場所，つまり墓に死者を呼び寄せようとした。そのときに死者の魂を乗り移らせるために用いたのが位牌であり，墓に上げるろうそくと線香は死者が戻ってくるときの道しるべとしたのである。今も位牌と墓の前に食品を供え，死者に

語らうのはこの儒教の教えに基づいているのだ（加地 1990）。

　ただし興味深いことに，こうしたいわば教義上の正しさが当事者達に共有されているとは限らない。祖先を祀っている人達の大半は，それを「やるのが当たり前」の「習慣」だと言い，儒教の実践だとは考えていないのだ。しかも，儒教は中国において普通は宗教とはみなされていないし，政府も「宗教(ゾンジァオ)」とは認識していない。今から100年ほど前には欧米列強に相対するために，儒教をキリスト教のような宗教にしようと主張されたこともあったが，成功しなかった（中島 2011）。その後，近代化を掲げる知識人や共産党政府によって，儒教は封建制の根源であるとして批判され続けた。しかし最近では，その道徳・教育面での価値が見直され，儒教を正式な中国の宗教にしようとか，中国人の思想的な基盤に据えようという主張も現れている（干 2008）。

墓での祖先祭祀
　中国では，特に4月初旬の清明節と呼ばれる日に墓参りに出かける。ちょうど日本のお盆やお彼岸といったところだ。ただし，現代の日本ではたいてい各家族でそれぞれ墓に参るが，中国では一族みなで連れ立ってのことが多い。5世代くらい前の祖先に対しては，その人物の子孫たち30人ほどが一緒に墓へ行く。30人でも私たちの感覚からすれば十分に多いが，村を開いたとされる第1世への墓参りとなると，村じゅうが総出で，数百人規模の墓参りになることも珍しくない。例えば私が調査をしている村の1世は11世紀にこの村に来たとされ，今生きている人たちは彼から数えて28代目から29代目である。村の住人のほとんどが彼の子孫で，同じ陳という姓をもつ。嫁いできた女性も含めると，この村の人口は5,000人あまりに上る。5,000人の陳氏一族（宗族）の村というわけだ。この全員が墓に行くわけではないが，それでも墓参りの後の食事会は数百人が参加する盛大な宴となる。

祖先をさかのぼれば
　さらに，この1世が村に来る前に住んでいたところの祖先となると，そこから派生していったほかの村々の人たちもみな彼の子孫ということになるか

ら，墓参りは数千，いや数万人の規模になる。この村の人々は毎年バスをチャーターして，村の祖先のそのまた祖先の墓に参っている。その人物は，5世紀に北方からやって来た高名な将軍だとされている。日本で言えば，まだ古墳時代の人物を祖先として祭祀を行っているということになるのだ。

　こうして，祖先の，そのまた祖先……と，どんどんさかのぼっていくと，どうなるだろうか。人は必ず誰かから生まれてくるわけだから，原理的には際限なく上へ上へとたどれることになる。しかし，私も含め，日本では，よほど由緒正しい家でない限り，曾祖父か高祖父，つまり3～4代前まで認識できればよい方ではないだろうか。しかし，中国では「民族の始まり」とされる人物への祖先祭祀までもが行われているのだ。「中華民族の始祖」，それは炎帝・黄帝と言い，紀元前2000年より前の存在だとされているが，考古学的にはまだその実存は確認されていない。日本でいうと，『日本書紀』や『古事記』に出てくるアマテラスオオミカミやヤマトタケルである。そうした，ほとんど神話上の祖先への祭祀を，政府が主導して盛大に行っているのだ。

　中国は多民族国家で，様々な民族から成り立っている。また同じ民族のなかでも，今の中国では格差が広がっていて，豊かな人も貧しい人もいる。そ

写真3-2　中華民族の始祖・炎帝の像に参る人々（2014年，筆者撮影）

うした様々な人たちも元をたどればみな1人の人物からの子孫であるという発想は，国家をまとめるのに都合がよい。逆に言うと，現代の中国ではそれほど1つの国家としての団結が必要とされているのだ。そういえば，日本でも明治からは，アマテラスオオミカミが天皇の祖先で，人々に農業や養蚕を教えたことがどの歴史の教科書にも書かれ教えられていた（島薗 2010：158-159）。民族として団結が必要だとされるとき，その祖先とされる人物が持ち出されるという点で，今の中国と共通していよう。

祖先祭祀は大切な義務

このように祖先祭祀とは，自分を産み育ててくれた親，さらに今ここにいる自分のルーツである祖先へのお返しであり，生きている子孫たちにとっての義務である。逆に言えば，子を産み育てるということは，年老いたら今度は自分が面倒を見てもらい，さらに死後には祭祀をしてくれる存在を得るということだ。死者は子孫に祭祀されて初めて祖先たりえるのである。

では，祭祀してくれる者がいない死者はどうなるのだろう。例えば，子を残すことなく亡くなったり，あるいは子孫たちが「孝」を忘れ，自分を祭祀してくれなかったら？　そうした死者は「鬼(グイ)」になるのである。では鬼とは何か，次に見ていこう。

③鬼の供養

日本で鬼と言えば，赤い顔に角を生やし，虎柄のパンツをはいている姿を思い浮かべるだろう。一方，中国で鬼とは，広い意味では，死者全般のことである。日本でも「死ぬ」ことを「鬼籍に入る」ということがある。ただ，実際には死者のなかでも，不幸な死に方をしたり，誰にも祀ってもらえず，生きている人たちに何か恐ろしい災いをもたらしうる存在を鬼ということが多い。ちょうど日本でいう「幽霊」にあたるだろう。

こうした鬼から不幸がもたらされないように，人々は1年に1度，鬼を供養するのである。それが旧暦7月半ばの盂蘭節，日本でいうとお盆にあたる。日本では多くの場合，お盆は祖先たちが帰ってくる日とされているが，

施餓鬼といって鬼の供養を行う寺もある。

　中国の村に話を戻そう。盂蘭節の当日は何人かの女性たちが，村のいくつかの地点を回って鬼の供養を行っていく。それは例えば，廟の周辺など鬼が出やすいとされる場所や，あるいは村のはずれの，ほかの村との境界など，鬼が外から入ってきそうな水際である。そうした場所で女性たちは，袋に入れて携えてきたご飯，豆腐，ビーフンなどの食品を地面にまく。祖先や神に食品を捧げる際に食器や箸を用意するのとは対照的である。あたりをさまよって腹を空かせている鬼に食べ物を施してやっているという感じが強く伝わってくる。野外に食品をまくというこの鬼祭祀からは，死後に誰からも祀ってもらえないということがいかに哀れか，よくわかる。鬼は恐ろしくも悲しい存在なのである。逆に言うと，このような鬼になって惨めな思いをしないように，人は子を残し，死後に祭祀されることを願うのだ。

4　生きるための指針として

　この章では，中国を中心に，日本の事情も参照しつつ，様々な祈りや祭祀について見てきた。国による定義，社会に定着している概念，当事者たちの認識，そして研究者の解釈によって，それらは宗教だとみなされたり，そうではなかったりする。1つ言えるのは，ここで紹介した人々が，神や祖先や鬼に幸せと健康を祈り，災いを避けようと願い，そして人の一生や自然の動きを定めている原理のいくらかを求めているということである。

　そう考えると，本章でとりあえずは宗教として言及してきた事柄はみな，物事を説明し，生きるための指針を人々に与えてくれているということになる。もしかするとそこには，普通は宗教とは呼ばれていないような行為も含まれるのかもしれない。例えば，冒頭の私の例であげた，好きなスポーツチームを熱狂的に応援することなのかもしれない。あるいは，家族や友人や恋人を大切にすることだったり，「努力は報われる」と信じて勉強や仕事に全力を尽くすことなども，それに該当するのかもしれない。よいことがあるようにとラッキーアイテムを身につけたり，パワースポットを訪れたりする

こともあるだろう。私たちはみな，これを信じて行動しているとか，これがあるから明日も頑張っていけると思わせてくれるような確固とした存在や指針，あるいはよりどころを必要としているのではないだろうか。

みなさんの大切にしている生のよりどころは何だろうか。そしてそれは，宗教と聞いたらまずイメージされるキリスト教やイスラーム，あるいは新興宗教，さらにはこの章で見た中国の人々の神・祖先・鬼への祈りなどとはどこが共通していて，どこが違っているだろうか。他者を経由して改めて自分を知る。文化人類学のレッスンとして考えてみよう。

参考文献

アサド，T　2004『宗教の系譜――キリスト教とイスラームにおける権力の根拠と訓練』中村圭志訳，岩波書店。

石井研士　2011「世論調査による日本人の宗教性の調査研究（平成20年度～22年度科学研究費補助金　基盤研究（B）研究成果報告書　研究課題番号20320014）」http://www2.kokugakuin.ac.jp/ishii-rabo/data/pdf/201102.pdf#search='%E6%97%A5%E6%9C%AC%E4%BA%BA+%E5%AE%97%E6%95%99+%E6%84%8F%E8%AD%98'（最終閲覧2015年12月4日）。

磯前順一　2012『宗教概念あるいは宗教学の死』東京大学出版会。

エリアーデ，M　1991『世界宗教史I――石器時代からエレウシスの密儀まで』荒木美智雄・中村恭子・松村一男訳，筑摩書房。

カサノヴァ，J　1997『近代世界の公共宗教』津城寛文訳，玉川大学出版部。

加地伸行　1990『儒教とは何か』中央公論新社。

加地伸行　2007『孝経　全訳註』講談社。

干春松　2008「21世紀初頭中国大陸における『儒学運動』の理論構想およびその評価」中島隆博編『中国伝統文化が現代中国で果たす役割』小野泰教訳，東京大学グローバルCOE「共生のための国際哲学教育研究センター」，11-38頁。

広州市民族宗教事務局　http://www.gzmzzj.gov.cn（最終閲覧2016年3月28日）。

島薗進　2010『国家神道と日本人』岩波書店。

中島隆博　2011『共生のプラクシス――国家と宗教』東京大学出版会。

バーガー，P　1982『天使のうわさ――現代における神の再発見』荒井俊次訳，ヨルダン社。

●読書案内●

『日本の憑きもの――社会人類学的考察』吉田禎吾,中央公論社,1972年。
　イヌガミやキツネなど,日本の様々な「憑きもの」について,フィールドワークから迫った古典的名著である。村で「憑きもの筋」と呼ばれるのは,新参の成り上がり者の家であることが多い。憑きものは人々のやっかみや嫉妬から生み出されるという点で,アフリカの妖術師やヨーロッパの魔女と共通点が見い出せる。

『現代中国の宗教――信仰と社会をめぐる民族誌』
　川口幸大・瀬川昌久編,昭和堂,2013年。
　中国におけるキリスト教,仏教,イスラーム,道教のいわゆる公認宗教から,民間信仰,さらにはチベット問題までを扱った論文集。現代中国では,宗教がいかに国家と社会にとって重要かがわかるだろう。

『霊柩車の誕生（増補新版）』井上章一,朝日新聞出版,2013年。
　明治以降に始まる葬送行列の華美化の極地があの独特の宮型霊柩車であるが,それがここ数年ではすっかり簡素化の傾向にある。先月（2016年11月）に祖母が亡くなった際の霊柩車は,何の変哲もない普通のワゴン車で,しかも白色だった！　日本における死と葬儀の文化史としても読める好著。

【コラム3】

年中行事と環境保護　　　　　　　　　　　　　　兼城糸絵

　中国では，年中行事に際して「火を使うアイテム」が使用されることが多い。例えば，春節（旧暦の新年）には大量の爆竹や花火を使用して新年の到来を祝い，清明節の際には，墓前にて祖先へ線香をたむけ紙銭（金銭を模倣した紙製の供物）を燃やす。それゆえ，爆竹や線香のような「火を使うアイテム」は，民衆の日常生活を彩る重要な要素となっている。

　その一方で，近年「火を使うアイテム」は，環境保護を理由に使用を制限される傾向にある。その理由の1つは深刻な大気汚染だ。最近の中国では，人々の健康を脅かすほどの大気汚染が社会問題となっている。大気汚染を引き起こした原因には，工場から違法に排出される汚染物質や急増した自動車による排気ガスがあげられているほか，花火や爆竹から生じる煙も原因の1つとして指摘されている。排気ガスに比べると花火や爆竹から生じる煙の量自体は少ないが，数億人が一斉に使うとなると話は別だというのだ。

　環境保護が急務となった中国では，環境保護関連の法律が急ピッチで見直されるとともに，環境に優しい方法で年中行事を行うことが推奨されるようになった。例えば清明節の場合，従来であれば供物を持参した子孫たちが祖先の墓前に集合し，線香をたむけ紙銭を燃やしつつ祖先を祀ってきた（最後には盛大に爆竹が鳴らされる）。しかし，環境に優しい方法が推奨されるようになってからは，爆竹の使用を控えるほか線香ではなく花を墓前に供えるなど，「火を使うアイテム」を使用せずに祖先を祀る人々が都市部を中心に増加した。また，近年では家から出ずに墓参りが可能な「オンライン墓参り」サービスなるものも登場している。「オンライン墓参り」では，画面を通じて祖先へのメッセージを送ることができるほか，バーチャルの線香を焚くこともできるそうだ。環境保護という観念が年中行事の過ごし方をどのように変化させていくのか，引き続き注目される。

第4章
ジェンダーとセクシュアリティ
韓国の女らしさ／男らしさから考える

中村八重

スカート姿の韓国の女子学生。スカートをはいた女子学生は多いが，スカートをはいた男子学生はいない。私たちは服装の選択においてもジェンダーから自由ではない（2016年，筆者撮影）。

1 「女か男」？

　目の前に，ジーンズをはいた長い髪の人の後姿が見えるとしよう。この人は女性だろうか，男性だろうか。「長い髪」で女性と考えるだろうか。しかし，髪の長い男性だっているのも，あなたはわかっているだろう。そこで，他のヒントを探してみよう。ハンドバックをもって，ハイヒールをはいているのが見えたとする。するとおそらく，あなたはこの人を女性と考えるだろう。

このように，私たちは瞬間的に，そして無意識に男女（「女男」とは表現しないことに注意してみよう）を見分ける作業をしている。なぜそれが可能なのだろうか。私たちが男性と女性を分けている根拠とは何だろう。当然，その人に男性器がついているか，女性器がついているか見るわけではない。男性か女性かを見分ける根拠は生物学的性別では必ずしもなく，髪型や服装などの外見，カバンやハイヒールなどの持ち物，体つきや歩き方といったような何らかの記号であったりする。だが，女性である，男性である，または女らしい，男らしいとされる要素は，社会や時代によって異なっている。ハイヒールは中世に男性が背を高く見せるためにはいていたという逸話は有名である。
　人類学では性の研究を生殖，家庭生活，親族，婚姻などのテーマのなかで扱ってきた。この章では人類学の成果や韓国の事例を交えつつ，ジェンダーとセクシュアリティについて考えてみよう。性について私たちはどのように認識しているのだろうか。そこにはどのような多様性があるのか。本章を読んで，男性である，女性であるとはどういうことか，またそこに付与される意味を様々な視点から考え，人類学的な見方を知ることで，普段疑問に思わなかった「性」に関する自らの認識を相対化してみよう。

2　3つの「性」

　日本語の「性」には多種多様な意味が含まれている。男女の区別，性的な事柄一般から，何かいやらしいことまで幅広いようだ。そのため「性」を考えるには英語を用いて整理するのが最もわかりやすいだろう。本章では，性を大きく，①セックス（sex）：身体的，生物学的な性別，②ジェンダー（gender）：生物学的性別に与えられる社会的・文化的な価値や規範，③セクシュアリティ（sexuality）：性的指向や性行動など全般，の3つに分けて考察することにする。
　例えば，ある学生が失恋した友人に向かって，「元気出せよ。世界の半分は女だ」と慰めたとしよう。女はたくさんいるからこれからも恋愛のチャンスがあるという意味の，少々大げさだが何気ないこの一言から，上記の3つ

の「性」について考えてみることにしよう。

　まず①「セックス」の問題である。実のところ「世界の半分は女」ではない。一般に，生まれたときに，性器を外見から判断して「可愛い女のお子さんですよ」とか「元気な男の子ですよ」などと性別が告げられ，男女に二分される。しかし，そもそも世界的に男女の出生性比は女児100に対して男児105なのだそうだ。さらに，生まれたときに性別をすぐには判断できない外見をもって生まれてくる人もいる。発達の過程で，染色体（X, Y）－性腺（精巣，卵巣）－外性器（ペニス，ヴァギナ）の組合せのうち，一般に典型的な女性，男性以外の組合せを有して生まれた人たちのことである。以前は生まれてすぐに医師の判断によってどちらかの性別に適合させる手術が行われ，成長過程で手術を繰り返したり，後に反対の性徴が出たりすることが問題になることがあったが，現在は適切な検査で性別が判定できるという。彼らはインターセックスと呼ばれてきたが，性分化疾患もしくはDSDs (Differences of Sex Development) と呼ばれるようになっている。第二次性徴のときや不妊で初めて判明する人もいて，多様な身体的状態がある。また，当事者のほとんどは明確な女性または男性の性自認をもっているが，それに反して「本当は男／女だ」「両性具有」「男でも女でもない」といった偏見にさらされる社会的問題が大きい。このような人々の存在から示唆されることは，典型的には２つに分けられる生物学的身体にも多様な状態があるということである。

　次は，③「セクシュアリティ」についてである。仮に「世界の半分が女性」と仮定して，当然ながらそのすべての女性たちが自分を好きになってくれるとは限らない。それ以前に，体は女性だが，性自認は異なる場合や，異性愛者でない場合も少なくないのである。もう１点，読者がこの「失恋した友人」を無意識に男性だと思っている点も，セクシュアリティを考える入り口である。この友人が好きになるのは，男性か，女性か，どちらもか，あるいはどちらでもないのか，そのほかどんな条件をもつ相手かは，実はわからないのだ。セクシュアリティについては後でもう少し詳しく論じることにしよう。

　誰を好きになるかは，③「セクシュアリティ」の問題だけでなく，②「ジェンダー」の領域の問題でもある。自身を男性もしくは女性と認識し，

その社会でそれぞれの性別にふさわしいとされる行動をするからである。「女性は強い男性が好き」だとか,「男性はみな若い女性が好き」といったような社会的通念も含まれる。家族形成をするにあたって,誰を恋愛対象にし,また誰を婚姻の対象にするのか（できるか）の基準は社会によって異なる。なお,婚姻については「家族と親族」の章に詳しい（第2章参照）。

それぞれの性別に与えられている文化的な価値や規範を内面化していくことは,無意識のうちに行われている。インターセックスの人で,例えば女性の性器をもたなくとも,女性として育てられてきた場合には,その性を放棄できない例もあるという。私たちがこれらから示唆を受けるのは,性差は生まれついたものではなく,置かれた環境,すなわち社会や文化によって異なるということである。その意味で,体や心も社会の一部と言えるのである。

3　社会で形成されるジェンダー

(1) 獲得されるジェンダー

女性と男性は,通常異なったものと認識されている。また,その違いは対立したものと捉えられている。例えば,女性と男性を形容する言葉は,入れ替えが不可能な二項対立なものが多い。日本や韓国の場合,女性は,しとやか,かわいい,小さいなどで表現され,男性は,たくましい,かっこいい,大きいなどである。これを入れ替えると悪口とさえ取られかねない。冒頭で述べたような,身につけるものなどでも区別が表現される。典型的には,女性はスカート,ハイヒールを身につけるが,男性は通常ハイヒールやスカートははかず,背広やネクタイを身につける。トイレのピクトグラムにはこうした特長が象徴的に表されている。

私たちはほとんどの場合,生まれた瞬間に男女どちらかの性に分類され,その社会における価値観に基づき,無意識のうちにその価値観を内面化している。まず,子どものときから女の子,男の子としてふさわしい行動を周囲から期待されている。女の子はピンクの服を着せられたり,人形を買い与えられたりして,おとなしく遊ぶことが期待される。男の子は青系の服を着さ

写真4-1　男女ペアでドッジボールをする大学生。男性が前で盾の役割をし，女性は男性の服をつかんで離れないようにする。女性にボールが当たったらアウトというルールである。守る男性，守られる女性という性役割に韓国の学生は子どものときから親しんでいる（2016年，筆者撮影）

せられ，車のおもちゃを買い与えられ，わんぱくに遊ぶことが期待される。中学，高校では男女が異なる制服を身につけさせられ，生活のあらゆる場面で男女は異なったものとして扱われる。こうした成長過程を通じて，私たちはこの男女の二分法と価値・規範を強化していくのである。

　人類学において，ジェンダーが社会のなかでつくられるものであることを論じた先駆者はマーガレット・ミード（Margaret Mead, 1901-1978）である。彼女は，ポリネシアのサモアで少年少女の思春期が米国の場合と大きく異なっていることを示し，思春期というものが人類に普遍的なものではないことを明らかにした。また，ニューギニアでは「女らしさ」「男らしさ」とされる特徴が先天的なものではなく，後天的につくりだされたものであることを明らかにした（ミード 1961, 1976）。後にミードの研究には批判が寄せられたが，ジェンダーを社会的関係性のなかで考えようとした彼女の功績は変わらない。

　私たちのジェンダーが，つくられた基準の1つにすぎないことがよくわかる例をあげてみよう。エヴァンス＝プリチャード（Edward Evan Evans-

Pritchard, 1902-1973）によると，スーダンのヌアー族には「女性婚」と呼ばれる婚姻のしかたがある（エヴァンス＝プリチャード 1985）。子どもを生まない女性が夫として「妻」をめとり，家族をもち，子孫を残すのである。彼女は，夫，父，オジなどの呼称で呼ばれ，その役割を果たす。つまり「妻」の子どもの正式な父になることもできる。生物学的な父にはなれないが，社会的な父として子どもをもつのである。私たちには女性が「父」になりえるこの「女性婚」が奇異に思えてしまうが，この社会では男性と女性の区別が，子どもを生むか生まないかによっていると考えるとわかりやすい。子どもを生まない女性は男性とされるわけである。

(2) 女性と男性の対照性

　人間は社会的な必要性のもとで分類を行う。性差はあらゆる社会に存在していて，社会の意味体系にしたがって対照的にカテゴリー化されていることが多い。男女の二元論がそれである。典型的な例として，古代中国の「陰」と「陽」のカテゴリーがあげられる。「陰」は女性，暗，弱，夜，月，大地を表し，「陽」は男性，明，強，昼，太陽，空などを表す。ほかに，男性には上，前，強いなどのシンボルを，女性には下，後ろ，弱いなどのシンボルをあてはめる社会もある。女性は否定的なシンボル，男性は肯定的なシンボルに結びつけられているのがわかる。

　なぜ人間はこうした分類をしようとするのだろうか。ニーダム（Rodney Needham, 1923-2006）はその理由を，「世界について考えをめぐらし，そして世界について働きかけるために私たちは様々な現象をいくつものクラスに分ける必要がある」からだと述べている（ニーダム 1993：21）。言い換えると，人間は自らの手によって世界を分類し，世界を秩序づけようとするからである。秩序とはもともと備わっているものではなく，世界を理解したり働きかけたりするためにつくりだされるのだ。男性と女性の分類もその1つといえよう。

　男性と女性の分類において，ほとんどの社会で男性のほうが女性よりも高い地位であるとみなされている。『男が文化で，女は自然か？』（アードナー

/オートナー 1987) では，世界で普遍的に女性が劣位であることについて議論されている。男性が「文化」に結びつけられ，「自然」に結びつけられた女性に対して優位に位置づけられているという。日本では「戦後，ストッキングと女性が強くなった」とか，韓国では「世界で一番強いのはおばさん」などと，女性の強さが言われるが，その領域はあくまでも家内領域に限られている。男性の主な活動範囲は公的領域で，家内領域には関与しない傾向にある。一般的に，男性の公的領域での活動に価値があると考えられている。それは日本語の「家内」と「主人」という人称に端的に表れている。

　韓国語では少々古風だが，主婦を表す「アンチュイン（内の主人）」と，家長たる男性を表す「バッカッチュイン（外の主人）」という言い方がある。内と外での守備範囲の差異と，権力のあり方が端的に表れている。韓国で母親が息子を溺愛しがちなのは，母親にとって息子が外の権力へつながるチャンネルだからであろう。韓流ドラマを見る人ならば，時代劇に登場する，後ろから糸を引いて息子や父親を操り，権力を手にいれようとする王妃や側室をイメージするとわかりやすい。

　一方で男女の役割分担が比較的相対化されている社会もある。原ひろ子が調査した北米の狩猟採集社会であるヘヤー（カショー・ゴティネ）は，大型獣の狩猟は主に男性が，ウサギ猟は主に女性がすることになっているが，相互に排他的ではない。つまり，男性がウサギ猟をしてはいけない，女性が大型獣の狩猟をしてはいけないということがない。男性だけが大型獣の皮を剥ぐ作業することを除いては，そのほかの仕事や家事・育児において，ほぼ男女どちらも仕事を分担する（原 1989）。過酷な環境では生存のために男女とも互いの仕事を積極的に行うということのようだ。だが，こうした社会は，世界的には非常に限定的である。母系社会がマイナーなこと，女性の仕事の領域が軽視されがちであったり，従属的な立場におかれがちであるといった，ジェンダーの非対称性については今後も議論が必要だろう。

(3) **男になる，女になる**

　それでは，人はどうやって「男」になり，「女」になるのか見てみよう。

多くの社会で人生の節目に象徴的に男女を区別し，成人とする儀礼，つまり成熟儀礼を行ってきた。例えば韓国では，伝統的には男の子が生まれると門に炭と松葉と赤唐辛子を差し込んだ注連縄を飾り，女の子が生まれると炭と松葉の注連縄を張る。男の子か女の子かを周囲に知らせ，生後しばらく人の出入りを避けるようにするためである。日本では端午の節句と桃の節句が分かれているし，七五三はおおむね男児は5歳で，女児は3歳と7歳で祝うことになっている。また，現代では成人式は20歳で男女同時に行われるが，おおむね男性は背広を，女性は振袖を着ることになっている。
　かつて，日本の武家社会では成熟儀礼として，男子は15歳前後で「元服」「烏帽子着の祝い」「褌（ふんどし）祝い」を，女子は13歳前後で「裳着（もぎ）」「髪上（かみあげ）」「鉄漿（かね）付け祝い」「湯文字（腰巻き）祝い」などを行っていた。衣服，髪，下着，鉄漿などによって外見を変化させることで，成熟したことを表した。この儀礼が終わると周囲から一人前として扱われるようになり，共同体のなかで相応の役割を果たすことが期待される。
　アフリカ，オーストラリアなどの地域やイスラム教徒のなかでは，成熟儀礼として割礼を行う習慣が一部にある。割礼は，男女とも性器の一部の切除や切開，縫合などの施術を施すことである。宗教的な意味で行われることもあるが，男女を区別し，男が男になる，女が女になるようにといった意味もある。例えば，スーダンのある村では，男女とも10歳までの間に割礼を受ける。これ以降，男女に分かれ生活世界を別にするようになる。男性の象徴とされている女性の陰核，女性の象徴とされる男性の包皮を切除することによって，初めて男性と女性になれるという（浜本 1993：96）。これは，自然状態では人間は男女に分かれていないが，人の手によって男と女になるのだという考え方に基づいている。
　実は，20世紀後半の韓国ではほとんどの男性が包茎手術を受けたと言われている。疾患の診断がされたからではなく，男性は受けなければならないと考えられていて，親が息子に手術を受けさせるのは常識とされていた。そのため，兵役前には多くが手術を終えており，手術をすれば男性として認められ，反対に手術をしないといじめに合うこともあったという。割礼のように

子どもから男になり，その後兵役を終えると一人前の男性としての扱いを受けるという，ちょうど成熟儀礼の様相である。ちなみに，近年は必ずしも手術する必要などないという認識が広がり，手術率は下がってきている。

4　性別役割規範——男はつらいよ・女はつらいよ

　ここからは男女の役割分業について韓国の事例を中心に考えてみよう。韓国の伝統的な貴族社会では男女の区別が厳格であった。「男女7歳にして席を同じうせず」という儒教の基本的な道徳に基づき，家のなかでも男女の生活空間は分けられ，食事も別々に取ることがよいとされていた。当然，結婚前の男女が一緒に遊んだりすることは難しいことだった。この理念が生きていた1970年代に韓国の農村を調査した嶋は，若い男女のグループが親の目をかいくぐって，それぞれ時間差で西回り，東回りに山を登り合流するというやり方で山遊びに出かける様子を生き生きと描写している（嶋 2006：23-31）。

　結婚した男女の役割分担も厳密さ，すなわち男性は外部での経済活動，女性は家庭内の活動を理想とする傾向は，少なからず現代においても観察できる。善良な男女はまず結婚をすることが第一条件である。次に子どもをもつことに価値がおかれるのは日本と大きな違いがない。

　では一般に理想的な女性像は何だろうか。それは「良妻賢母」であろう。韓国，中国にもそれぞれ「賢母良妻」「賢妻良母」という同様の価値観がある。良妻賢母といえば，伝統的な儒教の教えと考えられがちだが，儒教の言葉ではなかった。これは明治時代，女性に子どもを生み育てることで家庭の延長である国家のために貢献させようとするイデオロギーを起源とする言葉である。戦後，それぞれの国で伝統的な女性の理想像として再解釈され，使用され続けている（陳 2006）。

　ジェンダーの視点で見るとき，良妻賢母の理想像が女性への「プレッシャー」となっているのは事実である。現代の女性の労働について，日本と韓国を比較してみよう。まず，両国に顕著なのが女子労働力率の低さである。日本は1965年の50％から微動を繰り返し，2010年で48.5％，韓国は同

37.7％から同49.2％という程度である（瀬地山 2015：220）。いわゆる「女性の活躍」は日韓とも活発とは言いがたい。また，年齢別女子労働力率は，日本と韓国だけが他の先進国には見られないM字カーブを描いている（瀬地山 2015：220）。M字カーブはすなわち，結婚後は仕事をやめ，子育てをしたあと復帰するという形である。

　母親役割についてはどうであろうか。日本で母親の役割を代表的に表す概念に，「三歳神話」がある。これは，子どもが小さいときに母親と一緒に過ごすことをよしとするものである。これに対して，韓国では大学受験に向けた教育マネージメント能力にある。母親がつきっきりで世話をし，複数の塾への送り迎えも担当する。

　韓国の父親役割については，しばしば哀れみをもって語られる「キロギアッパ（雁のお父さん）」と呼ばれる象徴的な現象がある。大学受験に有利なように幼い子どもを英語圏に留学させる際，母親は一緒について行き身の回りの世話を焼くのに対して，父親は韓国に残り働いて送金するというものである。父親は，年に数回，留学先に渡って家族に再会することから「雁」と呼ばれる。子どもの教育に全力を注ぐ母親の役割，家庭の外での経済活動が主たる役割である父親の姿が端的に表れている。

　このような強固な母親，父親の理想像の裏で，経済低迷による若者の就職率の低下，非正規雇用の増加などから非婚化，未婚化が進んでいる（第2章も参照）。女性も結婚して仕事を続けることが望まれるようになったが，女性の賃金は男性と比較してわずか37.4％であると言う（『朝鮮日報』2014年8月5日付）。低賃金に加えて家事と育児の両立は大変な苦労となる。それを表すように，合計特殊出生率は2013年時点で1.19と，日本の1.43よりもさらに低い。

　近年，韓国では「三ポ世代」という言葉が流行った。就職が難しいので，恋愛，結婚，出産の3つを放棄した若者を指す。さらに多くのものを放棄したという意味で「nポ世代」という派生語までできた。男性には経済力，女性には家事と育児に加えて経済活動までもが期待されるなかで，若者は希望をもてなくなっていると言われている。さらに，男性の自殺率が女性に比べ

て高いことも,「男性は強くあれ」というプレッシャーからきていると考えると, 労働, 就職, 結婚の問題は, 根源でジェンダーのあり方に根ざしていると言える。日本もまた同様ではないだろうか。

5 ジェンダーとセクシュアリティの多様性

(1) 第三の性

　人を男女に分類する文化がかなり普遍性をもつことは確かだが, 人類学ではセックスによって分けられたジェンダーの枠組みに収まらない性のあり方も論じてきた。人類学ではインドのヒジュラや, 北米先住民のベルダーシュなど,「第三の性(ジェンダー)」の存在が少なからぬ社会で報告されている。

　國弘(2009)の著作をもとにヒジュラについて紹介しよう。インドの北西部のヒンドゥー社会では, 男性として生まれたが, 去勢儀礼を受け現世放棄をした存在であるヒジュラとして生きる人々がいる。ヒジュラになるのは, 男性か少数のインターセックスの者である。ヒジュラは, 去勢儀礼を経てヒンドゥー教の女神に帰依する者としての地位を与えられ, 女神と人との仲介役を果たす。師弟関係のある集団を形成しており, 女神を祭る寺院を活動拠点にして, 子どもの成長儀礼や結婚儀礼などを司り, 生計を立てている。女性の衣服であるサリーを纏って生活し, ヒジュラ同士や男性と性的関係をもつこともある。

　ヒジュラは生活世界では女性人称で呼ばれるが, 実の親族関係においては, 男性親族に対する呼称で呼ばれ, 男性親族としての役割を果たすこともある。つまり, 相手によって男性または女性のジェンダーを担い分けていると言い, 男性と女性, 聖と俗を柔軟に行き来する存在である。社会全体では, ヒジュラは男性でも女性でもなく, 男性と女性の規範の外へ出ることによって, 内部秩序を支える存在となるという。したがって, ヒジュラを男性と女性に加えて第三の性のカテゴリーとするのは正確ではない。男性, 女性のどちらにも属さない存在なのである。こうした人々はどちらでもないがゆえに差別をされるが, 職能者として認められた存在である。その意味で, イ

ンドの社会には彼らを受け入れる文化的基盤があると言える。

(2) LGBT

　ヒジュラの例を出すまでもなく，生まれついた身体的な性に対して違和感をもつ人や，それを乗り越えようとする人，異性愛以外の愛の形をもつ人などがいる。男女の二元論に収まらないセクシュアリティをもつ人々が，どの社会でも一定数存在することは，読者も知っているだろう。こうした性的少数者を総称して，レズビアン，ゲイ，バイセクシュアル，トランスジェンダーの頭文字から，LGBT と呼ぶようになってきている。

　LGBT の社会活動をする人々は，セクシュアリティを①生物学的な性，②心の性，③好きになる性の 3 要素に分け，3 本の横軸の左右を男と女にして，それぞれが横軸のどこに位置するかによって，多様なセクシュアリティがあることを表現している（薬師・笹原・古堂・小山 2014）。セクシュアリティは実に多様である。好きになる性について述べるだけでも，例えばすべてのセクシュアリティが恋愛や性愛の対象になるパンセクシュアル，いかなる他者も恋愛や性愛の対象にならないアセクシュアルなどをあげることができる。こうした人たちが自分の身近にいないように思われがちなのは，差別的な目にさらされるためであり，カミングアウトしなかったり，隠したりしている人が多数いることを忘れてはならない。

(3) メディアの表象と困難

　2014年，ユーロビジョンという歌のコンテストで，ヒゲを生やした女装のゲイである「ヒゲ面美人」ことコンチータ・ヴルストさんが優勝したことが話題になった。ヨーロッパに限らず，日本のテレビ番組にも「おネエキャラ」と呼ばれる様々なセクシュアリティの人々が多数登場し，見ない日はないと言ってもいいくらいだ。これだけ見ると，日本には LGBT に寛容な基盤があるように思える。ただし，テレビが「ゲイを笑いものにしていい」「すべてのゲイはおネエ言葉を使う」「ゲイはファッションや美容に造詣が深い」といったステレオタイプに満ちている点は注意しなければならない。新

宿二丁目はゲイバーがたくさんある街として有名だが,「コミュニティ」という言葉があてられるようになる街へと変化していること（砂川 2015）は,注目に値する。これは同時に,他所でゲイ・コミュニティの形成がむずかしいことを表してもいるのである。

　韓国のメディアはどうであろうか。例えば,韓国のアイドルと言えば,手足が細くてグラマーでセクシーな女性アイドルグループと,筋肉隆々の男性アイドルグループが主流だ。韓国でテレビをつければ,バラエティでは「女／男ならこうすべき」という性別規範が強調され,「女／男なのに」といったジェンダーの逸脱を笑いにする内容が目につくように思えてならない。ドラマでは,美しい女性とハンサムな男性のカップルしか主役の資格がないようだ。LGBTの芸能人は数えるほどしかいないうえに,社会的に非難を受ける存在ですらある。LGBTが映画で扱われることは少なくないが,「同性愛」は周囲から非難され冷たい目にさらされるがゆえに,困難な恋路がますます輝くというパターンが主流である。このように韓国のメディアに露出するジェンダーは牢固で,多様なセクシュアリティが表現されることも少ない。日本のメディアにおけるジェンダーやLGBTの表象はどうだろうか。問題点を考えてみてほしい。

　一方,メディアの外でLGBTは声を上げ始めている。LGBTの祭典である「レインボーパレード」はアメリカに起源をもち,東京をはじめ世界各地で行われている。ソウルでは「コリア・クィア・フェスティバル」として2000年から行われていて,多数の当事者や支援者が参加している。だが毎年,保守的なキリスト教団体や「家族制度の危機」を叫ぶ団体によって妨害が行われている。会場の市役所前には,日常的に「同性愛反対」という文言をかかげた人が立っている。極端な団体は,宗教や家族や国の崩壊などを理由に「同性愛」を嫌悪する文言を繰り出している。

　韓国では同性婚が認められていないが,世界ではオランダをはじめ,同性婚を正式な結婚と認める国もある。日本では2015年に渋谷区が「同性パートナーシップ条例」を制定し,結婚に準ずる関係を認める「証明書」を発行することにした。だが,これが発効したとき,東京で大規模な反対デモが行わ

れた。韓国に比べれば寛容に見える日本でも，異質性を受けつけない態度が拡大しているのではないだろうか。様々な色のセクシュアリティが虹のグラデーションのように調和して共存するためには，文化基盤，人々の認識，制度をどのようにしたらいいのか，私たちは悩んでいかなければならない。

6 性を相対化する

　自分が男性である，あるいは女性であるということに疑問をもたない人は多いが，必ずしもこの二分法に収まらない人たちがいることは，ここまで述べた通りである。男性が女性を好きになって，女性が男性を好きになることも，必ずしも当然のことではない。また，女性／男性はこうあるべきと無意識に思ってきたことは，社会や文化によって規定されてきたことである。そうして獲得される「女／男らしさ」は社会的圧力になり，それを内面化した個々人に，時に生きにくさを感じさせる原因となるのである。

　本章で扱った様々な事例から見えてくることは，ジェンダーとセクシュアリティは社会によって規定されていることであり，ゆえに多様であるということである。多様であることは，ジェンダーやセクシュアリティは生来不変のものではなく，可変なものであるということである。しかし，その多様性は必ずしもその社会や他の社会で許容されているとは言いがたいことも事例から浮かびあがったのではないだろうか。本章を読んで，自らのジェンダーとセクシュアリティ，そしてジェンダーとセクシュアリティをめぐる社会の諸問題について考え直すきっかけになったのなら幸いである。

参考文献

アードナー，E／S・B・オートナー　1987『男が文化で，女は自然か？——性差の文化人類学』山崎カヲル監訳，晶文社．

エヴァンズ＝プリチャード，E・E　1985『ヌアー族の親族と結婚』長島信弘・向井元子訳，岩波書店．

國弘暁子　2009『ヒンドゥー女神の帰依者ヒジュラ——宗教・ジェンダー境域の人類学』風響社．

嶋陸奥彦　2006『韓国道すがら——人類学フィールドノート30年』草風館。
砂川秀樹　2015『新宿二丁目の文化人類学——ゲイ・コミュニティから都市をまなざす』太郎次郎エディタス。
瀬地山角　2015「ジェンダーで日韓をみるということ——少子化，女性，超高齢化社会」磯崎典世・李鍾久編『日韓交流史1965-2015 Ⅲ 社会・文化』東京大学出版会，215-244頁。
陳姃湲　2006『東アジアの良妻賢母論——創られた伝統』勁草書房。
ニーダム，R　1993『象徴的分類』吉田禎吾・白川琢磨訳，みすず書房。
浜本まり子　1993「人生と時間」波平恵美子編『文化人類学』医学書院，75-110頁。
原ひろ子　1989『ヘヤー・インディアンとその世界』平凡社。
ミード，M　1961『男性と女性　上・下』田中寿美子・加藤秀俊訳，創元新社。
ミード，M　1976『サモアの思春期』畑中幸子・山本真鳥訳，蒼樹書房。
薬師実芳・笹原千奈未・古堂達也・小山奈津己　2014『LGBTってなんだろう？——からだの性・こころの性・好きになる性』合同出版。

●読書案内●

『女子大生のための性教育とエンパワーメント——「ジェンダー論」の教え方ガイド』沼崎一郎，フェミックス，2006年。
著者が実際に女子大で行った講義の内容と学生の反応が収められている。大学生の日常のすぐそこにある性暴力や恋愛，結婚における問題を具体的に暴いていく。女性がセックスや妊娠，職業の決定にいかに受身であるかを痛感させ，「自立」を訴える。

『新宿二丁目の文化人類学——ゲイ・コミュニティから都市をまなざす』砂川秀樹，太郎次郎エディタス，2015年。
ゲイの活動家でもある著者による「新宿二丁目」の民族誌である。東京レインボー祭りを通じてコミュニティ意識が高まっていく様が丹念に描かれている。ゲイの置かれている差別的な社会状況についても逆照射する。

『女の子は本当にピンクが好きなのか』堀越英美，Pヴァイン，2016年。
女の子はピンク，男の子はブルーとなぜ決まっているのだろうか。女児向けの製品のピンクの多さを読み解き，ピンクの束縛から自由になるヒントを探す。女児向けのおもちゃの新しい潮流も知ることができる。

【コラム4】

慰安婦問題

太田心平

　慰安婦とは，何らかの事業に従事する者へなぐさみを与える目的で配属される女性をいう。現在の日本では，戦時に兵士へ性的充足を供するため，政府や軍属により動員された従軍慰安婦を意味することが多い。ただ，慰安婦や従軍という言葉には，動員する側の都合のみが示され，動員された側の事情が無視されているという批判があり，性奴隷などの言葉におき換える動きもある。

　慰安婦にまつわる主たる問題は，2つに大分できる。第1は，史実の問題だ。つまり，すでに起きたことに対し，何が真で何が偽かを争う論議が，いまだ決着を見ていない。第2に，これからの起こるべきことに関する問題がある。慰安婦だった人々への謝罪と賠償，慰安婦制度そのものの是非などが，これにあたる。そこでは，法的にせよ人道的にせよ，何が善で何が悪かが争点になっているが，真／偽や，善／悪の判断は，歴史学，法学，政治学などが得意とする。

　対して人類学が強みを発揮できるのが，上記とは別のもう1つの価値基準とされる，美／醜（悪）の精査である。つまり，ある社会でどんな話が「すんなりのみ込めるもの」になっており，どんな話が「拒否感を呼ぶもの」なのかを明らかにし，なぜそうなっているかを深くひもとくことだ。

　第二次大戦中に旧日本軍が動員した慰安婦にまつわる論争は，東アジアが抱える大問題である。ただ，忘れてはならない。東南アジアやオランダの人々など，東アジア以外の地域にも，旧日本軍の慰安婦被害者は多いことを。そして慰安婦問題は，文化にまつわる根源的な諸問題を，我々に問うていることも。これは人間社会におけるジェンダーの権力関係の問題でもある。状況により個人の倫理観が停止してしまうことを考えさせる問題であり，ちょうどナチズム下のドイツで起きたユダヤ人虐殺についてハンナ・アーレントが指摘した，人類が陥りがちな「凡庸な悪」の問題でもある。ヒトがモノとみなされる状況に関する問題でもある。

第5章
社会関係
台湾の結婚式から考える

西村一之

飲食の席において，初対面の相手との会話のきっかけをつくる「お酌」。注いでもらったら，注ぎ返すことが習慣的に決められているため，見知らぬ者どうしの間につながりが生まれる（2016年，筆者撮影）。

1 誰が払うのか

みなさんは，友人どうしで食事をしてそろそろ店を出る段になると，なんとなく気がかりなことがないだろうか。どんな風に支払いをしようかと。レジで会計をするとき，自分が食べた分だけ別々に払うのだろうか。それとも割り勘にするのだろうか。日本では，割り勘という方法が一般的ではないだろうか。日本に近い，中国，台湾そして韓国では，割り勘が行われることはまれである。誰か1人が全部払ってしまうのだ。つまりは誰かがほかのみん

なをおごるのが当たり前となっている。

　ところで，おごられた方とおごった方の間には，なんとなく居心地の悪い気持ちが生まれる。おごられた方は，自分の分の代金を払ってもらったという経済的な負い目から決まりの悪い気持ちを相手に対し抱くことになる。これはつまり，払った者に対する負債をもつからである。私たちが割り勘を選ぶ先には，だれか特定の相手に負債を抱えるのを避ける目的がある。一方，中国や韓国で一般的なおごるという行為をよく見ていると，次の支払いの機会では前回とは違う人がお金を出す。こうして時間をかけてゆっくりと順繰りにおごりおごられることで，負い目が解消されていく。ある種の暗黙の了解が働き，みんなの負い目が解消される仕組みができあがっている。しかし，ちょっと考えてみてほしい。支払いの機会は均されているが，金額を考えた場合はどうだろうか。いつも同じメンバーで食事をする訳でもないだろう。おごりおごられるというルールは本当に負い目の解消になっているのだろうか。

　また，日本で行われるお中元やお歳暮は，贈る相手を考えて品物を選び，また相手も同じように考えていることを前提にそれを受け取る。贈られる品物は，互いのつき合いにふさわしいとされる価値のバランスが双方の間でとられていなければならない。といって同じ品物を贈り合うわけではない。すなわち，この贈り物の交換は，一方的な上下関係が生まれないように，そしてどちらかが得も損もしないように行われている。では，こうした贈り物の交換にはどんな意味があるのだろう。

　こうした決められたやり取りに逆らって，強引に割り勘を主張したり，バランスを欠いた贈り物を返したり，あるいはお礼の言葉を返さなかったらどうなるだろうか。そんなことをしたら，おそらく仲間はずれつまり社会の外に置かれてしまうだろう。このように，私たちの社会は貨幣も，品物も情報も，慣習に則ってやり取りがされている。つまりこれらは交換されているのだ。交換は社会のあり方と深く結びついている。通常，人と人とのつながりは目に見えない。身近な家族どうしの関係であっても，親子，夫婦，兄弟姉妹の結びつきは何か目に見えるかたちとなって初めて確認することができ

る。人類学では，この見えないつながりを見えるようにして考える。また，私たちは，モノや情報をやり取りして身近な家族・親族関係を越えたつながりをつくり生活している。こうした関係で結びついた集団を社会と呼んでいる。社会は，様々な姿をして現れる社会関係の網の目で紡ぎだされているのだ。そのため人類学においては，社会関係が可視化されるモノのやり取り（交換）に対し強い関心が示されてきた。

そこで，まず初めに比較的身近な範囲で行われる交換を通して，目に見え，互いに認識される社会関係について考えてみることにしたい。

2 交　　換

先のおごり合いでは，経済的金銭的な意味での平等化ではなく，機会の平準化がされている。平準化とは，不公平の解消に向けて行われる実践である。ここでは金額上の平均化が目的とされているというよりも，むしろ支払いの機会自体を均そうとしていることがわかる。見方を変えれば，負い目をみんなで共有することになる。こうして考えてみると，私たちの生活のなかでは，経済的という言葉が金銭的意味にとどまるものではないことに気づく。

ハンガリーの経済史家で人類学者でもあるカール・ポランニー（Karl Polanyi, 1886-1964）は，経済的という言葉には2つの意味があるとし，経済学的な意味つまり最小の働きかけで最大の利益を得るという意味（形式的）と，生きていくために必要な生産・流通・消費の意味（実体的）があると述べた。後者を見たとき，流通とはモノが人と人の間を動くことを表している。ここに着目すると，人と人とのつながり，社会関係を目に見えるかたちで理解し捉えることが可能となる。そして，ポランニーは，経済は社会から分離しているのではなく，経済は社会のなかに「埋め込まれて」いる状態にあるともいう（ポランニー 1980）。これをふまえれば，社会のなかで行われるモノや金銭のやり取りは，社会関係が前提となっていることがわかる。

例えば，誕生日に腕時計をプレゼントされたとき，それが両親からなのか，友人たちからなのか，つまり誰からもらうのかで意味が変わってこない

だろうか。腕時計というモノの貨幣価値に変わりはないが、贈り物には送り手の違いによって何らかの思いが込められているように見える。仮に、送り手が両親なら、あなたはプレゼントに対するお礼を「ありがとう」と口にするだけだろう。そして、贈った両親の側もあなたの感謝の言葉を聞きそれ以上の何かを求めることはない。だが友人たちからなら、贈られた相手の誕生日に何かをお返しをしようということになるだろう。そして、その相手があまり知らない人物だったら、あなたは多少の不安感をもち、受け取ること自体を拒絶し、腕時計をその場で突き返すかもしれない。

(1) 交換と互酬性

　人類学や社会学では、贈り物がやり取りされる、つまり交換を成り立たせている原則、そしてこれに基づく仕組みを「互酬性（reciprocity）」と呼んでいる。そして、贈り物の交換には、儀礼が伴い、慣習的形式に則った方法が採られることが多い。フランスの社会学者マルセル・モース（Marcel Mauss, 1872-1950）は、世界各地で行われている贈与交換を例に『贈与論』を著し、贈り物を巡る義務を3つあげている。それは、①慣習に則って贈り物をする義務、②贈り物を受け取る義務、そして③返礼をする義務である。この3つの義務が果たされることで、贈り物を通して社会関係がつくられ、そして交換が持続すると述べている（モース 2014）。なかでも、③の義務を怠ればその関係は最終的に破綻してしまう。

　この互酬的なモノの交換と社会関係の距離とを重ねて理解したのが、アメリカの人類学者マーシャル・サーリンズ（Marshall Sahlins）である。彼は、人間関係の社会的な距離と3種類の互酬性（互恵性）を同心円の図を用いて整理している（サーリンズ 1972：179-191）。まず1つ目は一般的互酬性である。同心円の最も内側、つまり社会的に非常に近く親しい関係にある人物との間で行われる互酬性に基づいた贈与交換がされる。このとき、場合によって返礼が伴わないこともある。先の時計の例にある両親を相手とした贈与交換がこれにあたる。2つ目は均衡的互酬性で、これには慣習的に定められ釣り合いの取れた贈り物の返礼が直接行われる。つまり儀礼的な交換である。

先の一般的互酬性と比べると遠いが，それでも友好的で親しい間柄のなかで行われる。友人たちとの誕生日プレゼントの交換はこれに該当する。最後の3つ目が否定的互酬性である。これは一言でいうと奪い合いである。また，属する集団の外部にいる相手とのモノのやり取りとなる。

(2) **台湾のある結婚式から**

実際贈り物のやり取りは，生活のなかで頻繁に行われる。1990年代半ば，台湾東海岸の港町で暮らす漢人カップルの婚約式が催された。2人から招待を受けた私は，周囲の人々に相談して，赤い祝儀袋「紅包（閩南語 アンパウ，中国語 ホンパオ）」（写真5－1）に入れた祝いのお金をもって参加した。

友人として私が，こうしたときにいったいいくら包むべきなのか頭を悩ませたことを覚えている。婚約式当日，両家の両親と非常に親しい1人の漢人男性が同じ円卓に座っていることに気づき話しかけたところ，彼は招待されていないが祝儀を渡し参加していると教えてくれた。非常に親しい間柄であるのなら，招待がなくてもこうした機会に参加するのは当たり前だというのだ。ちなみに，招待する側は，1つの円卓に10人分の食事を用意している。だが，実際に座る椅子は8脚ほどしか置いていない。これは招待客が別に誰

写真5－1　招待に備えて準備していた紅包（2016年，筆者撮影）

第5章　社会関係　83

かを連れて宴に参加することを予め想定しているためである。そして，帰りには新郎が用意した菓子が渡された。

　後日，新郎の自宅とその前の路上で結婚式と披露宴が執り行われた。私は友人として再び招待を受け，カメラ片手に彼らに付いて回った。このときにも祝儀を包み渡した。写真を撮りながら飲み食いしていたところ，新郎が途中寄ってきて私に「紅包」を手渡した。私が撮影をしていることに対する労いだという。式が終わり，ごく親しい友人たちと新郎新婦が集まる場で，届けられた紅包が開けられ，誰からのものかを書き記していた。そこには私の名前もあった。台湾では，新郎側新婦側それぞれ日を変えて披露宴が行われる。新婦側のそれを「返外家（閩南語）トゥンゴアケー」「回娘家（中国語）ホイニャンジャー」と呼ぶ。私はそちらにも呼ばれ参加した。そして，同じように祝儀をもって行った。だが後で，このときの「紅包」は不要であると当人たちから注意された。さてしばらくして，2人の間に男の子が生まれ，生まれて30日目に漢人社会の習俗に則って「做滿月（閩南語 ツュモアゴェ，中国語 ツォマンユェ）」のお祝いがされた。このとき，結婚式に参加したからと新郎が，赤く色づけされたゆで卵が添えられた油飯と麻油鶏（鶏肉のスープ）を私にもってきた。なお，近年は，婚約式や結婚披露宴そして做滿月の祝いは，レストランやホテルを利用し客を招いて行う。だが，人々の間では「紅包」が用意され，また慣習に則った返礼が変わらず行われている。

　招待された私がいくら渡そうと悩み，招待されない客が出席していることにちょっと驚いたのは，日本でも相手との社会的距離に応じて祝儀袋などを準備し，招き招かれる慣習的儀礼的な交換を伴うつき合いがあるからだ。社会関係を前提とした交換が行われるとき，個人を起点とした相手との関係を考えて，そのときその場でのやり取りでなく，時間をかけた品物や金銭のやり取りが行われることがある。そこでは，貨幣を含めたモノのやり取りを通して相手と関係を結び持続することが目的とされている。これは，市場（しじょう）経済で行われる貨幣交換とは大きく異なっている。市場では，貨幣を媒介として即時的な，そして社会関係を前提としない交換が行われる。人類学では，市場や貨幣を経済の絶対要件とは考えず，先のポランニーが述べたように人

間が生きる全体において経済的行為を考える方向性をもっている。ただし，土地と労働が商品化された資本主義経済が深く浸透する現在，市場は大きく展開し，需要と供給の自己調整が働く市場経済がこの世界を広く覆っている。このため社会に埋め込まれた非市場経済は，非常に見えにくい。むしろ市場経済が社会に覆いかぶさっているかのようである。だが，この2つの経済はまったく切り離されて存在しているわけではなく，重なり合う部分がある。また，市場経済が，非市場経済を完全に淘汰してしまうわけでもない。互いが見知った者どうしの範囲で交わされるモノの交換に視点を置くと，この見えにくくなっている経済の一面に気づくことができる。

　ここまで書いてきたように経済が社会に埋め込まれていると捉え，社会関係が顕在化する交換を見るということは，贈り手そして受け取り手の間柄（＝関係性）を考えることでもある。それは，親子，夫婦，恋人，友人，先生と学生など，数え上げればきりがない。そこには常に力の不均衡があり，それを権力関係と読み替えることもできる。また，権力関係は，社会秩序としても見えてくる。そして，その結びつきは常に揺れ動くものでもある。権力の現れ方，関係の秩序，不均衡に向けた調整の仕方，関係性の変化を考えることが，人類学的研究では非常に重要となる。モノのやり取りに注目することで，関係性についてより深く考えることができる。本書があつかう東アジアを巡る人類学研究では，この関係性が重要なテーマとなってきた。

(3) 漢人社会における「関係」

　中国の人類学者，費孝通（フェイシャオトン）（1910-2005）は，かつて中国の村落社会を「郷土社会」と呼び，その特徴を「石を水面に投げたときに広がる波紋（筆者訳）」（費 2011：27）のように自己を中心とした関係が同心円状に広がっていると述べた。そして同時に「差序格局」（チャーシュグゥジュウ）という言葉を用い，序列と格差に基づいた関係の輪が形成されることを主張した。また，生活の基本単位となる家族関係に関連し，互いの関係が近い当事者であることを言い表す際に用いられる「自家人」（ズージャアレン）という表現を取り上げる。これは家族の範囲を越えて，世の中のすべてを含む意味になるという。このように自己を中心に身内と捉える範

囲が自在に伸縮する（費 2011：26-29）。

　また，漢人の社会関係を人類学的に研究した王崧興は，個人と個人のつながりである「関係(グアンシ)」のネットワークに注目する（王 1987）。王は，漢人社会の社会関係は，それがあくまでも個人を中心としたネットワークであり，同じ「類」であることを通してつくられ広がっていると指摘している。そして「類」は「血縁だけではなく，ほかに近所，師弟，同窓，同僚，同郷などを挙げうる」（王 1987：38）と説明している。つまり，何か同じカテゴリーに属することを拠り所に社会関係が盛んに構築され拡張されている。漢人社会においては，「類」を多くもつことで多様な社会関係を生み出し，何か物事に臨む際にはそれらを動員して目的を成し遂げようとする。また，個人を中心とした社会関係を通して複数の集団に同時に帰属することにもなる。王によれば，漢人は，ある特定の社会関係を重視したり，またある特定の集団に強く属したりすることよりも，個人が複数の社会関係と集団のなかに身を置くことで，社会生活を営んでいるという。そして，これを「関係あり，組織なし」（王 1987：37）という言葉で表した。

　さらに，中国で改革開放政策が進む1980年代後半から，漢人社会に対する人類学的研究でこの「関係」が注目を集めた。フィールドワークに基づく漢人社会研究から見えてきた「関係」の網の目は，村落レベルの日常生活範囲を越えて広がり，経済成長を背景に中国の人々の生活圏域が拡張していくのに合わせ伸長していく様子が描かれた。例えば，相手に贈り物をし，その返礼として必要とするモノや情報を獲得し，またそれらを与えてくれる人物とつながりをつくるために知人を介して宴に招くなど，互酬的なやり取りが交わされる（例えば Yang 1994）。

　人間は様々なかたちで人や人以外のモノと結びついて生きている。21世紀に生きる私たちにとっては，対面的なつながりからなる社会を超えた，見ず知らずの者どうしの結びつきが自明となっている。例えば読者は，国家を通じたつながり，つまり「国民」を意識することはないだろうか。国境は目に見えないのに，それによって囲まれている土地（領土）のなかにともに暮らす見知らぬ人々（国民）の間にはつながりがある。私たち見知らぬ者どうし

である国民は，どのようなやり取りを交わすことで，つながりを生み出しているのだろうか。

3 国民というつながり

　国家とは，どんな存在だろうか。国家のなかにあって人はみな国民であり，国のなかはそうした人間で満たされているというイメージを多くの人が抱いているだろう。こうした国家観を「国民国家（nation state）」と呼ぶ。国民についてアメリカの政治学者ベネディクト・アンダーソン（Benedict Anderson, 1936-2015）は，「国民とはイメージとして心に描かれた想像の政治共同体である」（アンダーソン 1997：24）と定義する。また，「国民は，限られたものとして想像される」（アンダーソン 1997：25）とも述べている。国と国との境が明確に定められることで土地が区切られ，そこで展開する歴史がまとめられ，その土地で暮らす人々の意思疎通を可能にする公用語がつくられ，これらを普及させるために住民に教育が施される。そうすることで互いに見知らぬ人々の間に国民という一体感が創造され，一体感を共有していることを前提に互いが同じ国民であるというつながりが創造／想像される。また，私たちは国家から国民としての権利を与えられ，国民としての義務を果たすことが求められる。例えば日本国憲法第3章「国民の権利及び義務」で，これが規定されている。私たちは，国家との間で互酬的なやり取りを交わし，本来は互いに知らない者どうしであるのに国家を通じてつながりを意識している。

　さて，国民意識を通して人々がつながる国家は，東アジア近現代史のなか，その範囲を伸び縮みさせてきた。日本は，1868年の明治維新を経て近代的国民国家へと変貌を開始する。段階的に国民国家として整えられていくなか，その範囲は北海道と沖縄へ次第に押し広げられ，1895年には台湾を植民地にする。それまで台湾は清朝下にあったが，その統治はいわゆる近代国民国家としてのそれではなかった。日本は，台湾の人々に対し，様々な方法で日本国民としての同一化を図り，彼らを国民としてつないでいった。例え

ば，閩南語や客家語そして先住民族諸語を母語としていた台湾住民に対し，学校教育を通して「国語」である日本語を習わせた。

　私が調査研究を行う台湾東海岸には，植民地政府の主導による産業開発の一環として漁港がつくられ，日本人漁民が暮らすために移民村がつくられた。港と移民村を中心に日本人が携えてきた漁業が産業として展開し，統治末期には周囲に暮らす漢人や先住民族アミの若い男性が日本人漁民との漁撈に参加した。当時彼らは，漁撈をともにする顔を見知った仕事仲間であると同時に，学校教育を通して国語（日本語）を身につけて互いにつながる台湾の「日本人（国民）」でもあった。実は，先の婚約式で同席した元漁師の漢人男性も，こうした元「日本人」の1人だった。1945年，日本の敗戦により台湾は新たに中華民国という国民国家のもとに入る。この後，台湾の漢人と先住民族アミは，国語としての中国語を通して中華民国の国民となる。

　台湾東海岸では，1970年代まで近海漁業の盛んな状態が続いた。しかし，高度経済成長に伴う産業構造の変化を背景に，従事者の高齢化と減少が次第に深刻となる。台湾では，1990年代に入ると東南アジア諸国からの労働者の参入が合法化された。調査地においても，フィリピン，インドネシア，そして中国から国境を越えて働き手がやってきた。台湾住民は，新たに現れた彼らとの間に労働を通して新しい社会関係をつくり生活を築いている。国家と人々のつながりは，個々の人々にとってあまりに当たり前で，意識されることは少ない。だが，その境（＝国境）に着目することで，つながりが顕在化する場面がある。

4　グローバル環境と社会関係

　台湾は国家として「中華民国」を名乗っている。だが，中国（中華人民共和国）は中華民国の存在を認めておらず，台湾は領土の一部だと主張している。そして，日本もアメリカも，EU各国も中華民国としての台湾と正式な国交をもっていない。近年，台湾と中国との人的往来が非常に盛んになっている。互いを国家として認めていないため，そこに暮らす人々の間のつなが

りは，非常に特別なものとなる。

(1) 広がる労働のつながり

　台湾東海岸の中国人漁業出稼ぎ者の多くは，台湾漢人の故郷である福建省閩南地方からやってくる。台湾漢人との間で互いに閩南語を話し，年中行事や先に紹介した婚約式や結婚式をはじめとする冠婚葬祭などにおいて閩南的民俗文化をほぼ共通してもち，閩南系漢人どうしの近いつながりを互いが認識している。しかし，国家とのつながり，政治的関係性を前にすると，両者の間の社会関係の距離は遠くなる。中国人漁業出稼ぎ者は，中華人民共和国という国民国家を構成する「国民」である。だが，中華民国（台湾）は，中華人民共和国の国民である彼の身体をその内側（領土）に置くことを基本的に拒んでいる。調査地で働く出稼ぎ者のうち，中国人のみに強いられる生活上の制限がある。それは，陸上での行動に自由がないという点である。同様に働くインドネシアやフィリピンから来た出稼ぎ者は，天候が荒れるなどして出漁しないときは，町のコンビニや商店で買い物や食事をし，中心都市にまで足をのばすこともある。しかし，中国人出稼ぎ者には当然あるはずのそうした移動の自由がない。

　これは，東アジアにおける国際的な労働力移動の一側面であり，東アジアという地域の枠組みを越えた人の移動でもある。グローバリゼーションと呼ばれるヒト・モノ・カネ・情報が速く広域に移動し，国家そして国境のもつ拘束力を後退させる現象の一例だが，そこでもなお国家の枠組み，そしてそこから発せられる権力が作用し，人々は国家との結びつきから完全に自由ではないことを示してもいる。一方，2013年頃から，中国からの出稼ぎ者は急減している。その理由は，台湾の船主側と中国人出稼ぎ者側との間で，賃金を巡って折り合いがつかないためである。調査地で漁撈を通して形成された台湾漁民と中国人出稼ぎ者との社会関係は切断されてしまった。中国南部沿海地域は，経済成長が著しい大都市を抱え，彼らを送り出している地域の経済状況もその影響下にある。中国人の台湾への出稼ぎは，経済要因が主たる理由であるため，経済環境が変化するとその動きは鈍化し，人数は縮小し，

やがて消滅していく．これは，様々な社会領域にまで経済原理が入り込み強い影響を及ぼす新自由主義的社会の一面を示してもいる．

(2) 広がる信仰のつながり

中国と台湾との関係は，1980年代から進んだ中国における経済的改革開放政策を契機として大きく変わっている．この大きな社会変革を受けて，華僑や香港，台湾から中国への経済投資が増え，人的往来が次第に盛んになっていった．このとき，民俗文化，特に「民間信仰」と呼ばれる宗教を媒介とした人的往来も，中国と台湾との間で盛んとなる．代表的なものに，媽祖(マーズー)に対する信仰を通した交流がある．

台湾で最も多い宗教施設は，この媽祖を祀る廟であるという．そして，中国福建省でも媽祖信仰が非常に盛んである．双方に共通するこの女神信仰は，福建省莆田(ほでん)県湄洲嶼(びしゅうしょ)にある媽祖祖廟を本家とし，そこから各地へ拡散したものである．中国では，改革開放以降，宗教政策にも変化が起こり，文化大革命時に否定された民間信仰が新たに人々の関心を集めている．

これを示す例として，信者たちによって行われる「進香(ジンシャン)」と呼ばれる参拝がある．進香は，政治的に相いれない中国と台湾との民間交流としても注目される．分霊である台湾の廟の信者からすると，本家にあたる福建省の祖廟を参拝し，その由来をたどることで祀る神の権威を確かなものにすることができる．しかし一方で，この往来が逆に双方の違いを人々に意識させ，台湾の独自性を意識させてもいるという（三尾 2001）．この政治的境界を越えた参拝は媽祖信仰に限られるものではなく，ほかに疫病を防ぐなどしてその土地を守るという王爺(ワンイエ)に対する信仰も同様に，台湾に暮らす人々と中国福建に暮らす人々を結びつける．福建省泉州市にある富美宮には進香に訪れた人々による寄進がされ，神を介したそのつながりが様々な方法で明示されているが，なかには台湾から訪れた進香団のものが認められる（写真5-2）．ここでは国家という枠組みを越えた，民間信仰を通した紐帯が確認できる一方，それが逆に国と国との境を強化する意識に結びつくという両義的な状況を生んでいる．

写真5-2　中国泉州富美宮への台湾からの進香 (2016年, 筆者撮影)

　中国と台湾（中華民国）という国家に属しそれぞれの国民であっても，同じ神を信仰することを通して広がるつながりを築いていると考えれば，これらの出来事は，先に紹介した王崧興が注目する漢人社会（王の言葉では中国社会）の「関係」ネットワークの一例として理解できるだろう。人々は，それぞれの国民であり，また同じ神に向き合いやり取りを交わす信者同士でもある。たとえ国家理念の上では相いれないとしても，別な「類」を通した社会関係で結びつくことに何の無理も矛盾もない。

(3) **複層するつながり**

　ところで，2013年，東京大久保に東京媽祖廟がつくられた。廟のHPによると，この媽祖は，中国福建省泉州市にある天后宮媽祖の分霊である。2016年3月に泉州天后宮を訪れた際，台湾からの進香があるばかりでなく，東京媽祖廟からも来ていることが説明された。さらに，泉州天后宮にあった屋根瓦の寄進を見ると，中国各地をはじめ台湾そしてマレーシアなどの東南アジアの人々が廟を訪れて瓦を納めている。国境を越えた人的往来が盛んになるなか，民間信仰を媒介とした社会関係の広がりが，国家という枠組みを越えて大きく展開しているのである。社会関係のネットワークは，社会が複雑になればなるほど多くの共通項を生み出し，それを媒介として多様性を増して

大きく展開していく。

　複雑化した現代世界は，ポストモダンやハイパーモダンと呼ばれている。そこでは，地域社会を構成する人々のつながりが希薄となり個人化が進んでいることが指摘される。こうした中，一人ひとりの人間が，多様で複雑な社会問題に向き合う必要に迫られている。これへの対処として新しい社会関係をつくりだすことが求められる。近年注目を集めるのが社会関係資本と訳されるソーシャル・キャピタル（social capital）という言葉である。このソーシャル・キャピタルを早くに提唱したアメリカの社会学者ロバート・D・パットナム（Robert D. Putnam）に倣うと，社会関係のネットワークを通して，お互いのやり取りが互酬的に交わされることで信頼関係が生まれ，それが新たな社会関係の構築維持につながり，直面する問題課題を解決する効果を高める（パットナム 2006）。このソーシャル・キャピタルを生み出す基礎に，ここまで見てきた多様な規模の社会関係が含まれる。例えば，東京媽祖廟のHPには，「台湾出身の皆様の信仰と心の拠り所となることを目的」としているとあり，「日本に住む台湾華僑の皆様の1軒の『家』のような場所となり，様々な分野での人的なネットワークをつくる機会を提供します。このほか，日本滞在が短くまだ慣れていない人，日常生活で何らかの助けが必要としている人にとって，相互扶助の場となることも目的としています」と続いている。

5　社会関係に生きる私たち

　ところで，おそらくみなさんのほとんどがスマートフォンやパソコンを使って通話，メールし，そしてSNSを利用しているだろう。今，私たちは世界中の人々とつながることができる。インターネット技術の飛躍的な進歩と，利用するために必要なツールであるパソコンやスマートフォンの普及がそれを可能にしている。インターネット空間におけるネットワークは，非常に広くフラットで政治経済的そして社会的な制約から自由だと考えられている。このなかでは，遠く離れている者どうしが，互いの情報を交換すること

で瞬時に結びつく。様々な共通項を並べ探し，異なるつながりを同時に駆使して，新たな社会関係が生み出される。そして，今，こうしたインターネット技術の利用が社会関係を可視化させる。例えば，ブログやSNSに冠婚葬祭の様子がアップされている。台湾漁民と共に働くインドネシア人出稼ぎ者は母国の家族や友人とSNSでつながっている。また，道教廟はＨＰをもち，各地の信者に情報を発信，その信者が利用する動画サイトには行事に参加する人々の姿が映し出される。こうして一人ひとりがメディアを介してつながり，双方向的な結びつきが形成されている。モースは先の『贈与論』のなかで，「未開」社会では生活の様々な領域で互酬性に基づく交換が行われ，そのやり取りが家族・親族，経済，政治，法律，宗教といった領域を覆っている点を指摘し「全体的社会的事象」という言葉でこれを説明する（モース 2014）。そして，ここまでの内容をふまえれば，このときの「未開」という言葉は，文明への前段階という意味ではなく，互酬性に基づく社会関係に生きる私たちの社会の一面であることに理解を開くべきだろう。

参考文献

アンダーソン，B 1997『増補 想像の共同体——ナショナリズムの起源と流行』白石さや・白石隆訳，NTT出版。
王崧興 1987「漢人の家族と社会」伊藤亜人・関本照夫・船曳建夫編『現代の社会人類学1 親族と社会の構造』東京大学出版会，25-42頁。
サーリンズ，M 1972『部族民（現代文化人類学5）』青木保訳，鹿島研究出版会。
東京媽祖廟 「東京媽祖廟設立趣旨と目的」http://www.maso.jp/?page_id=57（最終閲覧2016年8月16日）。
パットナム，R・D 2006『孤独なボウリング——米国コミュニティの崩壊と再生』柴内康文訳，柏書房。
ポランニー，K 1980『人間の経済Ⅰ・Ⅱ』栗本慎一郎・玉野井芳郎訳，岩波書店。
三尾裕子 2001「台湾ナショナリズムについての一考察」吉原和男，K・ペドロ編『アジア移民のエスニシティと宗教』風響社，213-238頁。
モース，M 2014『贈与論（他2篇）』森山工訳，岩波書店。
Yang, May-fair Meihui 1994. *Gifts, Favors, and Banquets: The Art of Social Relationships in China*. Ithaca: Cornell University Press.
費孝通 2011『郷土中国 生育制度 郷土重建』北京：商務印書館。

●読書案内●

『贈与論(他2編)』M・モース，森山工訳，岩波書店，2014年。
　トロブリアンド社会のクラ交換やトリンギット族のポットラッチなど，各地のアルカイックな社会で展開する贈与を広範に取り上げ，その原理である互酬性を述べた古典的名著。私たちが普段行っている，モノのやり取りを深く見つめ直すきっかけを与えてくれる。

『西太平洋の遠洋航海者——メラネシアのニュー・ギニア諸島における，住民たちの事業と冒険の報告』B・マリノフスキ，増田義郎訳，講談社，2010年。
　人類学的長期フィールドワークに基づく民族誌の古典的名著として知られている。ニューギニア東部のトロブリアンド諸島で行われる貝の腕輪と首輪の循環的な交換を柱に，財と呪術そして舞踊など多種多様な物事がやり取りされる様子が生き生きと描かれる。

『菊と刀』R・ベネディクト，角田安正訳，光文社，2008年。
　様々な批判はあるが，第二次世界大戦を挟んだ当時のアメリカ社会が考える日本人あるいは日本社会の典型的な姿が浮かび上がり興味深い。「義理」「人情」といったキーワードで整理される「日本」の社会関係は，現在内外から向けられる日本観にも結びつく。

【コラム5】

東アジアの華夷秩序と朝貢・冊封関係　　玉城　毅

　東アジアの歴史における朝貢関係は，前近代の中国とその周辺国（日本，琉球，朝鮮など）の間の儀礼的な関係を意味する。その基本的な特質は，「中華」と「夷狄」という上下関係（華夷秩序）を軸としていた。文化的中心である中国（中華）の皇帝に対して，文化的に「低い」周辺諸国（夷狄）の王が定期的に使節を派遣して貢物を贈り（進貢），中国皇帝がその王の正統性を認めて，貢物の数倍の恩賜を与えることで朝貢関係は成立した。朝貢関係に付随して貿易が行われるのが一般的であり（朝貢貿易），その経済的な意義も大きかった。

　中国側から見た朝貢関係は，文化的優劣・上下関係の視点に基づくものであったが，進貢する側からすると，必ずしも中国の権威にしたがうものではなかった。両者が君臣関係を認めた場合，それは冊封関係となった。琉球は代表的な冊封国の例である。14世紀中頃から15世紀初めの東アジア諸国の政治的な変動期に（中国で明朝が成立し，朝鮮では李氏朝鮮王朝が樹立され，日本は南北朝の争乱の時期であった），琉球は，明との冊封・朝貢貿易を盛んに行っただけでなく，朝鮮や東南アジアの冊封国間でも盛んに貿易を行った。歴史学者・高良倉吉の推計によると，明代（1368～1644）の琉球人の中国渡航者は延べ約10万人にのぼり，15世紀・16世紀の東南アジアへの渡航者は延べ3万人になるという。

　17世紀になると，長く続いてきた日中の朝貢関係が大きく変化した。1630年代，徳川幕府は，明によらず日本独自に貿易を展開する政策をとり，具体的には外交貿易管理とキリシタン排除を軸とする体制，いわゆる「鎖国」体制が確立された。それと同時に日本は，中国との朝貢・冊封関係を維持している琉球を実質的に支配し，琉球を媒介にした中国との交易を担保した。歴史学者，荒野泰典は，この一連の動きを「日本型華夷秩序」の形成と見ている。

第6章

植民地主義
パラオの日本統治経験から考える

飯髙伸五

パラオの民芸品ストーリーボード。日本語からの借用語で「イタボリ (*itabori*)」とも呼ばれている。神話や伝説をテーマとした彫刻が施されることが多いが、この作品には日本統治や日本軍の記憶が刻印されている (2012年，筆者撮影)。

1 ギンザドーリの衝撃

(1) 異文化へのあこがれ？

　大学院生の頃，オセアニアのミクロネシア地域，西カロリン諸島に位置するパラオ共和国でフィールドワークを始めた。パラオは世界中のダイバーが目指す観光地として名高い。日本から比較的近く，朝に成田空港を出発し，グアムを経由してその日の夜にはもう着いてしまうので，アフリカで調査をしていた同僚からはよく「君のフィールドは近くていいね」と言われた。そ

れでも，日本人を含む外国人観光客が多い都市部を離れ，パラオの人々が住むバベルダオブ島のオギワル村落に初めて連れて行ってもらったときの胸の高鳴りを私は今でも覚えている。日本から近いフィールドでも，そこには現在自分が身をおく社会とは確かに切り離されたところに存在する異文化との出会いが待っているに違いないと思っていた。

　しかし，そんな私の予見は，村落に来てすぐに崩れてしまった。自分が向き合っている対象は，自分が身をおいてきた社会と切り離されているどころか，非常に密接で複雑な関係にあるということを強く実感することになった。オギワル村落の中心部には，砂浜の海岸に沿ってつくられた500mほどの1本道があった。この道は日本語からの借用語で「ギンザドーリ（Ginzadōri）」と呼ばれ，村人の多くはその周りに住んでいた（写真6-1）。名前の由来は，明治憲法のもとで天皇を元首とする大日本帝国が，外地に植民地や支配地域をもっていた時代にさかのぼる。現代日本では忘れられがちであるが，日本がパラオを統治していた時期が30年ほどあった。日本統治が始まった頃，当時の村落の伝統的首長は，統治政策の一環として組織された「内地観光」という観光旅行に参加した。そして，東京の銀座の整然とした街路を案内されて感銘を受け，帰村後に海岸沿いに1本道をつくり，それま

写真6-1　オギワル村落のギンザドーリ（2009年，筆者撮影）

で丘陵地帯に住んでいた人々を道の周囲に集住させたのだという。

(2) 植民地主義の研究へ

　グアム島を除く赤道以北のミクロネシア地域は，1914年からは海軍の軍政によって，1922年からは国際連盟下の委任統治領として日本が統治していた。ミクロネシアの島々は社会文化的にも言語的にも多様性をもつが，一括して「南洋群島」と呼ばれ，統治された。現在の島々の様子からは想像もできないが，当時はサイパンやパラオを中心に多くの日本人が移住し，1935年の時点で現地人を上回る5万1,000人以上の日本人が住んでいた。各地に設置された公学校では現地人子弟を対象に文化的な同化も施された。現在でも現地の高齢者が流暢に日本語を話し，現地語のなかに日本語の借用語が多く用いられているのは，このためである。

　南洋庁がおかれたパラオは統治の中心地であった。2015年4月の今上天皇のパラオ訪問は，サイパンなどのミクロネシア地域の島々とならんで，パラオが太平洋戦争の激戦地でもあったことを改めて日本社会に喚起した。戦後のミクロネシアには，国際連合下の信託統治領としてアメリカの施政が敷かれ，日本統治期とはまったく異なる時代が到来した。そして，1980年代以降，いくつかの地域に分かれ，独立国家が形成されていった。

　この章のタイトルになっている植民地主義（colonialism）とは，国家が国境を越えて政治経済活動を推進し，海外へとその勢力を拡張していこうとする考え方のことを指す。その過程で，拡張の主体となり外地を統治する統治者と，彼らに統治される被統治者が形成され，支配－被支配の関係が生まれてくる。被統治地域では政治的主権が制限され，経済的搾取がなされ，在来の文化は尊重されにくい。被統治地域におけるこうした苦境を「植民地状況（colonial situation）」と呼び（バランディエ 1983：58），植民地状況下での人々の経験を「植民地経験」と呼ぶ（栗本・井野瀬編 1999）。ミクロネシアの島々にとって20世紀は，委任統治や信託統治という名のもとで実質的な植民地状況下におかれ，なおかつ列強による大規模な戦争や戦後の統治国の交代によってより複雑な変化がもたらされた時代であった。

私は事前の文献調査で，こうした植民地状況下の動態の重要性を十分に認識し，とりわけ日本統治期の史資料を収集し，読みあさっていた。しかし，そこから見えてくるのは，史資料を残した統治する側の人々の視点で，植民地状況下におかれた人々の現実ではなかった。このため，フィールドに行くまでは，政治も経済も文化も制限された植民地状況下で，人々がどのように目の前の現実を生き抜いたのかがまったく想像できなかった。しかし，ギンザドーリとの出会いを通じて，パラオの人々が植民地状況をどのように生き抜いてきたのかを，垣間見たような気がした。ギンザドーリは，確かに植民地主義の産物であるが，人々の生活世界のなかに深く根を下ろしているようにも思えたのである。こうした疑問を実証的に解明しようと思い，私は「パラオの人々の日本統治経験」を研究テーマにした。

2　植民地状況への文化人類学的アプローチ

(1)　文化人類学と植民地主義

　大航海時代以降の西洋世界の拡張と新たな世界の「発見」とともに，文化人類学的営為を含め，異文化への関心は格段に発達していった（吉田1999）。西洋世界を中心とする列強が，アジアやアフリカの諸地域を植民地支配下においた頃には，次第に「科学的」な根拠——身体測定に基づいて人々の特性を分類するなど，現在では恣意的であったことがわかっている——をもって異文化を理解ないし誤解し，効果的な統治技法を考案しようとする動きが出てきた。イギリスの植民地で広く行われた慣習法調査に基づく間接統治などがこれにあたる。「治める」ことと「知ること」は表裏一体であった（ルクレール1976）。

　文化人類学的な知識が，実際のところ植民地統治にどのように活用されたのか，あるいはされなかったのかに関しては，個別の検証が必要である。専門的な知識は，植民地行政官にとっては難解すぎる場合もあれば，統治の段階で歪曲されて十分に生かされないという場合もあった（山路編2011）。しかし，文化人類学が，植民地主義という大きな背景のもとで発達していった

ことは確かである。文化人類学者が研究対象としている社会は植民地統治下にあり，研究者は宗主国からやってくるのが常であった。

　文化人類学は，こうした関係性を度外視して，自文化から切り離された異文化が存在するかのように現実を切り取ってきた。アメリカ人類学を中心に発達した文化相対主義の立場も，内国植民地状況，すなわち居留区に追いやられた「インディアン（先住民）」が直面する現実に目をふさいで，滅びゆくものをサルベージしようとする前提を保持していた（清水 1992）。

(2)　植民地状況へのアプローチ

　第二次世界大戦後の世界で脱植民地化が進むなかで，それまで自明視されていた西洋による支配の現実が広く検討されるようになった。従来の文化変化（acculturation）の理論は，植民地化をあたかも近代化の自然なプロセスであるかのように捉え，例えば貨幣経済の浸透や資本主義の発達などの経済的現象のみを分離するなどの操作を通じて，形式主義的に検討してきた。これに対して，1950年代中葉に，ジョルジュ・バランディエ（Georges Balandier, 1920-2016）は，支配の理念から政治経済過程まですべてを含んだ複合としての「植民地状況」を検討する必要性を提唱した（バランディエ 1983：58）。1980年代以降，植民地統治によってなされた現地社会の近代化（植民地近代化（colonial modernization））の成果を肯定的に論じる立場と，近代の暴力にさらされ，統制・管理される植民地の社会や文化のありよう（植民地近代性（colonial modernity））を批判的に検討しようとする立場との間でかわされた論争でも，類似の論点が検討された（板垣 2008）。

　1980年代以降は，オリエンタリズム批判がもたらした「表象の危機」と呼ばれる時代の潮流のなかで，（旧）宗主国に身をおく文化人類学者の立場が内省され，対象社会を取り巻く大きな状況を記述する民族誌的手法が検討されるようになった（マーカス／フィッシャー 1989）（第1章参照）。こうして，「中立的なフィールドワーカー」の神話が崩壊し，従来の異文化理解のナイーブさも露呈したからには，とりわけ（旧）宗主国から現地社会にやって来た文化人類学者は自らの位置性も含めて，対象と向き合わなければならな

くなった。

　日本はかつて東アジアやオセアニアの諸地域を様々な形態で広範に統治していた。現在の時点で，フィールドワークを含む様々な目的をもって私たちがこれらの地域に行くとき，当然，日本からやって来る自らの位置性を問われることになろう。中生勝美による植民地の人類学史の検討（中生 2016）や，坂野徹らによる植民地フィールドワークへの科学史的アプローチ（坂野編 2016）は，こうした問題意識を出発点として，帝国日本の文化人類学的営為を批判的に検討している。

　こうした研究は，内省的な知の産物ではなく，フィールドからの問いかけから生まれている。私も今にして思えば，フィールドで出会ったパラオの人々は，旧宗主国から来た私のことを常に問うて，この研究テーマに導いてくれたように感じている。高齢者から流暢な日本語で話しかけられたとき，土地訴訟を有利に進めるために日本統治期の調査記録が必要だと相談されたとき，博物館で日本統治期の史資料の所在を尋ねられたり，日本語の文書の翻訳を頼まれたりしたとき，そして日本から来たのなら是非ギンザドーリを見てくれと村落を案内されたときなど，日本から来た私自身の位置性が様々な場面で問われていた。こうした問いかけを受けたとき，「あなたは，（私たちの社会に大きな影響を与えた）日本から来たくせに，これを見ないで帰るのか」とでも言われているように感じた。

3　植民地主義と文化の構築

(1)　部族の幻想

　人類学者が何の疑いもなく向き合ってきた対象が，実は植民地主義との密接な関係のもとで構築されていったものであるかもしれないという疑念は，植民地状況におかれていた社会が宗主国から独立し，脱植民地化が進むなかで深まっていった。1970年代以降，部族（tribe）や民族（ethnic group, nation）など，文化人類学が集団を対象化する際に設定してきた，基本的な集団分類の信憑性も再検討されるようになった。アフリカの部族社会は，機

能分化が進んだ近代社会とは異なり，政治や経済などの諸領域が親族組織のなかに埋め込まれている（embedded）社会として注目を集めてきた。しかし，今ある部族は外来の支配からの逃避や人口減少の結果できたもので，人類学者の幻想の産物であるとすら言われるようになった（Southall 1970: 45）。

エドワード・エヴァン・エヴァンズ＝プリチャード（Edward Evan Evans-Pritchard, 1902-1973）の古典的な研究で示されたヌエル族の整然としたリネージ体系についても，人々をより効果的に管理しようとする統治者によって，従来あいまいであった集団の境界が固定された結果なのではないかという疑義も提示された（Gough 1971）。ケニアのイスハ社会では，植民地統治下で人々を掌握するために設置された行政首長制が，親族集団よりも上位のレベルに人々の政治的忠誠心を芽生えさせ，現在あるような民族意識をつくりだしていったという（中林 1991）。伝統的首長制が広く見られるミクロネシアでも，一部の首長を媒介した統治が行われた。パラオの伝統的首長は親族集団の代表者で，植民地統治以前は多くの首長が合議によって村落の政治を運営していた。しかし，日本統治期には上位の首長が村長に，その息子たちが巡警に任命され，既存の母系的な社会構造とは異なる仕組みが導入された（飯高 2006）。

テレンス・レンジャー（Terence Ranger, 1929-2015）は，『伝統の創造』に寄稿した論文で，柔軟に集団を構成していた前植民地期のアフリカ社会が，植民地統治の過程で「住民の固定化，エスニシティーの再強化，社会の定義のさらなる厳格化」を経験し，部族が実体化されたと指摘している。同時に，近代ヨーロッパの学校，軍隊，官僚制，教会は，統治者による支配の装置であるだけでなく，人々が西洋世界に抵抗する重要な媒体となったとも指摘している（レンジャー 1992：348）。人々はいったん支配の装置を受け入れざるをえなかったが，それを起点に民族意識の形成や集団の組織化を成し遂げていったと考えられる。

(2) 様々な流用

以後，植民地主義との密接な関連のもとで伝統が創造されていったという

議論が，人類学では多くなされるようになっていった。こうした「伝統の創造」論以降の人類学的植民地主義研究では，植民地主義が一方的に伝統を創りあげたのではなく，植民地支配を受けた人々も，新しく導入された制度や，部族や民族などの集団の区分を流用（appropriation）しながら，植民地状況に対峙していった様子が明らかにされた。

　こうした観点に立つと，従来の文化変化の理論で，近代化に適応できずに滅び行く人々の非合理な反応と捉えられていた現象にも，別の合理性が見てとれる。例えば，植民地状況下のメラネシア各地で発生したカーゴカルト（積荷崇拝）では，ヨーロッパの工業製品を大量に携えて，祖先があの世から帰ってくると信じられていた。そして，祖先を迎えるために，桟橋，飛行場，貯蔵庫などが相次いで建設された。これは，自らの物質文化の乏しさと白人の物質文化の圧倒的な豊かさとの格差に直面した人々の狂信的な営為であると解釈され，西洋では「カルト」と呼ばれた。

　しかし，近年の研究では，植民地主義的な言説や制度の流用に基づいた地域固有の社会政治的な動きであったことがわかってきた（棚橋 1996）。1912年頃にフィジーで始まった「ヴィチ・カンバニ（フィジー会社）」運動では，フィジー人が白人の会社組織を忠実に再現することによって，富を独占する白人の世界を自らのものとすることが企図されていた（春日 2007：67-70）。「ウォキム（仕事）」と呼ばれる運動を組織したパプアニューギニア，ニューブリテン島のカリアイは，死後白くなると考えられていた自分たちの祖先の身体を，支配者である白人の身体に重ね合わせて儀礼的に同化し，自身も白人のように富を獲得しようとしたという（Lattas 1998: xxiv）。

　私がパラオのオギワル村落で目にした光景も日本統治下でつくられたものであった。海軍軍政の記録を見れば，確かに1915年の内地観光参加者名簿に当時の村落の首長の名前を確認できた。日本統治期に日本人が書いた紀行文などにも，パラオの片田舎に「銀座」があることを，おもしろおかしく紹介するものがあった。同時に，当時の統治政策をよく調べてみると，人々をより効果的に掌握するために丘陵地帯から平地に集住させようという動きがあったこと，伝統的な村落間の戦争がすでに禁止されていたので，人々の生

活の便宜からも平地での集住に利点があったことなどもわかってきた（飯髙2009a）。

しかし，ギンザドーリは植民地主義により一方的につくられたものではなく，村落の人々が希求したものであったことも確認しておきたい。村落の人々は，自らの主体性が大きく制限された植民地状況のもとで，変わってゆく村落の姿と，内地観光に参加して日本を見てきた首長の姿とを重ね合わせた。そして，統治者の論理を流用しながら，自分たちが誇れる村の姿を思い描き，つくりあげてきたのだと解釈できる。

(3) 歴史的もつれあい

パラオでは，第 1 子の誕生や葬式など様々な機会に，姻族間でカネやサービスのやりとりが行われる。そして，こうした慣行を総称して「シューカン（*siukang*）」と呼んでいる。もともと個別の慣習に呼び名はあったが，それらを総称する名前がなかったために，日本語からの借用語でそう呼ばれるようになったのである。夫方から妻方には，鼈甲皿（*toluk*）やビーズ状ないしプリズム状の伝統貨幣（*udoud*）や現金——戦後の宗主国であったアメリカ

写真 6-2　パラオの鼈甲皿と米ドル（2009年，筆者撮影）

第 6 章　植民地主義　105

の通貨（米ドル）が用いられる——が支払われる（写真6-2）。人々にとって、その負担は大きく、よくため息まじりに「またシューカンがある」「シューカンが大変だ」という発言を耳にした。

メラネシアでは、広く伝統的なモノやコトを指す用語として、混成語であるピジン英語のカストム（*kastom*）という用語が用いられている。人々は、西洋の慣習とは異なる自らの慣習をひとくくりにして言及するために、このカストムという用語を用いた。また、新しい国家のリーダーたちが、カストムに言及して人々をまとめ、国家の統合を模索することもあった（Keesing and Tonkinson (eds.) 1982）。伝統的なモノやコトに言及するにあたり、宗主国の言語やピジン英語を用いるというのは逆説的に見えるが、西洋との接触以降、他者の慣習と比較しながら自分たちの慣習を内省する機会を得た人々にとっては、合理的な用語選択であったと言えよう。

ここからは、近代史のなかで西洋と非西洋との「歴史的もつれあい」を通じて伝統概念が構築されている様子が見てとれる。ニコラス・トーマス（Nicholas Thomas）はモノに注目してこの点を明らかにした（Thomas 1991, 1999）。例えば、フィジーの贈与交換は伝統として認識されているが、贈与財として用いられる鯨の歯は、白檀やナマコと引き換えに、西洋人によって多数もたらされたものである。また、資本主義経済の浸透のもとで、贈与交換そのものが西洋人によって陋習とみなされたことに対する反動として、贈与交換はフィジー人によって伝統化されたという。

(4) 植民地経験のフィールドワーク

「文化の流用」や「歴史的もつれあい」に注目した研究は、「伝統」を植民地状況のなかで捉え直した点で大きな意義をもっているが、問題点も指摘されている。例えば、植民地主義の圧倒的な力を強調するあまりに、支配下におかれた人々が何とか確保しようとしたであろう主体性を過小評価することにならないか、植民地状況下で行政官や現地人リーダーが発する言説に注目するあまりに、人々の日常への視点が等閑視されていないか、などの批判がある（吉岡 2005）。

パラオの人々の日本統治経験を研究対象としてきた私も，この点は肝に銘じておきたい。日本統治は人々の生活に確かに大きな影響を与えたが，人々の歴史がそこから始まったかのような叙述は，文化人類学が大切にしてきたはずの現地人の視点を，かえって見えにくくしてしまうだろう。また，パラオに注目していたはずが，いつのまにか帝国日本の幻影ばかりにとらわれてしまうことにもなりかねない。

　私が調査地で遭遇したギンザドーリに関して言えば，日本統治が効果的に浸透した結果であるかのように過去の史資料には記されている。文書のみの研究ではこうした視点を再生産してしまう恐れがある。しかし，現場に身をおいてみれば，そこに人々の想像力や主体性を見出すことができる。植民地主義の研究は過去を対象としながらも，現在の時点で実施するフィールドワークが不可欠であろう。そこには，人々の生のありようから学ぶ文化人類学的研究の醍醐味が依然として存在する。

4　帝国研究の視座

　人々の植民地経験を研究対象とすれば，現地社会のなかに西洋や（旧）宗主国の姿が浮かんでくる。それでも，人類学的な研究の多くは，現地社会の側に分析の主眼をおいてきた。つまり，対象を植民される側，統治される側に無意識のうちに限定してきたのである。しかし，植民地状況が複合状況であるならば，統治される側におかれた現地社会だけではなく，統治する側にあった宗主国やその人々を含めて検討する必要がある。

　既述のように，トーマスの研究は統治者が現地社会の文化をどのように認識し，植民地の現実を創りあげていったのかに分析の主眼をおいていた。アン・ローラ・ストーラー（Ann Laura Stoler）は，オランダ領インドシナのプランテーション社会を事例に，「貧困白人」や「混血」などを含む，植民する側の多様性に注目した。植民者と非植民者という二分法は，統治のためのカテゴリーであり，現実を反映しているわけではない。様々な矛盾を抱え込む帝国（empire）――皇帝が元首となる政体で，拡張の結果，本国に加え

て海外にも領土を有している——という枠組みで，本国と植民地をトータルに捉える必要があるという（ストーラー 2010：50）。

　日本統治下のミクロネシアにおいても，行政文書のなかで住民は「邦人」と「島民」，すなわち日本人移住者とミクロネシアの現地人とに区分されていたが，日本人移住者も一枚岩ではなかった。日本人移住者の間では，内地人を「一等国民」，沖縄人や朝鮮半島出身者を「二等国民」，現地人である「島民」を「三等国民」とする差異化もあった（冨山 2006：96）。沖縄出身の移住者は，内地の都市部で受けていたような就職や就労条件の差別を受け，現地人とともに鉱山労働などの過酷な現場に配置され，低賃金で雇用された。

　パラオのバベルダオブ島にあるガラスマオ村落では，日本統治期末期に行われたボーキサイト採掘事業のなかで，沖縄民謡アサドヤユンタのメロディーを用いたパラオ語と日本語混じりの労働歌が誕生した。この歌は，現在でも村落を代表する歌として，年長者のみならず若い世代にも歌い継がれている（飯髙 2009b）。周辺的な日本人と現地人が出会うコンタクトゾーンで生まれた異種混交の文化は，植民地における出会いの複雑さを物語っている。

　また，パラオのように単身渡航の日本人移住者が多かった地域では，日本人移住者の男性と現地人の女性との間に一定数の混血が誕生した。彼らの多くは，戦後パラオ人として生活を送ってきたが，日本人の出自とパラオ人の出自との狭間にあって，パラオ・サクラ会というアソシエーションを形成するなど，主流社会とはいくぶん異なる観点から自己意識を形成している（飯髙 2009c）。ストーラーが言うように，こうした混血の存在も，帝国研究の視座から，本国と植民地の双方を射程に入れて検討する必要があろう。

5　日本から植民地主義に向き合う

　これまで見てきたように，文化人類学的な植民地主義の研究は，長らくヨーロッパの植民地統治下にあったアジア・アフリカおよびオセアニアの諸

地域を中心に行われてきた。しかし，日本で文化人類学を学ぶ際に，こうした潮流を輸入して学ぶだけでは不十分である。日本に身をおいて文化人類学を学ぶ人々が，帝国日本の支配下にあった東アジアやオセアニアの諸地域で，どのようなテーマであれ，調査研究を実施する際には，植民地主義の問題は避けて通れない。

　日本でもカルチュラル・スタディーズなどの分野を中心に広く影響を与えたポストコロニアル研究は，植民地の脱植民地化や植民地状況下におかれた人々の主体性の回復と軌を一にして発達してきた。だが，日本に足場をおく人類学者はこの立場に迎合するよりもむしろ，旧宗主国出身者としての自己の位置性に向き合い，「帝国後」の研究すなわち「ポストインペリアル」研究を構想すべきだという指摘もある（沼崎 2016）。

　現在の時点から見た帝国日本の遺制は一様ではないため，時代や地域ごとの文脈を十分に分析する必要がある。また，個別の分析に加えて，帝国日本の支配地域間の比較も必要であろう。台湾やミクロネシアのように，帝国日本の崩壊後に新たな外来政権がやって来て，日本統治からの脱却を代行した地域では，現地社会の人々の間で日本時代がノスタルジックに美化されたり，かえって過去や現在の日本への関心が高まったりすることもある（植野・三尾編 2011，三尾・遠藤・植野編 2016）。日本で「親日」と誤解されがちなこうした感情は，異なる体制下におかれた戦後世界のなかでなされる過去の再解釈と見てとれる。

　すでに指摘したように，私自身もパラオでのフィールドワーク期間中，過去や現在の日本について問われたり，旧宗主国から来た自分自身の位置性が問われたりすることがしばしばあった。研究者が学術的関心に基づいて設定した研究テーマを追求することの正しさは確かに存在するだろうが，フィールドからのこうした問いかけにもまた別の正しさがあり，真摯に取り組む必要があろう。私のパラオでの調査研究も，こうした現地からの問いかけによって常に軌道修正を迫られ，現在に至っている。

　現在を生きる私たちは，「帝国日本」と言われてもピンとこないかもしれないが，もう忘れていいかどうかは私たちが主体的に決められる問題ではな

い。今後,フィールドワークでなくても,旅行や仕事などの機会に,東アジアやオセアニアに赴いた際に,過去の日本の植民地主義を問われる瞬間がみなさんにもあるかもしれない。そのときには,現場からの問いかけに応じて説明責任（responsibility）が生じている。どのような対応ができるのか,文化人類学の学びを生かして考えてみてほしい。

参考文献

飯髙伸五　2006「日本統治下南洋群島における『島民』村吏と巡警——パラオ支庁マルキョク村の事例分析を通じて」『日本植民地研究』18：1-17頁。

飯髙伸五　2009a「日本統治下パラオ,オギワル村落におけるギンザドーリ建設をめぐる植民地言説およびオーラルヒストリーに関する省察」『アジア・アフリカ言語文化研究』77：5-34頁。

飯髙伸五　2009b「経済開発をめぐる『島民』と『日本人』の関係——日本統治下パラオにおける鉱山採掘の現場から」吉岡政徳監修,遠藤央・印東道子・梅崎昌裕・中澤港・窪田幸子・風間計博編『オセアニア学』京都大学学術出版会,345-359頁。

飯髙伸五　2009c「旧南洋群島における混血児のアソシエーション——パラオ・サクラ会」『移民研究』5：1-26頁。

板垣竜太　2008『朝鮮近代の歴史民族誌——慶北尚州の植民地経験』明石書店。

植野弘子・三尾裕子編　2011『台湾における「植民地」経験——日本認識の生成・変容・断絶』風響社。

春日直樹　2007『「遅れ」の思考——ポスト近代を生きる』東京大学出版会。

栗本英世・井野瀬久美惠編　1999『植民地経験』人文書院。

坂野徹編　2016『帝国を調べる——植民地フィールドワークの科学史』勁草書房。

清水昭俊　1992「永遠の未開文化と周辺民族——近代西欧人類学史点描」『国立民族学博物館研究報告』17（3）：417-488頁。

ストーラー,A・L　2010『肉体の知識と帝国の権力——人種と植民地支配における親密なるもの』永渕康之・水谷智・吉田信訳,以文社。

棚橋訓　1996「カーゴカルトの語り口——ある植民地的／人類学的言説の顚末」青木保・内堀基光・梶原景昭・小松和彦・清水昭俊・中林伸浩・福井勝義・船曳建夫・山下晋司編『岩波講座文化人類学　第12巻　思想化される周辺世界』岩波書店,131-154頁。

冨山一郎　2006『増補　戦場の記憶』日本経済評論。

中生勝美　2016『近代日本の人類学史——帝国と植民地の記憶』風響社。

中林伸浩　1991『国家を生きる社会――西ケニア・イスハの氏族』世織書房。
沼崎一郎　2016「台湾における日本語の日本文化／日本人論――『ポストインペリアル』な読解の試み」桑山敬己編『日本はどのように語られたか――海外の文化人類学的・民俗学的日本研究』昭和堂，371-405頁。
バランディエ，G　1983『黒アフリカ社会の研究――植民地状況とメシアニズム』井上兼行訳，紀伊國屋書店。
マーカス，G・E／M・M・J・フィッシャー　1989『文化批判としての人類学――人間科学における実験的試み』永渕康之訳，紀伊國屋書店。
三尾裕子・遠藤央・植野弘子編　2016『帝国日本の記憶――台湾・旧南洋群島における外来政権の重層化と脱植民地化』慶應義塾大学出版会。
山路勝彦編　2011『日本の人類学――植民地主義，異文化研究，学術調査の歴史』関西学院大学出版会。
吉岡政徳　2005『反・ポストコロニアル人類学――ポストコロニアルを生きるメラネシア』風響社。
吉田憲司　1999『文化の「発見」――驚異の部屋からヴァーチャル・ミュージアムまで』岩波書店。
ルクレール，G　1976『人類学と植民地主義』宮治一雄・宮治美江子訳，平凡社。
レンジャー，T　1992「植民地下のアフリカにおける創り出された伝統」E・ホブズボウム／T・レンジャー編『創られた伝統』前川啓治・梶原景昭ほか訳，紀伊國屋書店，323-406頁。

Gough, K. 1971. Nuer Kinship: A Re-examination. In T. Beidelman (ed.), *The Translation of Culture: Essays to E. E. Evans-Pritchard*. London: Tavistock Publication, pp.79-121.

Keesing, R. and R. Tonkinson (eds.) 1982. Reinventing Traditional Culture: The Politics of KASTOM in Island Melanesia. *Special Issue of Mankind* 13（4）: 297-399.

Lattas, A. 1998. *Cultures of Secrecy: Reinventing Race in Bush Kaliai Cargo Cults*. Wisconsin: University of Wisconsin Press.

Southall, A. 1970. The Illusion of Tribe. *Journal of Asian and African Studies* 5（1／2）: 28-50.

Thomas, N. 1991. *Entangled Objects: Exchange, Material Culture, and Colonialism in the Pacific*. Cambridge: Harvard University Press.

Thomas, N. 1999. *Possessions: Indigenous Art/ Colonial Culture*. London: Thames and Hudson.

●読書案内●

『帝国日本の記憶——台湾・旧南洋群島における外来政権の重層化と脱植民地化』
三尾裕子・遠藤央・植野弘子編，慶應義塾大学出版会，2016年。
帝国日本の解体後，新たな外来政権によって日本統治からの脱却が代行された台湾とミクロネシアを対象に，人々の植民地経験や戦後の日本認識の比較を行っている。帝国日本の記憶をフィールドの民族誌的事象から照射している。

『帝国を調べる——植民地フィールドワークの科学史』
坂野徹編，勁草書房，2016年。
帝国日本の統治・支配時代および帝国日本の崩壊後に，東アジアやオセアニアで行われた様々なフィールドワークや学術調査を検討した学際的研究。文化人類学をはじめとする日本のフィールド科学が，植民地状況下でいかに展開されていったのかがよくわかる。

『帝国日本の生活空間』 J・サンド，天内大樹訳，岩波書店，2015年。
帝国時代の日本本国と植民地およびその他の支配地域との双方における日常生活や文化のありようを「もの，都市空間，身体のふるまい」に注目して検討した歴史研究。世界のなかでの大日本帝国の位置やアメリカ帝国の拡張も視野に入れて，世界史的視野でこれらの問題を検討している。

【コラム6】

尖閣諸島と竹島　　　　　　　　　　　　上水流久彦

　尖閣諸島(中国の通称魚釣島,台湾では魚釣台),竹島(韓国では独島)をめぐって「歴史的にも国際法上も我が国の領土であることは間違いない」という発言を各国政府から何度も聞いたことがあるだろう。領土問題では,どの国が最初に見つけ,歴史的に先に領有したか,国際法上正当か否かが焦点となる。日本は1895年に尖閣の領有を宣言するが,そのとき清朝は何も言わなかった。だから,日本は自らの領有を清朝は認めたとする。竹島は1905年に日本が領有宣言するが,大韓帝国も何も言わなかった。そう考えると,このフレーズは外交上重要な「お約束」とも言え,発言に感情的になる必要はない。国際社会では「反論しないことは相手の主張を認めた」ことになるため,繰り返し確認される。

　各国でこれらの島々がもつ意味は異なる。台湾は1971年頃から領有権を主張し始めるが,沖縄の本土復帰前まで尖閣諸島付近で台湾漁船が操業してきた事実を重視し領有権より操業権を争点としてきた。2013年に日台漁業取り決めが結ばれ,台湾市民の関心は低くなった。中国は尖閣諸島の海底に資源があることがわかり主張を強めたとされるが,今のように激しい活動を行うのは,2012年に日本が尖閣諸島の一部を国有化して以降だ。竹島は韓国では植民地支配という暴力によって盗まれたもののシンボルである。竹島の領有宣言がされた1905年当時,大韓帝国の外交の顧問には日本政府の推薦者が任命されていた。2005年の島根県の竹島の日(2月22日)制定を韓国のニュースキャスターは怒りのあまり泣きながら原稿を読んだ。

　大きな問題は軍事衝突だ。現在,尖閣諸島では日本側は海上保安庁,中国は海警局,台湾は海岸巡防署が対応している。これらの組織は海上警察に相当し,組織間で応酬があったとしても戦争とされない。だが,海上自衛隊など軍とされる組織が発砲でもしようものなら,その国への攻撃となり,戦争に発展しうる。そうならないように各国は神経を使っている。

第 7 章
エスニシティ
台湾の先住民から考える

宮岡真央子

都会で暮らす台湾の先住民ツォウの若者にとって、故郷の祭りに参加することは、祖先の記憶と文化に触れ、「自分は何者か」を感じたり考えたりする機会でもある。写真は台湾嘉義県阿里山郷（2011年、筆者撮影）。

1　自他の線引き

　自分は、日常でどんな人たちとどのような集団のなかで過ごしているだろう。家族や親戚、ゼミやサークルの仲間、バイト先の人……。あげだすと、自分が多様な人たちと関係をもち、互いに仲間だと考えていることに気づく。そして、「私たち」「我々」と言える仲間をほかとは区別して何らかの名前で呼び、何か特徴のある集団として考えてもいる（「私たち美術部って、変わり者が多いよね」）。このような自集団の名前とそのイメージは、しばしば

他集団の存在とそれとの比較を前提にしている（「ジャズ研はまじめで退屈，俺たち軽音部は明るくて楽しいよ！」）。ゆえに，「我々」が意識されるのは，「彼ら」という他者の存在があるからだと言える。

　文化人類学は，このような社会における自他の線引きという現象とそこで生じる集団の意識について，大きな関心を寄せてきた。本章では，「エスニシティ（ethnicity）」をキーワードにこれについて考える。そこで，次節でエスニシティとその関連概念を概説する。続いて，東アジアにおけるエスニシティのあり方を，台湾の先住民，中国の少数民族，日本の先住民アイヌの事例から概観し，エスニシティを多面的に考えてみたい。なお，本章でいう先住民（族）とは，indigenous peoples の訳語，つまり国家の成立以前からその土地に居住し，多数派民族とは異なる文化・歴史をもち，今日まで被支配的立場におかれている集団のことをいう。また，先住権とは，国家成立以前に居住していたという先住性を根拠として，先住民が国家に対して有する特別な権利を指して用いる。

2　エスニシティ，ネイション，「人種」

(1)　エスニシティ

　エスニシティという言葉になじみのない人も，エスニック（ethnic）という言葉なら聞いたことがあるだろう。日本語では「エスニック料理」「エスニック雑貨」など，日本に居住するマジョリティにとって異民族的・エキゾチックだと思われるものに対して用いられる。

　エスニシティは，形容詞エスニックの名詞形である。1960年代以降に文化人類学や社会学で，エスニック・グループ（ethnic group（日本語では「エスニック集団」「民族集団」とも訳される））という言葉とともに頻繁に使われるようになった。はじめはアメリカのような移民国家における移住者の独自の文化特性を意味する概念として用いられ，やがて国民国家のなかで国民文化に完全に同化せずに生き残った多様な文化集団にも適用されるようになった（関根 2005：216-217）。

エスニック・グループが文化的集団を指すのに対し，エスニシティは「ある人たちのコミュニティをほかのコミュニティから区別する文化的習わしや見地」を指す（ギデンズ 2009：497）。社会（多くは国民国家）において，集団どうしの相互作用のなかで自他の区別がなされ，エスニックな境界（民族境界）が意識される（バルト 1996）。エスニシティは，このときに人々が心に抱く「我々意識」，共通の文化的特徴などの「自分たちらしさ」である。「民族意識」「民族性」とも言い換えられ，あるいは「民族集団」そのものを指すこともある。

(2) ネイションとエスニシティ

「日本人留学生」「日本人独自の美意識」，この2つの「日本人」の意味は同じだろうか。前者は「日本国民」という意味だが，後者は「日本文化を共有する集団」つまり「日本のマジョリティを構成する民族」のことを指すといえるだろう。このように「日本人」は2つの意味をもつ。これは英語のネイション（nation）の意味の広がりと対応する。もっとも，大多数の日本国民は，この2つの意味の使い分けをあまり意識しないかもしれない。

しかし，いずれかの国民国家の一員であってもその国のマジョリティを構成する民族とは異なる歴史的・文化的背景をもち，異なるアイデンティティを抱く人々もいる。ブルース歌手の新井英一は，朝鮮半島出身の父と朝鮮人と日本人との間に生まれた母のもと，福岡で生まれ育った。日本人女性と結婚して子どもが生まれた後，36歳のときに亡父の故郷・韓国の清河を訪ね自分のルーツを確認した。その後，日本で家族と暮らすために日本国籍を取得し，「コレアン・ジャパニーズ」と自称する（野村 1997：342-367）。今日，新井のように日本国籍をもち，独自の，あるいは重層的なアイデンティティをもつ人は少なくない。

このように，国民および国家におけるマジョリティを構成する民族（ネイション）には必ずしも一元的に回収されえない文化的集団への帰属意識（アイデンティティ）やその拠り所とされる文化的特徴・民族性のことをエスニシティと呼ぶ。

(3) 「人種」とエスニシティ

　人を分類する概念として,「人種」という語を聞いたことがある人もいるだろう。「人種」とは,かつて近代西洋が人類を身体的特徴によって下位分類するために用いた学術用語であるが,その当初から優劣や価値と恣意的に結びつけられ,人を社会的に分類・序列化し,他者支配を正当化する道具として用いられてきた。その結果が,人種差別,人種主義に基づく数々の悲劇を生んだことは,改めていうまでもない（寺田 1967）。

　そもそも人類の身体的特徴は,集団内で均質性をもつことはなく,「人種」の分類方法に定説はない。今日,この概念の学術的有効性は否定されている（ブレイス・瀬口 2005）。そして,多大な負の影響に鑑み,この語の使用をただちにやめるべきという提唱もされている（スチュアート 2002）。他方,エスニシティには,「人種」のような生物学的な含意はない。エスニシティが,あくまでも社会的現象であることを再度確認しておきたい。

　では,東アジアにおいてエスニシティはどのようなあり方をしているのだろう。以下,具体的に見ていこう。

3　エスニシティの動態と重層性——台湾先住民の場合

(1)　植民地化以前の状況

　台湾では,独自の言語と文化をもつ多数の集団が,かつてそれぞれ自律的な暮らしを営んでいた。彼らは現在台湾で先住民と位置づけられ,「原住民族」と呼ばれる。オセアニアや東南アジア島嶼部と同系統の言語を用い,これらの地域とも共通する南島系の文化を育んできた。1620年代から外来勢力による台湾の植民地化が始まり,1683年には清朝の統治下に組み込まれた。この時代から19世紀後半まで中国大陸からの漢民族移民が漸次増加して開拓を進め,先住民はマイノリティとなった。その間,西側平野部では漢民族と同化して独自の言語や文化を失った集団もあったが,山間部や東部に居住する先住民は,その後も自律的な生活を維持した。そのうち,私が調査に通う

台湾中部，阿里山の麓に居住するツォウは，人口約6,600人（2016年6月末現在），自分たちのことをツォウ語で「ツォウ　アトアナ（我々ツォウ）」と呼ぶ。

「ツォウ」とは，もともとツォウ語で「人」を意味する。ツォウの村落は，かつて別個の名をもつ４つのサブ・グループに分かれていた。各サブ・グループの中心には首長と男子集会所があり，戦闘や祭りはサブ・グループごとに行われた。これら４つの総称はなく，それぞれのサブ・グループの名で自他は区別された。また，ツォウが頻繁に接触してきた近隣の諸民族に対してもそれぞれ呼び名があった。つまり，ツォウは自分たちの生活圏で実際に接触する他者に対して，自らのサブ・グループとは別の呼称を用いて呼び，自他の線引きを行っていた。

(2) 国家による包摂と命名

ツォウがツォウと名乗るようになるのは，1895（明治28）年に日本が台湾を植民地化してずっと後のことである。ツォウを含め，19世紀末まで自律性を維持してきた先住民は日本によって初めて国家に編入され，土地の収奪と同化政策を経験する。

日本による台湾統治を司る台湾総督府は，先住民を「生蕃，蕃人，蕃族」と総称した（「蕃」は侮蔑的意味を含む）。伊能嘉矩ら人類学者や台湾総督府の調査機関が現地を訪れ，各地の言語や文化を調査し，台湾に居住する諸民族の網羅的分類・命名を試みた。その過程で，人類学者が分類した枠組みではそれまで固有の自称名をもたなかった多くの民族が，「人」を意味する単語を民族名として命名された。ツォウもその１つである。昭和期，台北帝国大学の土俗人種学研究室による研究で分類は集大成され，先住民は９民族から構成されるという見方が示された。なお，この時代に先住民は「高砂族」とも総称された。

第二次世界大戦後，台湾を統治した国民党は，先住民を「山地同胞」と総称した（略語は山胞，「同胞」は同化への期待を含む）。また，上記台北帝国大学の分類を踏襲し，先住民は９つの民族からなるとみなした。そして，これ

らの先住民に対する国民統合がはかられ，中国文化への同化が促された。

(3) 先住民による「名乗り」

　1980年代後半，台湾の民主化運動に伴い，先住民の大学生が中心となって差別撤廃，人権と先住権の保障を訴える先住民運動を開始する。このなかで従来の呼称「山地同胞」を否定し，「台湾にもともと住む民族」という意の「原住民族」の使用を主張した。これは，当事者が国家の「名づけ」を拒んで新たな「名乗り」を行う現象として理解できる（内堀 1989）。その結果，1990年代の憲法修正で「原住民／原住民族」が公称となった。

　この頃，「原住民族」に含まれる9民族のなかからも「名乗り」の声が上がる。その嚆矢がツォウであった。ツォウは，大正期の台湾総督府の調査機関による報告書で「曹族」と漢字表記され，戦後もこの表記が用いられてきた。しかし，中国標準語で「曹」の文字の発音は「ツァオ」であり，本来の発音とは異なる。これに違和感と疑問を抱いたツォウの人々が，1987年頃より同人誌などで元の音に近い「鄒」（ツォウ）の文字表記を用い始めた。政府に対しても変更を求め，1998年に公的文字表記が「鄒族」へと改められた。

　その後の先住民の「名乗り」は，さらに大きな変更を政府に迫った。学術界や行政によって従来上記9民族のいずれかに含まれるとみなされた7つの集団が，固有の名をもつ単独の民族であることを次々に主張し，その承認を政府に要求したのである（これを台湾では「正名」（ジェンミン）と呼ぶ）。2001年から2014年までにそれらの要求が国家に認定され，公認される「原住民族」は16民族にまで増加した（2016年6月末現在）。

　これら先住民の「名乗り」において，そのエスニシティの拠り所は，言語や文化の独自性，歴史経験の特殊性など多様であった。そして2014年にツォウから独立して単独の民族と認定されたサアロアとカナカナブの場合は，上述したツォウの「曹族」から「鄒族」への「名乗り」が引き金となった。

　そもそもサアロアとカナカナブは，どちらも人口300人ほどの小集団である。ツォウと物質文化等に類似した点は多く，過去には同盟関係も築いたとされ，日本統治期以来ほぼ一貫してツォウの一部として分類されてきた。実

際には，前二者はツォウとは異なる自称名と言語をそれぞれ有し，三者間で会話は通じない。1990年代以降，3者の交流の機会が増え，互いの文化や言語の違いを実感する。そして，ツォウによってツォウ語の発音を基準に行われた表記上の「名乗り」に，サアロアとカナカナブは違和感を覚えた。これを契機とし，消失の危機にある独自の言語と文化を守るために，単独の民族としての承認を国に要求したのであった（宮岡 2015）。

このように，台湾において先住民による「名乗り」は，様々なレベルで行われ，動態的な様相を示している。そして，その際のエスニシティの拠り所も多様である。

(4) エスニシティの重層性

現在のツォウは，国家に「原住民族」として認められる16民族のうちの1民族である。個人が「原住民族」の一員であることは，法律によって「原住民」という個人の法的身分として認められている。そして，「原住民」身分をもつ個人の戸籍には，「原住民」と記載される。かつ，戸籍管理の役場に自分がどの民族かを届け出ている場合には，戸籍には「○○族」とも記載さ

写真7-1　台湾高雄市那瑪夏区の役場で民族名の登記をカナカナブに変更する長老（2014年，筆者撮影）

れる（ツォウの場合は「鄒族」）。

　よって台湾の先住民は，共通の言語や文化や歴史認識を拠り所としてエスニシティを構成すると同時に，台湾という政治的・社会的環境のもとでより大きな「原住民族」という枠組みのエスニシティをも構成しているといえる。私の知人であるツォウの一青年は，「原住民族」の大学生から組織される歌舞サークルで指導的立場にあり，他民族の歌や踊りの指導も手がけ，各地で公演活動に励み，海外公演に赴くこともある。出入国には当然のことだが「中華民国（台湾の国号）」のパスポートを携える。ゆえに，彼はツォウであり，「原住民族」であり，かつナショナリティ（国民）としては「中華民国」あるいは「台湾」社会の一員だとも考えているだろう。

　このように，ナショナリティとエスニシティは，相互に排他的なものではない。そして，個々人のなかでエスニシティは重層的なあり方をすることもある。

4　民族境界の固定化と揺らぎ——中国の少数民族

(1)　中華世界から多民族国家へ

　中国では古くから広大な土地に多様な集団が暮らし，歴代王朝が華夷秩序に基づく中華世界を築いてきた（コラム5参照）。中華世界とは，中心に最高の徳「文」を有する皇帝があり，皇帝の徳の作用「文化」の及ぶ領域を「中華／華」の内側とし，外側を「化外」として「夷狄／夷」の領域とみなす（「夷」「狄」は差別的意味を含む）。「化外」の「夷」は「文化」が浸透するにしたがい「中華」の内側に順次編入され，国家は拡大する。「文」「文化」とは礼と漢字・漢文であり，その及ぶ範囲「華」の人々が「漢人」である（横山 1997：177）。

　ゆえに中華世界では，諸集団間に「華」（漢人）／「夷」（非漢人）という階層的区別があったが，これは漢文化の浸透・受容の程度による区分を意味する。過去に「夷」とされた集団が後に「華」になるなど，流動的であった。元と清がそれぞれモンゴル族と満州族による帝国であったことを想起し

てほしい。

20世紀初期，清の領域を継承して中華民国が成立する。これを率いた孫文は，当初，中国の主要民族である漢，満州，モンゴル，回（新疆のイスラーム系諸民族），チベットの5民族で新国家建設にあたるという「五族共和」の理念を唱えた。その後は漢民族以外の諸民族を「少数民族」と呼び，各民族の一律平等と自決権を唱えた。ただしこれと前後して，諸民族を漢民族に同化させて「中華民族」を形成するという考えも示した（毛利 1998：16-17，横山 1997：183-184）。

中国を漢民族と少数民族からなる多民族国家であるとする国家観は，1949年建国の中華人民共和国にも継承された。共産党政府は，国家の統一を保ちつつ少数民族にも平等な権利を保障するため，分離権・自決権を認める連邦制ではなく，少数民族の集中する区域で一定の文化的な自治権を認める区域自治制度を整えた（毛利 1998：33-54）。このように中国は，中華世界から多民族国家へと変貌を遂げた。

(2) 民族境界の固定化と揺らぎ

民族区域自治を具体化するには，誰が少数民族かを確定しなくてはならない。このため，1950年代初頭から政府による「民族識別工作」が始まり，1978年までに55の少数民族が認定された（毛利 1998：61-62）。この一連の作業で，中国は漢民族と55の少数民族，合計56民族からなる多民族国家であることが確定された。これによって個々人の民族帰属は戸籍に記載されるようになる。古来，中華世界において漢人／非漢人の区別は流動的で緩やかなものであったが，「民族識別工作」後は，「民族的アイデンティティの曖昧性，重層性，流動性を許さなくなった」のである（横山 2004：97-98）。

しかしその後，民族帰属の変更をする人が続出し，少数民族人口は増加する。例えば，湖北，湖南，貴州，四川省に暮らす土家族（トゥチャ）は，18世紀以降に漢文化を広く受容して日常的には漢語方言を使用するようになったものの，独自の儀礼や生活習慣を伝えてきた。1956年に少数民族として認定された後，1964年に52万人だった人口は，1982年に283万人，1990年に572万人と急増し

第7章 エスニシティ　123

た。土家族への帰属変更の動機は，自己の系譜や歴史を調べ民族意識に目覚めた例や，食料・衣服の配給や産児制限上の優遇措置など少数民族対象の優遇政策を認識した例など多様である。少数民族への偏見が薄れたという環境の変化も大きい。1980年代には漢民族として登記した人の少数民族籍回復や変更も可能だったため，大きな人口増に結びついたと考えられる。その結果，兄弟や親子で土家族／漢族と民族帰属が異なる事例も現れた（山路 2005）。ただし1990年以降，民族籍変更は認められなくなった（横山 2004：99）。

　ここから明らかなことは，たとえ民族境界が国家によって固定化されたとしても，人々は日常の利便性などのためにその民族境界を易々と跨ぎうるという点である。その背景には，歴史上の漢人／非漢人の境界の流動性があり，それゆえ，少数民族のエスニシティには，曖昧さや重層性が多分に含まれてきたのだといえるだろう。

(3) 中華民族という概念

　「民族識別工作」に深く関与した人類学者の費孝通(フェイシャオトン)（1910-2005）は，1988年に「中華民族多元一体構造」という概念を発表した。費のいう中華民族とは，現在の中国で民族としてのアイデンティティをもつ11億の人民全体を指す。それは56の民族を内包し，各民族は多元的だが，中華民族としては一体的なものである。数千年の形成過程で漢民族が核心となり，周囲の民族と連合し，やがて分割不可能な統一体の基礎となったとする（費 2008：13-14）。つまり費は，中国領内の多元的な56の民族を包括して１つのより高次の民族とみなし，その核に漢民族を据え，この全体を１つの民族として中華民族と呼んだ。中華民族という言葉自体は，上述のように孫文なども用いたが，費の独自性は，少数民族の多元性を認めたうえで，それを束ねる高次元の民族を想定する階層的な見方だったといえよう。

　これが発表されたのは，中国で改革開放が始まり，人民を束ねる社会主義の理念が揺らぎ始めた頃であり，この概念が「国家的統合問題に新たな局面を切り拓いた」とされる（横山 2004：100）。そして，「多元一体の強調点はあくまでも一体のほうにあり」，「今日に至るまで国の統一と安定を育むため

の理論として重要性を保っている」とも指摘される（長谷 2007：28）。中国に限らず，民族をめぐる概念は，しばしば国民統合のために用いられるということを心にとどめておきたい。

5　エスニシティの非同質性と日常性──アイヌ民族の場合

(1) アイヌモシリから北海道へ

　アイヌ民族は，アイヌモシリ（アイヌ語で「人の住む大地」の意）すなわち現在の北海道とその周辺地域に古くから居住してきた日本の先住民で，「アイヌ」とはアイヌ語で「人」を意味する。狩猟採集・漁撈・雑穀栽培に依拠しつつ，中世・近世には大陸北方諸民族や本州以南の日本人との交易を盛んに行い，独自の文化を形成してきた（瀬川 2007）。

　1869（明治2）年，明治政府はアイヌモシリを「北海道」と名づけ，日本の領土に組み込んだ。これによりアイヌ民族は土地を奪われ，移住者の増加でマイノリティとなり，差別に苛まれる。独自の慣習や漁猟が禁止・制限され，日本式姓名と日本語使用が求められるなど，日本への同化が促された。1899（明治32）年，困窮するアイヌの「救済」を謳う「北海道旧土人保護法」（以下「保護法」と略）が公布され，農民化と教育普及が制度化された。大正期になると，不慣れな農業に適応できずに同法による給与地を手放す例も現れた（榎森 2007：381-402, 423-451, 465-481）。

　他方，北海道は観光地，そしてアイヌ民族は重要な観光資源ともみなされるなか，新たなアイヌ文化も生み出された。例えば道南の白老は，1881（明治14）年に天皇が視察した際，「イヨマンテ（クマ送りの儀式）」の踊りを短く編成して上演し，アイヌ観光の村として有名になる。この踊りは，今日では国指定重要無形民俗文化財「アイヌ古式舞踊」の一部をなす（野本 2014：2-4）。また，旭川ではアイヌの木工技術を生かし，大正期から木彫熊の製作・販売が始まり，やがてそれは白老を含む各地に広がって北海道土産として定着した（大塚 2003：130-132）。同じ頃『アイヌ神謡集』（1923）の著者知里幸恵やその弟でアイヌ語研究者の知里真志保など，アイヌの言語・文化の

価値を記録・研究し，広く知らしめようとする人々も現れた。また1920～30年代には，アイヌ民族自身によって生活改善や民族としての自覚と奮起を促す言論活動，土地返還要求運動や「保護法」改廃運動も活発化した（榎森 2007：459-481）。

このように明治以降のアイヌ民族は，独自の言語や文化を否定され，社会的・経済的に大きな困難を抱えながらも，新たな社会環境のなかで，自分たちとは何者か，どう生きるべきかを模索していった。

(2) 「北海道旧土人保護法」の廃止とその後

1970年代以降，アイヌ民族のエスニシティが大きく高揚する。その契機は，1968（昭和43）年に実施された北海道各地での「開拓100周年」記念諸事業であり，アイヌの存在を無視した歴史認識への批判がアイヌ自身や研究者から出された。1980,90年代には，「保護法」の廃止，および民族の尊厳を守り先住権を保障する新法の制定を求めるアイヌによる運動が起きる。アイヌの運動家たちは国連本部など国外にも赴き，他国の先住民との交流・連帯を進めた。それらを後押ししたのは，1985（昭和60）年の中曽根康弘首相（当時）による「日本は単一民族国家」という旨の発言への異議と抗議活動だった（榎森 2007：556-583）。

これら一連のアイヌ民族による運動の中間的帰結が，1997（平成9）年の「保護法」廃止と「アイヌ文化の振興並びにアイヌの伝統等に関する知識の普及及び啓発に関する法律」（略称はアイヌ文化振興法）施行である。ただしこの新法は，アイヌ側が要求してきた先住権保障ではなく，文化振興を目的とした（榎森 2007：506-591）。2007年には，国連総会が「先住民族の権利に関する国際連合宣言」を採択し，翌年に日本政府はアイヌを日本の先住民と認めるに至った。近年は，文化振興を軸とする国の施策が進展する。そのなかで，今後アイヌの主体性をどう確保すべきか，という課題もアイヌの側から提起されている（野本 2014：12-15）。

(3) それぞれのアイヌらしさ

　今日，アイヌの人々は日常で日本語を話す。150年前とは暮らしぶりも大きく変化した。しかし，だからといってアイヌの人々がいなくなったわけではない。母やその知人らからの聞き書きを著作『民族衣装を着なかったアイヌ──北の女たちから伝えられたこと』にまとめた瀧口は，「暮らしぶりが日本化して，民族衣装を着ていなくても（中略）それぞれの人が大事にしているもののなかに，アイヌらしさは残りつづけている。それは，現代のアイヌである私のなかにもひきつがれているのだと思う」と記す（瀧口 2013）。

　大事なものは様々であろう。例えば，刺繍や木彫によるアイヌ民族独特の美しい文様は，家族のなかで伝えられ，魔除けの意味をもち，作り手の気持ちが込められてきたが，現代のアイヌの工芸家や芸術家もこれを継承し表現している（チカップ 2001：2-3）。アイヌの弦楽器トンコリなどを演奏する人もいる。アイヌ語，踊り，刺繍や彫刻を互いに教えあう場は，北海道ばかりでなく東京にもある。東京でアイヌ料理店を営む人もいる。そのような場に集う人たちが，「保護法」廃止と新法制定の運動の一翼をも担ってきた。

　東京のアイヌ料理店に集う人々の人生の物語を聴いた関口は，「目の前のアイヌの人たちが，日々の生活において自分と似たところの多い存在であり，日常的な感覚に関して共通するものを多くもつ同じ人間であると同時に，言葉で言い表すことのできない，計り知れない経験をもつ異なった人々としても見えてきた」という（関口 2007：5）。そして彼らのアイデンティティは，「アイヌ」／「日本人」という二分法で切り分けられた同質的で固定的な「アイヌ」ではなく，日常の家族や周囲の人々との関係のなかで感じ取られるより緩やかで曖昧なものだという（関口 2007：235-238）。

　私たちは他者に対して，ともすればステレオタイプな印象を抱きがちである。しかし，みなそれぞれ日常を生き，そのなかで自分とは何者かを意識する。そのように考えれば，他者も自分と同じ地平に立つ人として理解できるのではないだろうか。

6　他者理解の入り口として

　文化人類学や社会学において，エスニシティはこれまで文化的なマイノリティ集団に見出され，論じられてきた。なぜなら，社会のなかで偏見や差別を経験し，不利な立場におかれてきた人々には，マジョリティに対峙した「我々」意識と連帯が生まれやすいからである。これに対し，文化的なマジョリティ集団は，異なる文化的集団に必ずしも配慮しなくてもすむ特権的位置におかれているため，エスニシティが覚醒されることもない。

　しかし，このマジョリティ／マイノリティの位置は，相対的なものでしかない。自国ではマジョリティである人々も，海外に留学や移住をすれば，連帯して「我々」意識を抱き，エスニシティを覚醒させるかもしれないのだ。

　このように考えれば，文化的マイノリティに限らず，社会における様々なマイノリティについても，想像力を働かせられるだろう。例えば現在の日本社会では，性的マイノリティはいまだ周囲の理解を得ることが難しく，大きな困難を多々抱えている。立場によって抱える困難や問題には違いもあるだろうが，近年は「LGBT」(Lesbian, Gay, Bisexual, Transgenderの頭文字）と名乗り，社会のマジョリティに対して連帯し，自分たちについての理解や共感を得ようと活動している（第4章参照）。

　エスニシティについて知り，このような想像力を働かせることで，他者理解の入口に立つことができるのではないだろうか。

参考文献

内堀基光　1989「民族論メモランダム」田辺繁治編『人類学的認識の冒険』同文館，27-43頁。
榎森進　2007『アイヌ民族の歴史』草風館。
大塚和義　2003「アイヌ工芸，その歴史的道程」財団法人アイヌ文化振興・研究推進機構編『アイヌからのメッセージ――ものづくりと心』国立民族学博物館，128-135頁。
ギデンズ，A　2009『社会学　第5版』松尾精文・西岡八郎・藤井達也・小幡正敏・

立松隆介・内田健訳，而立出版。
スチュアート，H　2002『民族幻想論——あいまいな民族　つくられた人種』解放出版社。
瀬川拓郎　2007『アイヌの歴史——海と宝のノマド』講談社。
関口由彦　2007『首都圏に生きるアイヌ民族——「対話」の地平から』草風館。
関根政美　2005「エスニシティ」梅棹忠夫監修，松原正毅・NIRA編『新訂増補　世界民族問題事典』平凡社，216-217頁。
瀧口夕美　2013「先祖とたどるアイヌ史」日本経済新聞（2013年7月13日）。
チカップ美恵子　2001『アイヌモシリの風』NHK出版。
寺田和夫　1967『人種とは何か』岩波書店。
野村進　1997『コリアン世界の旅』講談社。
野本正博　2014「アイヌ民族による文化資源の活用——「象徴的空間」と国立博物館の行方」『地域共生研究』3：1-15。
長谷千代子　2007『文化の政治と生活の詩学——中国雲南省徳宏タイ族の日常的実践』風響社。
費孝通　2008「中華民族の多元一体構造」西澤治彦訳，費孝通編『中華民族の多元一体構造』西澤治彦・塚田誠之・曽士才・菊池秀明・吉開将人共訳，風響社，13-64頁。
ブレイス，C・L／瀬口典子　2005「『人種』は生物学的に有効な概念ではない」瀬口典子訳，竹沢泰子編『人種概念の普遍性を問う——西洋的パラダイムを超えて』人文書院，437-467頁。
バルト，F　1996「エスニック集団の境界——論文集『エスニック集団と境界』のための序文」青柳真智子編『「エスニック」とは何か——基本論文選集』内藤暁子・行木敬訳，新泉社，23-71頁。
宮岡真央子　2015「命名・分類，社会環境，民族意識——サアロアとカナカナブの正名にみる相互作用」『台湾原住民研究』19：22-46頁。
毛利和子　1998『周縁からの中国——民族問題と国家』東京大学出版会。
山路勝彦　2005「トゥチャ」綾部恒雄監修，末成道男・曽士才編『講座世界の先住民族——ファースト・ピープルズの現在01　東アジア』明石書店，300-316頁。
横山廣子　1997「少数民族の政治とディスコース」内堀基光ほか編『民族の生成と論理』岩波書店，165-198頁。
横山廣子　2004「中国において『民族』概念が創りだしたもの」端信行編『20世紀における諸民族文化の伝統と変容9　民族の20世紀』ドメス出版，85-102頁。

●読書案内●

『台湾原住民文学選　第2巻　故郷に生きる』リカラッ・アウー／シャマン・ラポガン，魚住悦子編訳・解説，草風館，2003年。
　固有の文字をもたない台湾の先住民は，1980年代より漢語を用いた文芸活動を開始した。本書は翻訳選集全9巻の2冊目で，短編小説24篇と長編小説1篇を収める。日本とも歴史的に深い関わりをもつ彼らの思想や文化の一端に，ぜひ触れてみてほしい。

『チベット　聖地の路地裏――八年のラサ滞在記』村上大輔，法藏館，2016年。
　チベット仏教の聖地ラサに長く暮らした人類学者の滞在記。チベットの市井の人々の暮らしぶりや考え方，近年の経済発展，中国政府との関係など，多岐にわたる話題が具体的かつ平易に語られる。エスニシティの基底には，人々の日常生活が横たわるのだ。

『民族衣装を着なかったアイヌ――北の女たちから伝えられたこと』瀧口夕美，編集グループSURE，2013年。
　観光地・阿寒湖に生まれ育った著者が，自分は何者かという問いを抱えつつ，母や親戚，母の知人らを訪ね歩き，聞き書きした記録。差別，抑圧，抵抗などの言葉では掬いきれないアイヌ個々人の生活者としての歴史を丹念にたどり，多様な経験と思いを伝える。購入の場合，SUREに直接注文のこと。

【コラム7】

韓国日本語学習事情　　　　　　　　　　中村八重

　国際交流基金によれば世界の日本語学習者のうち2割の84万人を韓国人が占め，そのうち8割が中高生であるという。韓国では中学・高校で第二言語の選択科目として日本語が教えられている。大学教育では教養科目としてはもちろん，2013年現在，101の日本語関連学科が存在する。小学校でも放課後の課外活動として日本語が教えられているし，社会人でも業務上の必要や趣味として日本語の語学スクールに通う人も多く，幅広い年齢層の日本語学習者がいる。

　ところが，最近日本語の人気は下がりつつあるという。近年の中国経済の発展により，中学・高校の第二言語で中国語を選択する学生が多くなっている。保護者が，将来就職に有利なようにと，子どもに中国語を選択するように勧めるというのだ。決定的だったのが東日本大震災である。事故，災害，経済停滞のイメージが固定化されてしまった。安部政権への批判も影響がないとは言えない。大学入試における日本語の扱いも変わった。センター試験にあたる「大学修学能力試験」で2001年から日本語が選択必須科目だったが，2012年には第二外国語自体が必須科目でなくなった。これも日本語学習者の減少に拍車をかけた。教員採用にも影響がある。すでに10年ほど前から公立学校の日本語教員採用がほとんどなくなっていたところに，2015年からは削減が始まっている。

　実際に日本語を専攻している大学生たちはどう思っているだろうか。日本語を選択したきっかけとしてアニメやドラマなどが好きだったからと答える学生が非常に多い。自称，他称の「オタク」も少なくない。彼らは政治・経済的な関係とは関わりなく，幼い頃からテレビやインターネットを通じて日本の大衆文化に親しんできている。大衆文化が好きなだけでなく，日本や日本文化に対しても肯定的評価をしている。専攻の学生ならばほとんどが経験する短期，長期の留学によってもそれは強化されている。将来日韓関係をどのように担ってくれるのか，彼らに期待がかかる。

第8章
移民
香港の人の動きから考える

芹澤知広

香港中文大学。1949年の共産主義革命後に中国本土から香港へ移った複数の学校が合併し、1963年に開学した。1990年代には交換留学生を中心に多くの日本人が在籍した（2016年、筆者撮影）。

1　移民は特別ではない

　私は博士課程在学中、1993年9月から2年間香港へ留学した。外国に住むのは初めてだったが、人類学者になるには2年間外国に留学してフィールドワークをするものだと思っていた。
　当時文化人類学を学ぶ大学院生として、私は香港に「居続ける」ことが重要だと思っていた。博士論文のテーマも「香港」という場所を1つの政治的な単位として捉えて、香港のなかだけで完結するような話題に焦点をしぼっ

ていた。留学中，中国本土やベトナムへ調査に出かけたりはしたが，日本へは1度も帰らなかった。帰国後，ある指導教授から，「日本に帰ったことはありましたか」とたずねられた。私はそのとき，その言葉を文化人類学の調査が成功したかどうかをたずねる質問だと解したから，その時点でも私が「居続ける」ことを重視していたのは間違いない。

　その後，私は，1998年3月に初めて太平洋を横断して，カナダとアメリカを訪れた。その地で香港から新たに移住してきた人々と会うなかで，香港に「居続ける」ということが，私の調査対象である香港に住んでいる人々にとって，必ずしも重要ではないことに気づかされた。

　香港留学中，私に宿を貸していたのは60歳を過ぎた老年女性であった。彼女には6人の子どもがいて，そのうち4人が香港以外の場所に住んでいる。1人の娘はタイに住み，2人の娘と1人の息子がカナダのバンクーバーにいる。彼女が海外旅行に出るようになったのは年を取ってからだが，近年は毎年のように，外国に住む自分の子どもをたずねている。私が滞在していた1995年の夏，彼女はタイとカナダへの2つの旅行を計画した。結局，タイから香港へ戻ってカナダへの旅行は中止した。彼女がタイへ行っている間，同居している彼女の90歳をこえる姑（しゅうとめ）と私は，2人で彼女の家の留守番をした。

　この姑は今では亡くなり，私が間借りしていた公共住宅も取り壊されてしまった。留守番をしている間に台風が来て，ベランダに出していた植木鉢を雨風のなか2人で一緒に室内へ入れたことなど，当時の思い出はつきない。1990年代前半の当時，1989年の天安門事件を経て，1997年の香港返還に不安をもった人々が次々と出国する移民ブームがあった。家主の女性と香港に住む彼女の息子夫婦の間では，家族でカナダへ移民する計画がよく話題にのぼり，その計画には，この高齢の姑も関わっていた。高齢者は1人で生活することができないので，世話をしている人が移民するなら，一緒にくっついて移民する必要が生じる。この姑は，10時間飛行機に乗ってカナダへ移民することも，中国広東省増城県（現在は広州市増城区）の自分の郷里へ帰ることも，どちらも気が進まないという悩みを，よく私に話していた。

　この家族の例からは，長年住んだ土地を離れての高齢者の海外移住がある

とわかる。もちろん香港が返還直前であったことや，中国広東省が歴史上海外との交流が盛んで移民を多く出してきたという空間的，時間的な条件もある。しかし今や外国に行くこと，外国に住むこと，また自国と外国を行き来することは世界中の多くの人々が普通に行っていることだ。

　この文章を読んでいる読者のなかには，「外国に住む」ことが具体的に思い描くことのできない人がいるかもしれない。そういう人は，自分の家族や近所の知人に，外国から来た人や外国に駐在した人，外国へ留学した人などがいないかどうか，改めて調べてみてはどうだろう。昔の日本人が，今の私たちが考える以上に外国へ行っていたことや，今の日本にたくさんの外国人が住んでいることに，改めて気づき，「居続ける」よりも「移動する」ほうが人間にとって普通なのではないかと思わされるはずだ。

　日本語では一般に「移民」は，国境を越えた人の空間的な移動を指す。それに対して，国内での空間移動（私たちがよくしている「引っ越し」）は，「移転」という。文化人類学が対象にしている「民族」は，必ずしも国境によって囲い込まれているわけではなく，その国境も歴史を通じて必ずしも一定ではない。そのため，国内での人の移動と国外への人の移動とを連続的に考えることが重要である。

　私の下宿先の家族のように，もともと中国本土のなかで移転したあと，香港に住むことになり，さらに海外へと移民していくような人々は香港にはたくさんいる。しかし本章では，国内の人の移動ではなく，国外への人の移動である「移民」に話を限定することにしよう。ただし香港の場合は，英領時代も現在も，中国本土との行き来が完全に自由というわけではないため（今では香港も中国だが，なお「出入国管理」が行われている），中国本土から香港への移動も「移民」と考えてよい。

　さらに「移動」という言葉が，社会階層間の移動である「社会移動」の意味で使われる場合も日本語ではある。移民することによって今までの生活が放棄され，新しい環境で新たな生活の術を求めることも多いため，空間移動の問題は社会移動の問題と密接に関わっている。移民前に身につけていた技能が移民先国家に貢献できるよう「ポイント制」（資格を点数化して高得点の

移民を受け入れる制度）を導入している国もあるが，どの国でも高額の報酬を得ることのできる高度な専門職（医師や弁護士など）ではない限り，多くの場合には移民前の仕事が評価されないために，移民後は社会的地位が下がってしまう。日本人研究者が外国の大学院で博士号を取っても，日本に帰国してからは高く評価されないということが以前はよくあったが，このことも移民前の技能が高く評価されにくいという一般論から説明できるかもしれない。

　今日の文化人類学にとって「移民」が重要なテーマになってきた理由として，移民現象が文化人類学の研究方法を再考する重要な契機になったことがあげられる。私が香港にいたときに「居続けること」にこだわったように，文化人類学の基本的な方法は，1つの場所にとどまっている人々について，一定期間生活をともにすることから文化を描くというものである。しかし現実には多くの人々が世界各地を移動し，いくつもの場所を舞台にして生活している。移民する人々を追うことは，複数の場所で調査を行うことであり，それを本や論文にまとめたものが「移動の民族誌（multi-sited ethnography）」ということになる。

　しかしながら，移民現象は必ずしも文化人類学に特徴的な研究対象ではなく，今まで移民研究のなかで使われてきた理論や研究枠組みの多くは，文化人類学以外の社会科学の分野から提案されてきたものである。そのため移民というテーマを調査研究するうえでは，移民現象を取り巻く社会の多くの側面に目を配ることが重要であり，そのような総合的視点こそ，「文化人類学的」であろう。

2　まずは人口統計にアクセス

　私たちの研究対象とする人々が，どういう人たちで，どこに，どのくらいの人数住んでいるのか，という情報は，研究を行ううえでの基本情報であり，とりわけ移民研究には重要である。そのため香港の人口に関わる基本的な数字をまずは押さえておくことにしたい。

香港政府が行政に関する統計を積極的に収集・研究するようになったのは，1967年に，そのための部門が設けられてからである。1961年に初めて本格的な人口調査が行われ，その後，5年ごとに中間調査（バイ・センサス），10年ごとに本格的な人口調査（センサス）が実施されている。なお本章での最新の数字は，香港返還後，21世紀に入ってから最初に実施された2001年の調査に基づく。今世紀のその後の変化に興味のある読者は，現時点での最新の数字を，香港特別行政区政府の「政府統計處（Census and Statistics Department）」のホームページを参照して入手されたい。現在の香港の公用語は英語と中国語の2言語なので，どちらか得意なほうでアクセスできる。

3　香港人とは誰か？

　戦後，1960年代から70年代にかけての時代は，現在の香港の人口構成がかたちづくられた時期にあたる。その変化を見るためのポイントの1つは，男女比である。1931年のセンサスでは，84万473人の総人口のうち，男性は48万2,580人，女性は35万7,893人であった。戦前の香港は明らかに男性が数のうえで優位な社会であり，この地で結婚して定住するよりは，単身で中国本土から香港へ出稼ぎに来ている男性が多かったのが，その理由である。それが，1966年のバイ・センサスを見ると，ほぼ男女同数になる。当時の総人口は，370万8,920人で，そのうち男性は，188万870人，女性は，182万8,050人である。なお，2001年現在の総人口は，670万8,389人を数える。20世紀後半に香港の人口はかなりの増加をみた。

　また，もう1つのポイントとして，住民の出生地に注目してみよう。1961年のセンサスでは，香港生まれの人が占める割合は，47.7％で，香港以外の土地で生まれて香港へ移動してきた人のほうが多かった。それが，1966年のバイ・センサスでは逆転し，香港生まれの人は，53.8％を占めている。移民現象を考える際に一般に使われる「一世（移民して来た世代）」と「二世（一世の移民後に現地で生まれた世代）」という言葉を使うと，この時期，香港は，中国本土生まれの一世が定住し，香港生まれの二世を育てていく時代にあ

たっていたと考えることができる。

　この香港生まれの中国系が，いわゆる「香港人」であり，香港の現在の多数派にあたる人々である。それではこの人たちはどのような人たちなのだろう。人口調査の数字のうえで興味深いのは，使用言語の比率である。1961年のセンサスでは，香港の全人口のうち，英語を普段話している人の割合は，1.21％，広東語を普段話している人の割合は，78.98％，そのほかの中国語（方言と「国語」すなわち標準中国語）を普段話している人の割合は，19.13％である。つまり，香港の人々の多数は，中国語の広東方言を話す人々である。そして，この広東語を話す人の割合は，1970年代以降，大きくなっていった。2001年では，香港生まれの人々のうち，実に98.3％が広東語を普段使用する言語だと答えている。中国本土生まれの一世は，自身の出身地の方言を話していたが，二世は自身のルーツにかかわらず，香港で生まれ育ち，香港の共通語である広東語を話すようになったのだ。

4　外国からの移民が香港を支えている

　しかし注意をしておくと，この香港生まれの人々自体が総人口に占める割合は，1971年から2001年にかけて，およそ50％から60％の間を推移している。このことから，香港生まれの香港人が今日多数を占めるとはいえ，依然として香港が他所から来た移民で成り立っている社会であることがわかる。特に，近年の興味深い現象は，中国本土以外の土地から来た人々の割合が増えていることである。

　1991年のセンサスでは，香港出生者の割合は，59.8％，中国本土（マカオ・台湾を含む）出生者の割合は，35.6％だった。これが，2001年のセンサスでは，香港出生者の割合が，59.7％，中国本土出生者の割合が，33.7％になる。中国本土以外の土地から来ている人の割合は，4.6％から，6.6％に増加している。

　この他所から来た人の数字が，「外国人」の人口を指していると考えておいてよいだろう。そこで，次に割合ではなく，2001年のセンサスで，国籍に

基づいて採られた実際の数字から外国人人口を国籍別に見てみよう。多い順に，フィリピン人が14万3,662人，インドネシア人が5万4,629人，イギリス人が2万5,418人，インド人が1万6,481人，タイ人が1万4,791人，日本人が1万4,715人，アメリカ人が1万4,379人，ネパール人が1万2,379人，パキスタン・バングラデシュ・スリランカ人が計1万2,161人，カナダ人が1万1,862人である。そして中国籍とこれらの国籍の人々を除いた，「そのほか」として，4万9,150人が計上されている。

　フィリピン人やインドネシア人が多いのは，1980年代以降，東南アジアから多くの女性が家事労働者として働きに来たからである。香港生まれの「香港人」が子どもを育てる時代に，たくさんのフィリピン人やインドネシア人が香港人家庭のために働き始めたということは，とても興味深い。残念ながら本章では女性家事労働者の問題をとりあげる紙幅がないのだが，アメリカの人類学者ニコル・コンスタブル（Nicole Constable）によるフィリピン人女性家事労働者の研究など，文化人類学のフィールドワークに基づく重要な研究がある（Constable 2007）。

5　数字を見て仮説を立てる

　前節では2001年現在の香港の外国人人口を紹介し，「出生地点（Place of Birth）」の数字の話から，「国籍（Nationality）」に基づく数字の話へと移ってきた。実はこのあたりは少々込み入った問題を含んでいる。「国籍」に基づく人数のデータは確実のように思えるが，それは客観的に決まるものではない。この数字の不透明さは，まさに，「民族」という概念（第7章参照）や，その統計のもつ難点を反映している。私たちが依拠している2001年の香港のセンサスでは，これらのカテゴリーのほかに，「種族（Ethnicity）」という，日本語の「民族」や「エスニシティ」に相当するカテゴリーが設けられ，それを聞く質問項目もあげられている。香港の人口統計での言葉の定義を紹介して，民族にまつわる問題を指摘しておこう。

　香港の人口調査での「種族」は，社会的・文化的な要素によって決まり，

回答者自身の自己同定による。また「国籍」も，回答者自身が自分の居住地・エスニシティ・出生地に基づいて答えており，例えば，その人がもつパスポートと一致しているとは限らない。国籍取得の有無やパスポートを調べるというのなら，かなり確実だが，日本の国勢調査と同じく，個人が自由に回答したものがセンサスのデータになる。結局のところ，「種族」も「国籍」も回答者の自己申告によるのである。

　ただし，自由回答とはいえ，まったくの自由というわけではない。なぜなら統計的な処理をする以上，あらゆる回答を1つの形式にまとめなければならないからだ。例えば，「国籍」について訪問調査を行っているときに，「自分はいくつかの国籍を同時に等しくもつ」と答える人がいたとしても，調査票には1つの国籍しか記せない。そうしなければ，文字どおり「100％」の調査にはならない。各人がそれぞれ1つの「国籍」をもつという前提で調査を設計しているので，そこからはずれた回答を入れると数字が狂ってしまうのである。

　しかし，ここでは数学の苦手な人類学者が偏見をもって統計の不備をあげつらうのではなく，むしろ数字から自由に想像力を発揮することにしよう。例えば，この2001年のセンサスの「国籍」の数字と「種族」の数字を比較してみるとおもしろい。「国籍」の上位にあがっていた国に対応する民族を考えてみよう。

　中国籍は，全部で633万8,762人になり，これに対応する種族の「華人(Chinese)」は，636万4,439人である。つまり，民族的に「中国系」だと考えている人の数は，自分が「中国国民」だと考えている人の数よりも多い。また，民族的に「フィリピン人」「インドネシア人」「イギリス人」と考えている人の数は，それぞれ，14万2,556人，5万494人，1万8,909人，となっていて，「国籍」の場合の数よりも，それぞれ少ない。これは，おそらく「中国系フィリピン人」「中国系インドネシア人」「中国系イギリス人」と呼ばれるような（自分でそう思っているような）人々が香港にいることを示しているのではないだろうか。

6　香港の新界地区

　私が香港を初めて訪れたのは1991年7月。そのときから長期留学の準備を始めたが，香港中文大学に留学する決心は，プールに一目惚れして固まった。学生のいない夏休みのキャンパス。目の前には水をたたえたプールが青く輝いている。そのはるか向こうには，深い緑色をした山々を望むことができる。私は，この景色がいっぺんに気に入った。

　香港島（イギリスは香港島をアヘン戦争中の1841年に占領し，1842年に中国から割譲した）や九龍（第二次アヘン戦争（アロー戦争）後の1860年にイギリスが割譲した）の都市部のホテルに数泊するだけの香港旅行では，香港の自然を満喫する時間はない。しかし香港の山や海は実にすばらしい。香港中文大学は，都市部の後背地にあたる「新界」（1898年にイギリスが99年間の期限で租借し，1997年に香港島・九龍とともに中国へ返還された）という地区にある。

　新界はもともと農村地帯である。現在は水田を見ることはできないが，ところどころバナナの木のある畑や，クレソンが植えられた湿地を，山々をバックにして見ることができる。遠くから見るだけではなく，山や島（新界は空港のあるランタウ島など200以上の島々を含む）のハイキングコースを歩くと，さらに発見がある。ときに平屋の伝統建築の民家がぽつんと残された場所に出ることがある。これは村ごとイギリスへ移民して，文字通り廃墟と化した村落の跡である。

7　新界からイギリスへ

　新界からイギリスへの移民については，大きな一族（元の村は今もあり，廃墟ではない）に焦点をあてた，アメリカの人類学者ジェームズ・ワトソン（James L. Watson）の研究が特に有名である（ワトソン 1996）。戦後の新界では，中国から新しく入ってきた移民が元々の村人から土地を借りて野菜をつくり始めた。都市部で近郊野菜の需要が高まると同時に輸入米の価格が低下

したため，従来からあった水田は畑へと変わっていった。そして稲作をやめた元々の村人は働き口を求めてイギリスへ渡った。

移民の動きを説明するのに，「プッシュ要因」と「プル要因」から考える理論がある。コメから野菜へと商品作物が変化した時代に，元々の村人は野菜づくりに転換することができなかった。このことが彼らを香港の外へ押し出す（プッシュする）要因になった。そして後述するように，イギリス内部には彼らを引きつける（プルする）要因があった。

しかし「働き口」の経済的側面の説明だけでは不十分である。法的・制度的な側面も重要になる。植民地の統治技術と，人口調査，民族分類は密接に関係している。イギリスは新界を租借した後，人口調査を行い，租借時に存在した村を特定し，その村人を新界の原住民（「原居民」）として，その後に新界へ入ってきた人々とは区別した。こうして彼ら新界原住民はイギリス政府から特権的地位を与えられ，彼らがイギリスへ移住するのに植民地政府の行政官が便宜を図る余地が生じた。

さらに，この頃の移民ブームは，1948年の英国国籍法の改正など，英連邦（コモン・ウェルス）という，大きな政治的枠組みによっても左右されていた。1950年代には，香港から英領北ボルネオ，ブルネイ，サラワクといったほかの英領地域への移民も盛んに行われた。香港の原住民として身元が証明されやすく，英国のパスポートを申請することのできた新界の人々は，イギリス本国への移民も容易だった（スケルドン 1997）。

8　イギリスの中華料理店ビジネス

それでは，イギリスに渡った人々はどのようにしてイギリスに根を下ろしたのだろうか。新界とロンドンをつなぐネットワークに着目したジェームズ・ワトソンの研究に見られる通り，同郷や親族のきずなをたどって移民し，同じ香港からの移民が経営する中華料理店で働くことで生活の糧を得るという道があった。経済的な観点から見ると，当時イギリスで起きていた中華料理ブーム，そしてそのための労働力の需要が，新界原住民の人々をイギ

リスへ引きいれたプル要因になる。

　先に移民した人を頼って，後から親類縁者が移民していく。これは世界各地に見られる。数珠つなぎに移民が起きることから，「チェーン・マイグレーション（chain migration）」と呼ばれている。先に移民した人が，後から到着した仲間に住まいを提供し，さらに仕事も紹介する。中国的な言い方では，「同郷」や「同宗」（「宗」とは父方の系図をたどるラインを指し，同じ姓の一族のことを言う）の関係が，「同業」の関係にもなる。異郷で生きることは，故郷で生きることよりも過酷なので，仲間としての連帯は強まるであろう。特にエスニック・レストランは，労働集約型のビジネスなので，「縁故主義＝ネポティズム（nepotism）」は経営者にとって都合がいい。給料や残業代を気にせずに，多くの時間を働いてもらえる。

　同じ村から来ている人たちが，集まって住んで，都市のなかに村をつくる。これも世界各地に見られる。中国人は世界各地に「チャイナタウン」をつくった。ロンドンにも市の中心部にチャイナタウンがあり，観光地にもなっている。さらにイギリスの中国人社会において特徴的なのは，中国人移民がイギリス各地に分散し，生業のうえでは中華料理のテイクアウト（テイクアウェイ）やケータリングに特化しているということである。

　スコットランドのはずれにさえ，少なからぬ香港移民が住みついているのは，この中華料理ビジネスと関係している。イギリスの中国人の多くが経営しているのは，中華料理のテイクアウトの小さな店なので，同じ場所で多くの顧客を期待することができない。しかも，彼らの大半は専門的なコックではなく，新界を離れイギリスに来てからこの仕事を始めた素人の料理人である。そのため，これらの店は大きな中国人居住区を離れ，イギリス人一般を顧客にするために遠くへと分散していく傾向があるという（ベイカー 1997）。

9　個人を見ることも必要

　以上の説明からすると，「移民」という人の流れは，政治的，経済的，社会的，地理的な条件のなかで，きわめて合理的に起きているように思われる

かもしれない。しかし，冒頭で紹介した90歳を超える女性のように，そのつどそのつど，一人ひとりが，移民するかしないかの選択を迫られ，個々人が自分で意識的に，あるいは無意識的に道を選んでいるということも忘れてはいけない。

　世界各地の移民を出している村に共通するが，移民や出稼ぎが何世代にもわたって大規模に行われているところでは，移民が人々のライフスタイルとして定着している。若い男性や若い女性には，移民しないと一人前の大人になれないというような，「通過儀礼」としての意味が与えられている場合もある。

　私の親しい新界原住民の男性は，若い頃，周囲の同年輩の男性たちがイギリスへ行くので，当然自分も行くことを考えたが，奥さんと子どもが香港にいることを考慮した結果，断念したという。彼の奥さんは，同じ地区の幼なじみなので，当然，周囲の男性たちがイギリスへ移民していることに理解があったが，自分の夫が香港に残ることを望んでいたようである。子どもができたら夫婦のきずなが深まるという話を，私は彼女から何度も聞かされた。

10　香港人ディアスポラ？

　近年，世界各地に移民していった香港人の多くは，香港人として独自の生活様式とアイデンティティを保持している。香港が中国本土から切り離され，独自に経済発展していく時代に育った彼らは，「香港人」としての誇りをもっている。

　アメリカやカナダなど，歴史の長い移民国家では，新しい中国系の移民も現地の社会に溶け込むか，あるいは古くからある広東人を主体にした移民社会に合流するか，と考えられる。しかし実際には，新しい移民の多くは香港人なので，彼らは，香港と同じような商店が入った郊外のショッピングモールなど，彼らが独自の生活を送るための環境が十分に整ったところに移民する。そのために主流文化への同化は起こりにくい（写真8-1）。

　また，日本のように香港からの移民が少ないところでは，かえって「香港

写真8-1　香港からの移民が多く住むカナダ，ブリティッシュ・コロンビア州，リッチモンド市のショッピングモール。香港人になじみのある「八百伴（Yaohan）」は，倒産から20年近く経った今も地名として使われている（2016年，筆者撮影）

人」という意識が強くなるように思える。1997年に香港が中国に返還されると，日本人は香港人も中国人であると考えるようになった。そのため日本にいる香港人移民も，近年多く日本へ移民してきている中国人として認識されることが多い。結果として日本にいる香港人は，かえって香港人としての意識を強くもつようになる。

　移民した香港人は，「香港系カナダ人」や「香港系日本人」になったというよりも，今の時点では「香港人」として海外にとどまっているように見える。私の知る限り，海外で学業を修めた香港人は，なるべくなら香港へ戻って職を得たいと考えているし，海外の居住地を安住の地と考えているわけではないようだ。もちろん，移住した時期や，出身階層，家族の移民歴などによって，香港や移民先への愛着は変わってくるし，彼らの思い描く「香港」も様々であろう。また香港の状況によっても引力は変わってくる。中央政府の影響力が高まっている近年，中国との一体化に不安をおぼえた香港人のなかには，台湾（中華民国）へ移民するという人たちも少なからずいる。

　「回流」と呼ばれる移民の流れがある。これは海外に移民した香港人が香

港へと帰還する1990年代に見られた現象を指す言葉である。天安門事件の後，返還に対する不安から移民した人々は，移民先に数年いて，その地の市民権を得てから，景気のいい香港へと戻ってきた。なかには移民先に家族を残し，単身香港へ戻り，香港と移民先とを慌しく飛行機で往復する「太空人（ターイホンヤン，宇宙飛行士）」という移動パターンもあった。

　市民権を得るために，カナダに3年間とどまることを，香港人は，「座三年監（チョーサームリンガム，3年間監獄に入る）」という。カナダへ移民して，大きな家やクルーザーを買い，香港ではできないスキーを楽しんだとしても，長年香港で暮らした人々には，カナダでの暮らしは何か物足りないようだ。

　「ここは自分たちの場所ではない」。同じような不満は，イギリスにしばらく住んでいた香港人からも聞いたことがある。厳しい冬。地元の食べ物はおいしくないので，自分でつくらなければならない。白人との生活習慣の違いや，アジア人に対する差別は明らかにある。一方，シンガポールの中華料理店で働く香港人移民からは，「ここは毎日が夏なので，香港の寒い冬がなつかしい。やはり香港へ帰りたい」という声も聞いた。

　香港で生まれ育った世代は，香港へ戻れば，自分のよく知った世界で過ごせばよい。しかし，移民先で生まれ育った彼らの子どもは，香港自体が異国になる。「ABC（アメリカン・ボーン・チャイニーズ，あるいはオーストラリア・ボーン・チャイニーズ）」や，「BBC（ブリティッシュ・ボーン・チャイニーズ）」と言われる香港移民の二世・三世が，香港をどのように体験し，位置づけているのかということは今後とても興味深い研究課題になるだろう。

　イギリスの社会学者デヴィッド・パーカー（David Parker）によると，1989年から1990年代にかけて，数百人もの20代のBBCがイギリスを離れ，香港に戻ったという。彼らはイギリスの労働市場に魅力を感じず，広東語の会話能力，親族のコネクション，イギリス式教育という利点を生かして香港での生活を目論んだ。また，1997年までは，イギリスのパスポートを使った香港滞在は，ビザなしで12ヵ月可能だった。彼らの多くは，新界からの移民の子孫なので，多くは新界に住み，夜は香港島の歓楽街であるランカイフォ

ンやワンチャイに集まり，ナイトライフをともに楽しみ，「イギリス系中国人」という集団をつくっていた（Parker 1998）。

ちょうど1990年代から，移民現象についてよく使われるようになった用語に「ディアスポラ（diaspora）」がある。この言葉は，もともと祖国を追われたユダヤ人の離散を示す言葉であったが，ユダヤ人の移民に限らず，アルメニア人やキューバ人など，祖国を離れた移民の海外コミュニティを指す言葉として使われるようになり，中国人にあてはめた「華人ディアスポラ（Chinese diaspora）」という語も日本や海外で使われている。

アメリカの人類学者ジェームズ・クリフォード（James Clifford）は，一時的な「旅行」や個人的な「亡命」とは違って，故郷を離れた人々が集住して共同体をつくることを指す「ディアスポラ」の語に理論的な可能性を認めている。しかし一方で，黒人ディアスポラについての著作やユダヤ人による反シオニズムの著作を引いて，もとの国家への帰還を運命論的に考える前提を否定することの重要性も指摘している（Clifford 1994）。

2016年の現在，香港に住む香港人の一部からは，一種の香港独立論が盛んに主張されているが，香港に住み続けている香港人と香港を出た香港人がもつ，「香港人」という意識は，香港人という民族が香港という独立国家をもつという理想には必ずしも回収されない。上記の論文からクリフォードの結論の言葉を引用すると，「ポスト植民地の文化やポスト植民地の場所というものは存在せず，ただ存在するのは刹那的な瞬間の連続，人々の様々な思惑，複数の学術的な言明などにすぎない（筆者訳）」（Clifford 1994: 328）。本章で私が述べてきた移民の物語も，そのような「香港人ディアスポラ」の語りの1つにすぎないだろう。

参考文献
スケルドン，R　1997「国際移動システムのなかの香港」R・スケルドン編『香港を離れて——香港中国人移民の世界』可児弘明ほか監訳，行路社，31-74頁。
ベイカー，H・D・R　1997「全土にひろがる枝葉——英国の香港中国人」R・スケルドン編『香港を離れて——香港中国人移民の世界』可児弘明ほか監訳，行路社，445-470頁。

ワトソン, J 1996『移民と宗族――香港とロンドンの文氏一族』瀬川昌久訳, 阿吽社。
Clifford, J. 1994. Diasporas. *Cultural Anthropology* 9: 302-338.
Constable, N. 2007. *Maid to Order in Hong Kong: Stories of Migrant Workers* Second Edition. Ithaca: Cornell University Press.
Parker, D. 1998. Rethinking British Chinese Identities. In T. Skelton and G. Valentine (eds.), *Cool Places: Geographies of Youth Cultures*. London and New York: Routledge, pp. 66-82.

●読書案内●

『移民の日本回帰運動』前山隆, 日本放送出版協会, 1982年。
　著者は大学卒業後, ブラジル, さらにはアメリカへと留学した移民人類学者, かつ移民研究人類学者の先達。本書は戦前ブラジルに定住した日系移民の歴史経験を「回生運動（revitalization movement）」という枠組みを用いてふりかえる。

『文化境界とアイデンティティ――ロンドンの中国系第二世代』
　山本須美子, 九州大学出版会, 2002年。
　著者は「文化境界での人間形成」という教育人類学の問題意識から, ロンドンの20代の若者を対象に, 1989年から1990年代にかけてインタビュー調査を行った。本書は香港新界からの移民を含むイギリスの中国系移民2世のアイデンティティを論じている。

『「その日暮らし」の人類学――もう一つの資本主義経済』
　小川さやか, 光文社, 2016年。
　2000年代にタンザニアで行商人の調査を行った著者は, 中国人の行商人が増えた2010年代, アフリカの商人が香港経由で品物を買い付けに出かける中国・広州へと調査に向かった。本書は小さな本だが, 現代の移民現象と移民研究の最先端を示している。

【コラム8】

東アジアの学生運動

太田心平

　2014年の9月から12月にかけて香港でくりひろげられた選挙制度の民主化を要求するデモの記憶は新しい。香港中文大学に端を発した授業のボイコットと大学生および高校生の政治行動は，オフィス街の幹線道路を長期にわたって占拠する一大デモへと発展した。催涙ガスから身を守るために使われはじめた傘が，やがてその象徴になったことから，今日では雨傘革命と呼ばれている。

　その後，雨傘革命は沈静化したように見える。だが，参加者たちが解散したとも言えない。鎮圧されようとも，方法を変えて自分たちの主張を伝えようとしている。そのうえでしばしば彼／彼女らの会話にのぼるのが，1987年に韓国で実現した民主化学生運動の成功である。軍事独裁政権から武力的にも思想的にも弾圧されながら，運動を続け，ついに結実させた韓国の学生たちに学ぼうという話は，彼／彼女らからしばしば聞かれる。

　その1987年の韓国でも，前年のフィリピンの民主化革命が，学生たちの士気を高めた。また古くは，60年代の日本の安保闘争も，韓国の学生を支えたとされる。「民主化」前の韓国では，軍事政権がマルクス主義をはじめとする思想書を禁書としていたため，学生たちは活動の礎を日本の書籍から得た。日本語を勉強したことがない人でも，漢字を韓国語式に読み，助詞のひらがなを記号として覚えこむことにより，日本の思想書を読み漁った。

　例をあげればキリがないが，運動は国や都市を越えてつながっている。そもそも，香港の雨傘革命には，同年3月に台北で起きた立法府占拠事件（ひまわり革命）の学生たちが，乗り込んで支援していた。

　東アジアの学生運動のつながりは，現在の日本の大学生にとっても無関係ではない。2015年の夏に大学生が主導して日本各地で行われた政権に対するデモも，SNSやスマホアプリを介して拡散したという点で，雨傘運動に方法が類似している。さらに，日本の学生たちがやりとりしたポスティングやツイートでは，香港の学生たちに続けというメッセージ性をもつものも少なくなかった。

第 9 章

トランスナショナリズム
八重山と台湾の国境から考える

上水流久彦

台北の香港式レストランの看板に出前一丁。ネットや交通網の発達で人や様々なモノが以前に比べて自由に越境しているように見えるが，そのような時代だからこそ，逆に国家の強さが見えてくる（2016年，筆者撮影）。

1　国境を越えて生活する人々

　「国際人」や「グローバル人材」という言葉をよく耳にする。英語を駆使して世界で活躍するビジネスマン，本社を国外におき世界中に投資する資本家，アメリカの大リーグで活躍する野球選手，欧米を拠点に日本で活動を行うミュージシャン，ハリウッドで活躍する俳優など。自分とは別世界に生きる特別な才能をもった人々，そんな印象だろうか。
　一方で，みなさんは自分自身についてどんな人生を想像するだろうか。日

本で生まれ，日本の学校で学び，日本の会社に就職し，もしかしたら留学か仕事で国外に数年住むことはあっても，基本的に日本に住み続け，日本のどこかで人生の最後を迎える。「母国は？」と聞かれたら，「日本」とためらいなく答える。こう述べる私も2年弱台湾に住んだ以外は，国外調査を除けばずっと日本である。

　しかし，周囲に目を向けると特別な才能とは無縁に国境を越え生活する人は無数にいる。私の知り合いにはメキシコ人と韓国人を両親にもち，韓国で生まれ，高校まで韓国，日本，マレーシアで過ごし，現在は日本の大学院で学び，これからどこで暮らすか，わからない人がいる。さらに親も世界各地を転々としているため，「母国は？」と聞かれても彼は答えにくいという。

　パラオでこんな経験もあった。商店でレジに行くと英語で応対された。しかし，私が日本人とわかったのか，いきなり日本語で「おつりは……」と言われて驚いていると，彼女はフィリピン人で，以前日本で働いており，その後一度フィリピンに戻り，今はパラオで働いているということだった。パラオのホテルで出会ったマッサージ師は中国出身の男性で，妻とシンガポールで3年働いて，いったん中国に戻って，あと2年パラオで働くつもりだという。長崎県対馬は九州と朝鮮半島の間にあるが，その対馬で，ほぼ毎日対馬と釜山をガイドとして往来している韓国人女性と知り合った。対馬と釜山の間を高速船が毎日走り，多くの韓国人観光客が対馬を訪れており，彼女は対馬に1泊か2泊したら釜山に戻り，またすぐに観光客を連れて対馬に行く生活をしている。また技能実習生を管理する知人は，祖母が旧満州（戦前，日本は中国東北部に満州帝国を実質的に建国した）に残された残留孤児である。中学校まで中国で育ち，その後日本に住み始めた。彼は仕事でひと月に数回，中国，ベトナムと日本の間を飛び回っている。台湾人の友人は，暑い時期は子ども夫婦がいるカナダで，カナダが寒い時期は暖かい台湾で半年ずつ過ごす生活を十数年続けている。

　ここには特定の国に思い入れをもてない人，1つの国に定住することなく複数の国々で働く人，国境を日常的に頻繁に越えて日々の暮らしを営んでいる人の姿を見ることができる。交通網や情報網が発達した現代社会では，資

本やモノ，情報に加え，人も日常的に国境を越えることが可能となった。それはある国から違う国へ一方向的に移り住む移民とは異なり，移動そのものが日常的で，かつ双方向的なまたは多角的な越境である。このような現象はトランスナショナリズムとして議論されてきた。

2　トランスナショナリズムの時代

(1)　国家を越える動き

　トランスナショナリズムは，1990年代半ばから議論され，根本には出身地と移住先の2つの世界で生きる移民の存在があり，①複数の国の国境を越える現象，②長期間継続する現象，③規則的ないし頻繁に見られる往復運動，④多元的帰属意識ないしネットワークの形成と整理される（上杉 2005）。台湾人の知人がカナダと台湾に生活の場をもち（複数の国の国境を越え），十数年（長期間継続する現象）往復していること（規則的ないし頻繁に見られる往復運動）はその典型であろう。当然ながら台湾にもカナダにも家族や親族，知人がおり（ネットワークの形成），彼は両方の生活を楽しんでいる。

　近年，トランスナショナリズムの概念はもう少し広がっている。華僑華人が世界中でビジネスをしている姿を研究した議論から，家族や仕事を拠り所にして，越境を繰り返す人々もトランスナショナルな現象の1つだ（陳 2008）。釜山と対馬をほぼ毎日往復するガイドや，技能実習生を求めて中国やベトナムをめぐる知人もその1人だろう。

　では，なぜトランスナショナリズムのような概念が必要とされてきたのだろうか。その前に「普通」と思うあり方を見てみよう。自国の経済活性化は重要な政策で好景気になることに反対する人はいない。好景気で国民の収入や生活がよくなると信じているからだ。そして，その国家の枠組みは自分が何者かを考える重要な拠り所になっている。「母国は？」と聞かれ，すぐに「日本」と答えられるあなたにとって，日本という国はあなたのアイデンティティ形成に大きな位置を占めている。性別や収入，職業に関係なく，同じ国民どうし自国チームや自国の人間の活躍や勝利を喜んでいる姿は珍しく

ない。

　国民は同じ法律のもと，同じ通貨を使い，互いに通じる言語を用い，投票する・教育を受ける権利などを国民として同等に有し生活する。そして，これらを保障するのが国家である。このように政治的にも経済的にも文化的にも国家の枠組みは，私たちの生活にべったりと貼りついている。その生活が大きく変わるのが，生活基盤をほかの国に移す移民である（第8章参照）。だが，今度は移民先の国家がべったりと貼りついてくる。

　他方，冒頭で述べた投資家はどうだろうか。投資先は何も自国のみとは限らない。ときには出身国の経済状況が悪ければ，その株や通貨を売りに出すことだっていとわない。したがって，自国の経済によって自らの生活が左右されるものではない。シンガポールやパラオ，または日本やパラオを移動して暮らすフィリピン人や中国人も同じである。

　彼らの生活には，特定の国家の枠組みがべったりと貼りついていない。自分の都合にあわせて土地を転々としており，ある土地と永続的に結びついて生活が成り立ってはいない。ある研究者は，トランスナショナルな生活をする人々を捉えて，「国境を越えて，異なる文化と社会システムの間を自由に往来している（筆者訳）」(Brettell 2008: 120) と述べた。「母国は？」と聞かれて戸惑う知人は，ある意味，国家という枠組みから自由に暮らし，自分を認識し，世の中について思考しているのかもしれない。そんな彼らを把握する概念としてトランスナショナリズムは生み出され，国家の制度によって成立する人々の暮らしや自己認識，国内での民族間関係（例えば，日本でのアイヌや沖縄の問題）など，国家の枠組みにとらわれた研究の見直しを進めることになった。人々の生活を国家の枠組みのなかだけで考えていいのかという問いだ。考えてみれば，現代社会は国家にとらわれない姿でいっぱいだ。

　難民，観光客，外国人労働者など国境を越える人々は後を絶たない。インターネットの発展によって情報はあっという間に世界を駆けめぐる。ネット産業や自動車産業などの大企業は国境に関係なくテクノロジーを提供し，利益を得ている。また，高度な技術力をもった人材のなかには，インドからアメリカへソフト開発者として移り住み働く者もいる。また香港や台湾へ，お

手伝いさんのような家事労働や高齢者の介護のために多くの女性がインドネシアやフィリピンから働きに来ている。加えて日本の株価や円に影響を与えているのは，世界有数の機関投資家や中東などのオイルマネーだ。資本の流れは，一国家ではもう制御できない。

さらに SNS で広がる映像や画像は瞬く間に世界で共有され，人々を動かす力になっている。多くの人が情報を発信し，私たちはその情報によって誤解も含めて他者を知り，世界をイメージする。さらにそれは単なる情報の享受に終わらず，例えば SNS を通じて，政府の不正が世界に発信されたり，デモへの若者の参加が広がったりしている。そこでは単に情報が共有されるだけでなく，人権や民主主義，自由などの思想も国境を越えて広がる。しかしその概念はそれぞれの脈絡で理解される。日本では国家があってこその民主主義という考えもあるが，それは個人主義が根づく欧米の民主主義とは異なろう。

人権や民主主義は移民によっても広がる。欧米などに移民した人が，自国との間を行き来したり，自国に残っている家族や友人と通信したりすることで，様々な国にもたらされているのだ。

このような問題をアパデュライ（Arjun Appadurai）は，1990年代初頭にエスノスケープ，テクノスケープ，ファイナンススケープ，メディアスケープ，イデアスケープと指摘した（2004）。国境を越えた現象への研究上の関心は，移民のみならず，政治参画や人やモノと地域の結びつき，資本の流通などの政治的，経済的，文化的，社会的あり方まで広がった。そこでは，一方向的な移動ではなく複数の地域を生活の場として，その間を行き来する人々がもたらす新たな社会的，文化的影響が注目された。

(2) トランスさせない国家

だが，「国境を越えて，異なる文化と社会システムの間を自由に往来」することは容易ではない。多くの研究が，トランスナショナルな現象は国家の存在を改めて認識させ，国家と，越境する人々・モノ・情報・資金などとの争いを招くと指摘する。

みなさんは，よく「ググる」だろう。しかし，中国ではできない。中国政府がグーグルの使用を制限し，さらに Gmail の利用もできないようにしているからだ。インターネットはトランスナショナルな活動を支える基本的なツールであるが，情報の自由な発信は国家にとって決してよいことではない。

人の移動も同じである。ドイツでは積極的に難民を受け入れ，移民に寛容であった。だが，ヨーロッパ内で相次ぐテロは，人の自由な移動がもつ危険性を一般の人々に誤解を含めて感じさせた。結果，難民や移民の受け入れに対して制限を設ける動きが活発化している。また，既述したように，資本の自由化は国家でもコントロールできないお金の流れを生むため，各国政府は無制限に資本の流入を認めているわけではなく，むしろ，その影響を受けないよう規制を強化することさえある。日本で活動しながら，本社のみ国外におく投資機関に対して「税金逃れ」として対策を講じる動きもある。2016年には世界中の多数の企業や個人が，税金が免除または著しく軽減されるケイマン諸島などのタックスヘイブンを利用していることが報じられた。

情報にしろ，人にしろ，資本にしろ，国境を越えた自由な出入りは国家にとってすべて歓迎できるものではなく，自由になる範囲が広がれば広がるほど，国家の介入を招く。国家による規制とのせめぎ合いである。そこでは，国家がもつ意味がいっそう大きくなる。

韓国籍をもつ在日コリアン2世の知人は，日本語も韓国語も堪能で，仕事で日韓の間を日々往復するが，日本では「在日」と言われ，韓国では韓国籍を有していてもまっとうな韓国人と思われないという。韓国の韓国人と同じ権利を有するわけでもなければ，日本で選挙権があるわけでもない。彼は国家という体制を強く批判し，国家を疑うことなく生きる人々に危惧を抱く。また，多数の国で暮らした経験のある知人は，日本人という立場からしか物事を考えられない人を皮肉る。例えば，世界各地の日本料理はまっとうではないと言うくせに，日本にある各国料理の奇妙さには無頓着な姿だ。

釜山と対馬を往復する韓国人ガイドは日本語も堪能でまったく対馬での活動に困っているようには見受けられない。だが，対馬という社会に目を転じてみると，そうではない。韓国人観光客をよく思っていない対馬の人々もあ

り，韓国人の入店を事実上拒否している店もある（第11章参照）。彼女は「嫌われている韓国人」という現実を目のあたりにする。日々各国を行き来し，仕事をしていても，それは民族差別や出身国への偏見からの解放を意味しない。むしろ，国家の存在を，国境のもつ制限を日々感じる。

　したがって，異なる文化と社会システムの間の「自由な往来」というのは一種の幻想とも言える。土地と結びつかない世界の出現は，ナショナリズムから自由のように見えて，実際にはそうではない。むしろ，国境を自由に越えるという，もしくはナショナリズムを超えるというトランスナショナリズムのイメージは，現実から目をそらせ，実際にある国家の規制や差別問題，自国中心の見方への認識を甘くする可能性がある。これまでトランスナショナリズムの議論では，トランスナショナルな現象が個々の社会にどのような影響を与えるか，越境する人々がどのようなアイデンティティをもつかなどの問題が論じられてきた。だが，近年は再度国家という制度が人々をどのように規制し，どのようにさきの問題群に入り込んで来るか，国家を越えようとする人々と国家との相克が重要な課題となっている。そこで次節では，石垣市や竹富町，与那国町がある沖縄県八重山と台湾との間で国境を越えようと試みた活動を事例に，見知らぬうちに個人が国家という枠組みにとらわれている状況を紹介しよう。

3　八重山と台湾との往来

(1)　八重山と台湾の歴史的関係

　八重山は日本のなかで台湾と最も近く（石垣市が約250キロ，与那国町が約110キロ），八重山と台湾東部では自治体交流が盛んである。与那国町と花蓮市が1992年に，石垣市と蘇澳鎮（スアオ）が1995年に姉妹都市提携を結び，交流を進めている。これらの縁組は，戦前，戦後を通じた八重山と台湾の間での人とモノの頻繁な往来が基盤となっている（南山舎 2011）。

　1895年に日本が台湾を植民地化して以降，八重山と台湾で往来が盛んとなる。例えば，八重山の女性のなかには，内地人（日本の植民地では日本本土の

図9-1　台湾と八重山

出身の日本人をこう呼称した)の礼儀作法を身につけ,「国語(日本語)」を学ぶために台湾の内地人の家にお手伝いとして奉公する者もいた。また,八重山の人が大けがをしたときに担ぎ込まれる先も台湾であった。石垣在住のある男性は落馬して骨折したが,そのときに運ばれたのは台北帝国大学(戦前,日本では国立の総合大学を「帝国大学」と称した)医学部付設の病院であった。

　与那国からは個人所有の漁船でも4時間ほどあれば,台湾に着くことができた。当時を知る人によれば,与那国から日本本土に郵便を出す場合も,沖縄島経由よりも台湾経由で出すほうが,台湾と沖縄島の間に当時就航していた船の能力や便数の違いによって早く着いたという。そのため,漁船で漁業

に出る知人に郵便を頼んだ。また，家で飼っていた豚を船に積んで台湾に売りに行き，そのお金で日用品を買って帰ったりもした。

　他方，台湾の人々が八重山に移り住むこともあった。例えば，石垣に水牛を導入し，耕作労働の質を変えたのは台湾の人々だ。また，石垣では現在，パイナップル産業が盛んだが，パイナップルは台湾人によってもたらされた（松田 2004）。西表島には戦前，炭坑が開発されるが，そこでは台湾人も働いていた（三木 1996）。同時期，1,000人以上の台湾出身者が八重山に住んでいたともされる（林 1984）。

　だが，1945年の日本の敗戦によって，台湾東部と八重山の間には国境が引かれ，直接的な往来は法律上できなくなった。それでも，実際は生活用品を中心とする密貿易を含め様々な行き来が存在した。沖縄からはアメリカ駐留軍の横流し品（たばこ，缶詰，銃弾など）が，台湾からは砂糖などの日用品が運ばれた（小池 2015）。密貿易は終戦直後から1949年にかけて盛んに行われ，沖縄がアメリカ統治下に入る1951年にはほとんど見られなくなった。

　その密貿易の中継地点として与那国は栄えた。面積約29km^{2}に現在の人口の約15倍の1万7,000人ほどが住んでいた。与那国の漁村であった久部良には密貿易従事者を相手にする旅館や飲み屋，映画館が軒を並べ，ドルや台湾，日本の紙幣が飛び交っていた。密貿易に関わる者は限られていたが，その恩恵は広く行き渡っており，一般の人が現在でも知る記憶となっている。

　密貿易がなくなった後も八重山と台湾を日々往来して物を売買する人，台湾から八重山に来てパイナップル工場で働く女工，サトウキビの収穫のために台湾から来る労働者，台湾から八重山に移住した人々の台湾との往来などが続いた。ちなみにパイナップル工場では多い年には，主に女性だが，約700人の台湾人が働いた（国永 2011）。尖閣諸島付近にも台湾から多くの漁船がやってきて操業を行っていた。漁場で台湾人漁民と八重山の漁民とが煙草を交換するようなこともあった。

　このような関係は1972年の沖縄返還で大きく変わる。沖縄返還によって台湾と沖縄，八重山の間の境界は「柔らかい」ものから「固い」ものへと変わった（西村 2017）。尖閣諸島付近での台湾漁船の操業は取り締まりもあり，

徐々に難しくなり，拿捕される船も出てきた。台湾と八重山の間の海は，近くても簡単に越えられない海になった。一言で言えば，「つなぐ海から隔てる海」（西村 2017）へ変わった。領土の問題だ（岩下 2014）。

このようななかでも1979年頃まで台湾との間で密貿易をした人が与那国にはいた。その人によれば，貧しくて「背に腹はかえられない」とのことであった。また，沖縄の台湾出身の華僑を研究している八尾祥平氏は，沖縄の華僑と台湾人間の密貿易は1980年代まで行われていたと私に話してくれた。

他方，合法的に往来する人もいた。八重山に移住した台湾出身の華僑華人のなかにはいわゆる担ぎ屋と呼ばれる人たちがおり，台湾と八重山・沖縄島の間で商品を運び，売買をして生計を立てていた。私の知人の2世の華人の母親もその1人だった。その生活は，以下のようなものであった。

1日目　石垣から台湾の基隆へ。日本で仕入れた商品を売り，台湾の商品を買い入れる。
2日目　基隆から石垣へ。台湾で仕入れたものを主に華僑華人に販売する。
3日目　石垣から那覇へ。台湾で仕入れたものを販売し，日本の商品を購入する。
4日目　那覇から石垣へ。那覇で買った商品の一部を売る。
5日目　再び石垣から基隆へ。

途中石垣の自宅で休むこともあったが，知人の記憶によれば，出かけているときがほとんどだったという。八重山毎日新聞社の記者だった松田良孝氏によれば，このような人が石垣には少なくとも10人以上はいたという。

一方で華僑華人への差別は存在した。水牛を導入したときには，石垣の土地の多くが台湾の人のものになるのではないかと，八重山の人々の反発を招いた。また，サトウキビ収穫のために来た台湾の人々の姿を見て，「貧しい」「遅れている」と思った八重山の人は少なくない。八重山には台湾出身者を蔑視する言葉として，「タイワナー」という言葉もある。高校時代に付き合っていた彼女の親が台湾出身で，それを知って無意識に「タイワナーだ」と思ったことから自分の差別意識を知ったという石垣の人にも調査で出

会った。

　そして，現在においても台湾との越境経験は時間を超えて八重山の社会に影響を与えている。その1つが本節冒頭に紹介した姉妹都市提携だ。さらに2000年前後から，越境の記憶を経験者から聞いた人たちが，異口同音に地域振興策の1つとして台湾との経済的結びつきの必要性を語るようになった。与那国町は姉妹都市である花蓮市役所に連絡事務所をおき，2007年5月から半年だけだが職員を派遣したこともあった。彼は，災害発生時の緊急対応のために台湾と自由に往来できるよう特区申請を，政府に行ったこともある（結果は認められなかった）。「昔のように往来すれば，地域が栄える」「だから国境は邪魔だ」「距離が近いのだから，もっと頻繁に往復するようになればよい」と私に語ってくれた。約110km先の台湾に行くために現在は那覇経由で約1,400kmの道のりだ。

　もう1つ重要な影響として，八重山では台湾人観光客の誘致が促進された。石垣市には台湾からのクルーズ船が来航し，一定程度の経済的効果をあげている。2015年現在，石垣市には日本国内から95万1,000人が訪れるのに対して，国外からは19万4,000人で，その大半が台湾人である。

(2) 越えない情報

　地理的に近接し，歴史的に関係も長く，様々な面で交流のある台湾と八重山の関係だが，情報は国境をそれほど越えていない。人やモノと違って，情報こそインターネットの発展で国境を最も易々と越えているように思えるが，実はそうではないことを台湾人の八重山観光を通じて見てみよう。

　八重山そばをめぐって象徴的な出来事があった。1990年代後半，八重山の人々が，台湾の観光客を迎えるにあたって，歓迎の意味も含めて50名の台湾人に地元の名物料理である八重山そばを用意した。だが，彼らはその料理に手をつけず，スーパーでパック詰めのマグロの刺身や寿司を買って食べた。地元の人々は，自分たちの厚意や伝統文化を軽視されたと受け取り，台湾人観光客は不評を買った。このようなすれ違いは今もある。

　土産にも同じようなすれ違いがある。与那国を訪ねた台湾人観光客には，

日本的な土産を求める者が多くいた。例えば，薬や自転車である。そこで，那覇における台湾人観光客の行動を熟知した旅行代理店を経営する台湾人華僑が，薬や自転車を販売することを与那国の人々に強く勧めたが，与那国の人からは「地元のものを売りたい」と拒否された。台湾人観光客のレシートを見せてもらったことがあるが，彼らはアセスなどの日本の薬や，ポッキーなどの菓子類，昆布などを買っていた。

写真 9-1 はクルーズ船の石垣到着後に行われている乗客への写真サービスである。浴衣らしきものを着た女性と一緒に記念写真をとる。日本人から見ると違和感のある浴衣で，石垣の伝統衣装とも異なるが，これが台湾人観光客の間では日本的なモノとして消費されている。

これらの事例に共通するのは八重山を日本の一部とまなざす台湾側の視点と，自らを日本文化の販売者ではなく八重山の文化の販売者とする地元の人々の意識とのズレである。

八重山では，日本本土とは異なる文化をもつという認識がある。そして，その違いを売りに日本本土の人間に対して観光文化を売ってきた。日本本土の和食屋で提供される刺身ではなく，八重山そばや独特のてんぷら，チャンプル，パイナップルなどの島のフルーツ，島ラー油を使った料理，石垣牛の

写真 9-1　クルーズ船のサービス（2012年，筆者撮影）

ステーキなどを売り，八重山諸島を船で巡り，美しい海でのんびり過ごす時間を提供してきた。それが八重山らしさであり，日本本土からの観光客はそれらを求めて，八重山に来るのである。

　では，なぜこの八重山の姿が台湾では正しく理解されないのだろうか。ブログや SNS で情報が伝わるようになりつつも，やはりテレビや新聞，地域誌で紹介されるのは，東京，大阪，京都，北海道などの日本的なモノの情報が大半である。具体的には桜や紅葉，ディズニーランド，刺身や天ぷら，寿司である。何度も日本に足を運んでいる台湾人を除けば，このような日本像をもつ台湾人は多い。日本人が台湾と聞いて，中華料理や足つぼマッサージ，お茶，ナイトマーケットをイメージするのと大差はない。

　一方，八重山の印象となると，ほとんど見聞きできない。八重山の文化が大々的に取り上げられることは，台湾ではそれほど多くない。八重山に最も近い花蓮においても，姉妹都市の関係で「石垣や与那国の地名は聞いたことがあるが……」という程度である。石垣に着いて「（那覇にある）国際通りはどこですか」と聞いた台湾人もいた。

　つまり，八重山そばなどの八重山独自の文化をもつ八重山像はほとんど台湾では流布していない。台湾人観光客が求めるものは，台湾で流布している日本的なモノであって，八重山的なモノではない。彼らは八重山に来ているのではなく，日本に来ているのだ。したがって，彼らが食したいものは，八重山そばではなく，日本そばやうどんである。

　だが，八重山の人々は，このような台湾での実情を知らず，八重山＝日本の一部という台湾人観光客の八重山像が理解できない。こうして両者の間にズレが生じる。八重山の人々は，その距離の近さから東京などの日本の中心よりも，「台湾のことがわかる」という認識をもっていた。それは地理的な近さと交流の歴史の長さに基づいていたが，そのような理解は単なる思いこみでしかなかった。

　もう少し事例を紹介しよう。1980年代，90年代に台湾に旅行した八重山の人たちのなかには，その記憶から，「タクシーがぽろぽろだった」「道路はガタガタだった」などと語る人がいる。そこでは発展途上国台湾のイメージが

強い。台湾の人は万引きをすると語る「台湾通」の人もいた。そのため与那国に試験的に台湾人観光客を受け入れたときに，私に真剣な顔で「店番は2人以上いるほうがいいですか」と相談する人もいた（受け入れた後，彼女は「台湾の人も普通の人ですね」と語ったが）。姉妹校との交流で台湾に行った八重山の中学生たちは，台湾が発展していることを知って驚く。だが，そのような直接的経験をしない限り，台湾は日本と異なって発展途上の遅れた場所として認識されていることが八重山では多々ある。

　このように最も容易に国境を越えると思われる情報さえも国家の内と外では大きく違っている。八重山と台湾の距離が物理的に近くても，長い接触の歴史をもっていても，人々の流れがあったとしても，国境の壁は高く，私たちの知ることができる情報は限られている。国家の影響を強く受けるのだ。

　本書の「序章」で述べたように学生がネットから得てくる東アジアの理解は「韓国人は反日的」など，日本側の視点から見た一面的なイメージにすぎない。したがって，八重山と台湾の間にある情報のズレは決して他人事ではない。国家というものがべったりと私たちに貼りついているのだ。最も国境を越えやすい情報さえこうなのであるから，人の往来が国家の影響から自由になることがいかに難しいかは容易に想像がつく。

4　自らへのまなざし

　越境に早くから注目した床呂郁哉は，国境のそばに生きる人々は，国境が自分たちの活動を制限するものとしてリアルに存在していると感じるだけに，不自由さを乗り越える様々な試みを行ない，国境を越えていこうとすると指摘する（床呂2006）。前述の与那国町の特区申請はまさしくその試みだ。そして，国境のそばで暮らしていなくても，様々なかたちで国境を頻繁に越えて生活する人々も，国境の存在をリアルに感じるだけに，同じように国境にもどかしさを感じている。彼らは，国家に安住している人が気づかない「国家が存在することの不自由さ」「国家を疑うことなく生きている人々への疑問」を語る。このような人々が増加しているトランスナショナリズム時

代，彼らによって国境は常に揺さぶられ，国家単位で思考することがはらむ問題が浮き彫りにされてきた（藤原書店 2012）。

　一方で，八重山の事例に見るようにトランスナショナルな試みは，容易にナショナリズムへ，また国家の枠組みに捉えられる。またトランスナショナリズムにおいて多元的帰属がその特徴とされていても，その多元性が日本人やアメリカ人などのような国民（または民族）というナショナルなものを基盤とした多元性であるならば，その多元性はしょせん国家の枠組みによって担保されているものにすぎない。国際人と言うは容易いが，国家を超越することはそれほど簡単ではない。

　実際，国家や民族の単位で文化を分けてそのような文化の集合体として世界を捉えることはできない。あなたが今，身に着けている服は，純粋に日本文化のものと言えるだろうか。ましてやその服はどこでつくられているだろうか。携帯電話1つとっても様々な国でつくられた部品によってできている。つまり，国家を単位としたあり方はモノのレベルや生活のレベルではすでに乗り越えられている。

　それにもかかわらず，現在，我々は，むしろ，その事実に目を向けずに文化を国や民族で区切って独自性を出そうとしたり，様々な文化要素によって生み出されたモノをある国や民族独自のものとして強調したりする。テリヤキハンバーガーを日本オリジナルとすることは，その典型だろう。ナショナル化されるトランスナショナルである（岩淵 2004）。

　こう考えるとトランスナショナリズムの議論から私たちが学ぶべきことは，国家や民族から解放された世界が理想郷として存在していることではない。むしろ，日々越境を繰り返す人々が感じる国家がもたらす問題について考え，国家の枠組みを無自覚に身につけ思考・行動している自らの姿を客観的にまなざすことではないだろうか。それらができてこそ，ナショナルなものをトランス（超越）するスタート地点に立つことができよう。

参考文献

アパデュライ, A 2004『さまよえる近代——グローバル化の文化研究』門田健一訳, 平凡社。

岩下明裕 2014『領土という病——国境ナショナリズムへの処方箋』北海道大学出版会。

岩渕功一 2004「方法としての『トランス・アジア』」岩淵功一編『アジア理解講座3 越える文化, 交錯する境界——トランス・アジアを翔るメディア文化』山川出版社, 3-24頁。

上杉富之 2005「人類学から見たトランスナショナリズム研究——研究の成立と展開及び転換」『日本常民文化紀要』24, 143頁。

国永美智子 2011「『パイン女工』から八重山人へ——きっかけは"好奇心"」『月刊やいま 特集八重山と台湾の交流』210, 10-11頁。

小池康仁 2015『琉球列島の「密貿易」と境界線1949〜51』森話社。

陳天璽 2008「漂白する華僑・華人新世代の越境」アジア政経学会監修, 高原明生・田村慶子・佐藤幸人編『現代アジア研究1 越境』慶應義塾大学出版会, 297-324頁。

床呂郁哉 2006「変容する『空間』, 再浮上する『場所』——モダニティの空間と人類学」西井凉子・田辺繁治編『社会空間の人類学』世界思想社, 65-90頁。

南山舎 2011『月刊やいま 特集八重山と台湾の交流』210頁。

西村一之 2017 (予定)「移動・移住の経験と実践——東シナ海国境海域をゆきかう漁民たち」上水流久彦ほか編『境域の人類学』風響社。

藤原書店 2012『別冊 環——日本の「国境問題」現場から考える』19号。

松田良孝 2004『八重山の台湾人』やいま文庫。

三木健 1996『沖縄・西表炭坑史』日本経済評論社。

林発 1984『八重山パイン産業史』沖縄パイン産業史刊行会。

Brettell, C. B. 2008. Theorizing Migration in Anthropology: The Social Construction of Networks, Identities, Communities, and Globalscapes. In C. B. Brettell and J. F. Hollifield (eds.), *Migration Theory: Talking across Disciplines* Second Edition. New York and London: Routledge, pp.113-159.

●読書案内●

『与那国台湾往来記——「国境」に暮らす人々』松田良孝,南山舎,2013年。
　　　　日本の植民地であった台湾とそこから最短で111kmのところにある与那国との往来に関する読み物。与那国の人はなぜ台湾に渡ったのだろうか。戦前のみならず,戦後の往来や密貿易なども紹介。境界や国境の存在,さらに越境の実態を知るための良書。また,日本の「周辺」と日本の「外地」の関係が現在とは異なることに気づかせてくれる。

『東アジアの日本大衆文化』石井健一編,蒼蒼社,2001年。
　　　　現在,日本のサブカルチャーは世界に広がるが,東アジアではどうだったのだろうか。本自体は少し古いが,キティちゃんに日本のドラマ,音楽,ファッション雑誌などの東アジアでの受容の歴史と現状を知ることができる貴重な一冊。現在では,2000年前後の状況を知る歴史的資料として読んでもおもしろい。

『海外神社跡地の景観変容——さまざまな現在(いま)』
　　　中島三千男,お茶の水書房,2013年。
　　　　日本が第二次世界大戦以前に統治,支配した場所(台湾,パラオ,韓国,旧満洲,旧樺太,南京等)に建立された神社は現在どうなっているのか。復活,再建,放置,改変された神社をその要因とともに紹介する。政治変化のもと,境界を越えたもののその後はどうなったのだろうか。

【コラム9】

マグロ・サンマ問題　　　　　　　　西村一之

　私たちが食べているマグロは，日本近海で獲れるものばかりでなく，海外から輸入もされている。日本は最大のマグロ消費地である。かつて，保護管理を目的とする国際ルールを免れるために所属先を偽る漁船が問題視され，便宜置籍船問題と呼ばれた。国際ルールの目をかいくぐったマグロは洋上で売買されて日本にも入っていた。今，太平洋クロマグロは，国際自然保護連合の絶滅危惧種に指定されている。マグロを獲る各国の間で国際ルールを守ることが重要となっている。また，2013年4月より日台民間漁業取り決めが発効され，石垣島北部の日本の排他的経済水域に台湾漁船の操業を可能とする海域が設置された。このとき，台湾漁船の主な漁獲対象はマグロである。発効直後より，台湾と沖縄の間で操業の違いから来る不満が高まった。漁法上の違い，不測の事態に対する補償問題などが，その後の会議で継続的に話し合われている。

　さて，2015年夏よりサンマの不漁が日本のメディアを騒がした。中国，台湾そして韓国の漁船によってサンマが公海上で先取りされていると報じられた。特に台湾の漁獲量が多い。これらの船は大きく，日本漁船にはない冷凍設備が備えられている。サンマは太平洋を回遊，北から日本近海へ近づく。日本は鮮度を重視する消費形態で漁船は沖合で操業するが，台湾や中国は洋上で冷凍し消費地に送るため遠い公海での操業がされる。日本北東部の公海上の漁業資源の管理を目的とした北太平洋資源保存条約が，韓国，中国，台湾も参加して2015年7月に発効され，その対象にサンマが含まれている。今後，当事者各国で，より実効性のある資源管理のルールづくりが目指される。

　東アジアの大都市において日本食レストランは，その風景の一部となっている。日本に暮らす私たちだけでなく，多くの人がマグロ・サンマ等の魚を食べている。食卓で見慣れたマグロやサンマは，東アジアで起きている社会問題の主人公となっているのだ。

第10章

多文化共生
在日コリアンとの協働関係から考える

二階堂裕子

多言語表記の行政掲示物は，様々な文化的背景をもつ人々が，地域に少なからず生活していることを示す。社会の多文化化が進むなか注目される「多文化共生」の理念とはどのようなものか（2016年，筆者撮影）。

1 「多文化共生」という理念の登場

「多文化共生」という言葉を聞いたことのない読者は，おそらく少ないだろう。近年，日本でこの言葉がたびたび登場するようになったのは，なぜだろうか。

1990年代以降，本格的なグローバル化の波が日本にも押し寄せ，労働者や留学生，日本人の配偶者などとして来日する外国人が急増した（図10-1）。その結果，地域社会，職場，学校などにおける多民族化・多文化化が「目に

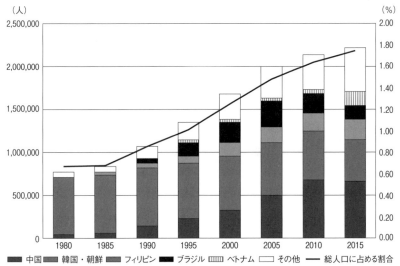

図10-1　外国人登録者数と在留外国人数，および総人口に占める割合の推移
出典：入国管理局「在留外国人統計」。

見える」ものとなり，様々な言語や文化をもつ人々がどのように「共生」していくべきかが，現実的な問題として目の前に突きつけられることとなったのである。

　こうした状況を受けて，とりわけ外国人の増加が著しい大都市部や工業地域などでは，1990年代半ばより，地方自治体や市民団体が「多文化共生」というスローガンを掲げるようになった。さらに，2001年以降，年に1度，外国人住民が多数居住する自治体や府省庁の関係者らが集まり，外国人との共生に向けた課題を検討する「外国人集住都市会議」を開催し，外国人住民を取り巻く課題解決のための提言を政府に対して行うようになった。

　これらの動向に続いて，ようやく国レベルでも「多文化共生」のための施策策定に着手するようになり，2005年には総務省が「多文化共生の推進に関する研究会」を設置した（塩原 2012）。その報告書では，地域における多文化共生について，「国籍や民族などの異なる人々が，互いの文化的ちがいを認め合い，対等な関係を築こうとしながら，地域社会の構成員として共に生

きていくこと」(総務省 2006：5) と定義したうえで，全国の自治体に対して，多文化共生施策の推進を促している。

　このような社会の現状を背景に，本章では，日本を事例としながら，まず，「多文化共生」をめぐる議論について概観し，その後，日本社会の多文化化による地域社会の変化と，そこで生じた諸課題について言及する。さらに，外国人と日本人による共生の模索が始まる契機や，両者の協働関係が形成される条件を探究する。以上をふまえたうえで，「グローバル化時代」である今日，どのような多文化共生のあり方が望ましいのかについて考察したい。

2　「多文化共生」がはらむ課題

(1)　「ニューカマー」外国人に特化した取り組み

　前述のように，近年，日本では，国をあげて「多文化共生」の実現に取り組む機運が高まっており，「多文化共生」は大きな社会目標の1つとなった。しかしながら，「多文化共生」のための施策やその実践方法をめぐっては，いくつかの問題点が指摘されている。

　まず，第1に，「多文化共生」というスローガンのもと，日本社会への適応に向けた支援の対象が，もっぱら80年代以降に来日した「ニューカマー」と呼ばれる外国人に限定されていることである (塩原 2012，宮島 2014 など)。

　これまで日本社会は，第二次世界大戦前の植民地時代から生活している朝鮮半島出身の人とその子孫，および中国・台湾出身の人とその子孫である「オールドタイマー」の外国人のほか，アイヌ民族や琉球・沖縄の人々など，独自の文化や社会を有する多様な民族によって構成されてきた。さらに，そうしたマイノリティの人々を中心として，固有の言語や文化を学ぶ教育機会の保障，就職・結婚の差別，および様々な社会保障制度からの排除の撤廃などを求める運動が活発に展開され，「共生社会」の基盤を築いてきたことも事実である。

　これに対して，戦後，日本では「単一民族社会」であるという「神話」が

浸透し（小熊 1995），この通念が強い影響力を維持してきた。さらに，今日推進されている「多文化共生」の施策は，「ニューカマー」の外国人をその主な対象とすることによって，これらの様々なマイノリティが抱える課題から目を背けてしまう危険性をはらんでいるのである。

(2) 「他文化強制」の危険性

　問題点として，第2にあげられるのは，「多文化共生」の実現に向けた取り組みにおいて，外国人が「支援を要する存在」として位置づけられている一方で，日本人に対しては異文化への理解を要請する程度にとどまっており，そこには日本人の意識や社会制度そのものの再検討および修正に真摯に取り組もうという視点が欠けていることである（金 2011など）。つまり，マイノリティである外国人は，日本社会への適応のために日本語能力を身につけるといった努力が求められるのに対して，マジョリティである日本人や日本社会には変革の必要性がほとんど問われていないのだ。これでは，多様な文化を互いに認め合う「多文化共生」というよりも，日本の文化や価値観の受け入れを推奨する「他文化強制」の実践ともなりかねない。

　そもそも，こうした発想の根底には，「日本人がもつ文化や価値観は同質的である」という捉え方が存在しており，年代，ジェンダー，居住地，職業などの違いから生じる「日本人のなかの多様性」への意識は希薄であると言わざるをえない。要するに，外国人に対する「他文化強制」は，同時に，日本人に対する「同質性の強制」でもあることが理解できるだろう。

　以上をふまえるならば，ニューカマーの外国人のほか，様々なマイノリティが，社会の構成員としてその文化・歴史・宗教・言語などを尊重されるとともに，社会的不利益を被ることのない社会の建設を目指して，人々の意識や制度の改革に構成員全体で取り組む社会こそが「多文化共生社会」の1つのあり方と言えるだろう。そうした社会の構築は，今日の喫緊の課題である。では，その実現に向けた道筋は，どこに見出すことができるのだろうか。さらに，その実現のための条件とは何だろうか。以下，これらの問いについて検討するため，まず次節では，日本の多文化化状況とそこに起因する

課題について記述していこう。

3 日本における外国人労働市場の成立

(1) 安価な労働力に対する需要

　第1節で述べたように，日本では，1990年代以降，多くの外国人が流入するようになった。では，なぜ，この時期に来日する外国人が急増したのだろうか。これには，外国人労働者をめぐる日本の政策の転換が大きく影響を及ぼしている。

　日本社会は，1950年代から1970年代の初めに著しい高度経済成長を遂げていたにもかかわらず，同時期の欧米先進国に比べると，国際移民の受け入れはきわめて少なかった。その要因として，必要とされた労働力需要は，新卒者や農家の次三男など，国内の労働力予備軍により満たされたことや，当時，日本で得られる賃金はそれほど高くないうえ，渡航費は高く，日本が移住労働者にとってそれほど魅力的な渡航先ではなかったことなどがあげられる（樽本 2016：149）。

　ところが，1980年代になると，インドシナ難民，「ジャパゆきさん」と呼ばれた風俗産業で働くアジア出身の女性，中国帰国者などのニューカマー外国人が流入するようになった。また，1980年代後半に始まった「バブル景気」の時期には，単純労働力の需要が急激に高まったことから，まず観光ビザで入国し，その後不法に就労する非合法労働者が急増した。こうした動向を背景に，外国人労働者の受け入れの是非をめぐって，日本国内で「鎖国論」と「開国論」が激しく展開されるようになった。

　このような状況のもと，1990年に「出入国管理及び難民認定法」（以下，入管法と略す）が改正された。この改定入管法は，西欧諸国における外国人労働者の動向を参照しつつ，高度な技術や知識をもつ人材の受け入れを推進するとともに，単純労働に従事しようとする外国人の締め出しを徹底させることを意図したものであった。

　しかしながら，その一方で，国内における非熟練労働力への需要に対応す

るため，この法律には「フロントドア」からではなく，「サイドドア」を通って外国人が入国し，就労するという方法が設定されており，これは明らかな矛盾であった。「サイドドア」からの入国者とは，南米出身の「日系人」やアジア出身の「研修生・技能実習生」（以下，技能実習生と略す）である。かつて出稼ぎ労働のために日本から海外へ渡航した人々とその子孫である日系人に対しては，「親族訪問」の名目で，日系2世に「日本人の配偶者等」，3世に「定住者」という在留資格が与えられた。また，日本企業での「研修」を通して知識や技術を修得し，本国で役立てることを目的とした「技能実習制度」が設けられた。こうした改変の結果として，1990年代以降，これらの外国人が数多く日本社会へ流入することとなったのである（梶田2001）。

(2) 日本人の配偶者や介護労働者に対する需要

このように，外国人労働者が急増したことに加えて，日本人の未婚化・晩婚化を背景に，1980年代後半から結婚を目的として来日する外国人が増加した。1970年の国際結婚件数は5,546件（結婚総数に占める割合は0.5％）にすぎなかったのに対して，2014年には21,130件（同3.3％）にも達している（厚生労働省「人口動態統計」より）。とりわけ，日本人男性と，中国籍，フィリピン籍，韓国・朝鮮籍の女性の結婚パターンが目立って多い。

さらに，少子高齢化の進行により，高齢者の看護・介護に対する需要が増したことを受けて，2008年からインドネシア人，2009年からフィリピン人，そして2014年からベトナム人の看護師と介護福祉士の候補者受け入れが，それぞれ開始された。2015年には，看護師候補者155人，介護福祉士候補者568人が来日し（国際厚生事業団「平成29年度版EAPに基づく外国人看護師・介護福祉士受入れパンフレット」より），日本の国家資格取得を目指しつつ，医療や福祉の現場で働いている。

以上をまとめると，1990年代以降，景気の変動による単純労働力不足，未婚化や晩婚化による結婚難，そして，急速な少子高齢化による医療や福祉の現場の人材不足など，日本の社会動向がもたらした需要に応じて，さらに言

い換えれば，日本社会が抱える課題に対処するために，外国人が急激に増加した様子が見て取れるだろう。

4　顔の見えない定住化

(1)　排他的な意識の高まり

　ここまで述べてきたように，日本社会を構成する人々の多民族化・多文化化が著しく進むなか，外国人に対する日本人の意識はどのように変化したのだろうか。

　図10-2は，内閣府が1990年，2000年，2004年に実施した「外国人労働者の受入れに関する世論調査」の回答結果を示している。外国人労働者の受け入れ制度に対する考え方を問う質問に対して，「今後とも専門的な技術，技能や知識をもっている外国人は受け入れ，単純労働者の受け入れは認めない」と回答した人の割合が，年々増加していることがわかる。さらに，「単純労働者の受け入れを認めない」と答えた人のその理由を見ると，いずれの年の調査でも，「治安が悪化するおそれがある」という項目を選んだ人が最も多く，しかもその割合が年々高くなっている（1990年54.0％，2000年

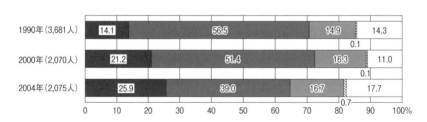

■ 今後とも専門的な技術，技能や知識を持っている外国人は受け入れ，単純労働者の受け入れは認めない
■ 女性や高齢者など国内の労働力の活用を優先し，それでも労働力が不足する分野には単純労働者を受け入れる
■ 特に条件を付けずに単純労働者を幅広く受け入れる
▨ その他
□ わからない

図10-2　外国人労働者受入れ制度に対する考え方
出典：内閣府「外国人労働者の受入れに関する世論調査（2004年）」。

62.9％，2004年74.1％）。移民の人口比率がもたらす影響についての先行研究では，移民人口の比率が高い地域に住む者ほど，自分とは異なるエスニック・グループに対する排他的な思想や行動を支持しやすいことが指摘されている（Lubbers, Scheepers and Billiet 2000など）。この知見にしたがうならば，国内の外国人住民が増加するに伴って，外国人に対する排外主義的な意識が高まっている可能性が見て取れる。実際に，とりわけ外国人が集住する地域社会においては，日本人住民と外国人住民の間で深刻な軋轢が生じる場合も少なくない。製造業の集積地である愛知県や静岡県では，中小・零細工場で就労する南米出身の日系人が集住する地域が多く点在している。そうした地域に立地する大規模な集合住宅団地のなかには，日系人の居住者が増加するのに伴い，ごみ出しのルールや駐車禁止の違反，深夜の騒音などに対する苦情が，日本人居住者から自治会や団地管理者へ多数寄せられ，両者の間に緊張が高まるという事態に至ったところもある（都築 1995，池上編 2001など）。

(2) 「市場媒介型」による移住システムの影響

　では，このような日本人住民と外国人住民の間の対立関係は，なぜ生じたのだろうか。こうしたトラブルの原因として，文化や生活習慣の違い，あるいは言語の違いによるコミュニケーションの欠如がしばしば指摘される。しかしながら，これらの要因に加えて，日系人の移住システムがもたらす影響も見逃すことはできない。

　梶田らによると，移住を促進する社会的ネットワークには，「相互扶助型」と「市場媒介型」の2種類がある。前者に基づく移住システムでは，家族・親族・友人など特定のネットワークにおけるパーソナルな人間関係を基盤としており，それによってある特定の地域からある特定の地域への移住が促進され，移住先では移民コミュニティが形成されやすい（梶田・丹野・樋口 2005）。横浜市や神戸市に華僑らがつくりあげた「中華街」は，その象徴といえる。

　これに対して，後者の「市場媒介型」による移住システムの場合，業務請負業者などの斡旋組織による移住を基盤としており，渡航費の支払い能力が

あれば，人間関係の有無にかかわらず，誰でも移住することができる。出身地に関係なく，業務請負業者が職を斡旋できる場所に移民が配置されるので，特定地域の出身者が特定の場所に集住することはない。日系ブラジル人の労働者の多くは，この市場媒介型移住システムによって来日し，企業に就労する（梶田・丹野・樋口 2005）。

前述した製造業の集積都市における日系ブラジル人の集住地域では，ブラジル人向けの商店や宗教施設などが整備され，そこにブラジル人コミュニティが形成されている。しかしながら，そのコミュニティのメンバーはたえず入れ替わり，そこでブラジル人どうしが継続的な信頼関係を築くことは困難である。なぜなら，業務請負業者の職の斡旋によって就労するブラジル人は，フレキシブルな労働力として，日本人が働かない時間に働き，日本人が働きに来ないような立地条件の工場で就労するほか，企業の労働需要に応じて頻繁な職場配転や居住移動を余儀なくされるからである。そのため，ブラジル人コミュニティ内部における互酬的関係が育ちにくく，コミュニティの規範は解体しがちとなる（梶田・丹野・樋口 2005）。

こうした状況により，ブラジル人は日本人住民と接点をもつことがなく，地域社会から認知されない存在となる。このような「顔の見えない定住化」の結果，日本人住民がブラジル人に関する現実を把握することが困難となり，憶測と噂がブラジル人への攻撃や排除につながる。つまり，ブラジル人に関して言えば，ブラジル人集住地に発生する日本人住民との摩擦問題は，「ブラジル人と日本人」の対立というよりも，市場原理の貫徹が生み出した「不安定就労者と安定就労者」の衝突と捉えたほうが妥当である（梶田・丹野・樋口 2005）。

このように見ていくと，今日行われている多文化共生施策の問題点がなおいっそう，浮き彫りになる。すなわち，大勢の外国人労働者の流入に伴う住民どうしの不和には，外国人をめぐる労働市場の構造が色濃く影を落としているのである。よって，外国人を「支援の必要な存在」として位置づける一方で，日本人には異文化への理解を要請するような取り組みに終始しているならば，こうした状況の解決を図ることは困難であると言わざるをえない。

5　共生への模索

　では，多文化化が進む地域社会において，日本人と外国人が「顔の見える関係」を築くことはできるのだろうか。池上らが外国人集住地で行った調査研究の成果（池上編 2001）をもとに，その可能性を探ってみたい。

(1)　静岡県浜松市 S 団地の事例

　静岡県浜松市内にある県営住宅のS団地では，1997年8月当時，入居総戸数857戸のうち，外国人世帯が21戸であった（外国人世帯率2.5％）。そのうち，ブラジル人世帯が最多の13戸で，あとはベトナム人やペルー人などの世帯が占めていた。大掃除の日程やゴミ出しのルールといった情報は，自治会の末端組織である組の組長が外国人居住者に口頭で直接伝える形式をとっているものの，不明な点があれば，各自が個人的なネットワークを通じて必要な情報を入手していたという。多くのブラジル人にとって，近所の日本人とは挨拶を交わす程度のつきあいであったが，日本人居住者どうしにおいても，おすそ分けをするような親しい関係はまれであった。

　やがて，2000年9月になると，外国人世帯総数が139戸（うちブラジル人世帯は92戸）に増加し，外国人世帯率が14.2％にまで達した。この頃になると，外国人住民の存在が日本人にとって身近な問題として意識されるようになり，ゴミ，駐車場，深夜の騒音（パーティーや夫婦喧嘩）などに関する苦情が自治会役員へ寄せられ始めた。しかし，公営住宅に住むブラジル人の勤務先は多様であり，ブラジル人居住者が集まる機会もなかったため，日本人側の要求をブラジル人側に伝える回路は乏しかった。

　こうした状況のなか，2000年から2001年にかけて，「外国人とのふれあいトーク」が3回開催された。この催しは，「外国人と日本人住民の共生・共助の道を探る」ことを目的に，S地区の住民の1人が呼びかけて実現したもので，日本人側は自治会関係者，警察官，市職員，学校関係者，そして外国人側は外国人居住者の多数を占めるブラジル人のなかから20～30人が参加し

た。ここでは，駐車場や団地内の交通安全，ゴミ出し，子どもの教育など，生活上の諸問題をめぐる意見交換がなされた。その後，ポルトガル語に翻訳された自治会規約の作成や，生活マナーについて記した日本語とポルトガル語の掲示板設置が行われた。また，ふれあいトークの試みは，ブラジル人の意見や要望を日本人側に伝える機会を提供しただけではなく，出席したブラジル人どうしが顔見知りになる場ともなった（池上編 2001）。

(2)　「顔の見える関係」の形成

　このＳ団地の事例は，外国人住民と日本人住民の関係に関して，いくつか注目すべき点を含んでいる。まず1点目として，外国人居住者が少なかった頃は，日本人と外国人の間に大きなトラブルは発生していなかったけれども，外国人居住者が増加すると日本人側からの苦情が噴出したことがあげられる。つまり，外国人の存在が顕在化すればするほど，外国人に対する違和感や不信感が増幅したのだろう。また，そもそも，日本人居住者の間にも親密な関係は希薄であり，団地内で生じた問題を解決するためのネットワークや自治能力は十分備わっていたとは言い難い状況であった。

　しかし，外国人とのふれあいトークの開催をきっかけとして，日本人とブラジル人の関係に変化が生まれる。これが2点目である。両者が文字通り同じテーブルにつくことで，ようやく「顔の見える関係」の形成に向けた第一歩が踏み出されたのだ。しかも，ブラジル人と日本人がともに相手の意見や要望を吸い上げる機会となったことは，両者の対等な関係を築くうえで貴重であった。また，ここでいう「顔の見える関係」とは，「外国人のＡさん」「日本人のＢさん」ではなく，同じ団地の居住者として互いが相手を認識するような関係とも言えるだろう。そのような関係の構築を促すうえで，具体的な生活問題について直接議論を交わす機会を設けたことの意義は，決して小さくない。

　そして，注目すべき3点目は，「外国人とのふれあいトーク」によって，ブラジル人どうしの間でも，新しい関係づくりが始まったことである。それまで互いにつながりの薄かった外国人居住者どうしの連携が誕生すれば，団

地住民の取り決めなど，様々な生活情報がより正確に，より広範に伝えられることが期待される。これと同様に，日本人どうしが問題の解決を目指して関係を構築する場としても，この取り組みが果たした役割は大きい。

そこで，次に問うべきは，何を契機としてこのような対話が生まれるのか，そして，対話から生まれた「顔の見える関係」をいかにして持続・発展させるかである。次節では，オールドタイマーの在日コリアンと日本人の関係を例にあげて検討しつつ，これらの点を考察したい。

6　協働関係の確立

(1)　大阪市生野区の事例

大阪市生野区は，日本で最も多くの在日コリアンが暮らす街として有名である。区の総人口12万8,790人のうち，外国籍住民が2万7,534人で，その約90％にあたる2万4,718人が韓国・朝鮮籍をもつ人々によって占められている（2014年9月末現在，大阪市住民基本台帳人口と外国人登録人口より）。つまり，住民の5人に1人が韓国・朝鮮籍である。

在日コリアンの生活を支える組織として，朝鮮料理のレストランはもちろん，民族団体である「在日本朝鮮人総聯合会（総連）」と「在日本大韓民国民団（民団）」の支部，朝鮮初級・中級学校，病院，教会，寺院，高齢者福祉施設などが揃っているほか，朝鮮語教室や民族音楽サークルの活動，在日コリアンの人権擁護を訴える社会運動なども活発に展開している。

一方，日本人社会の中枢的存在であるのが，「連合振興町会（町内会）」である。生野区では，19の小学校区にそれぞれ「連合振興町会」があり，連合振興町会長はいわば地域の顔役だ。19人の連合振興町会長は全員日本人で，連合女性部長など，そのほかの地域住民組織のトップもほとんどが日本人である。つまり，生野区では，実質的に日本人が住民組織を管理・運営してきたのである。そして，民族団体などの各種組織や活動を結節点とする在日コリアン社会と，連合振興町会を基盤とする日本人社会は，それぞれ独自の規範や価値観を維持しながら，集団内の結束を固めてきた。

こうした状況のなかで，在日コリアンと日本人が集団レベルで手を結ぼうとする試みがこれまで皆無であったわけではない。その1つとして，1970年代から生野区で始まったしょうがい者の地域生活支援活動があげられる。当時，重度のしょうがい児は公立保育所への入所を認められていなかった。そこで，キリスト教会にしょうがい児の通園施設が併設されたのである。この施設の職員や園児の家族らは，一般の保育所にしょうがい児の受け入れを求める運動を活発に展開し，最後には一定の成果を上げた。また，この運動に参加した人々の一部は，子どもが小学校へ進学する頃になると，放課後におけるしょうがい児の受け入れ先を確保するために，学童保育所を自分たちの手で設立した。
　その子どもたちが中学や高校を卒業する時期にさしかかった80年代当時，しょうがい者を雇用する企業は皆無に等しかった。そのため，生野で多くの当事者とその家族らが選択した道は，地域内に自分たちの就業場所を自らつくりだすことであった。こうして，生野に小規模の福祉作業所が次々と誕生した。さらに，90年代に入ると，複数のしょうがい者がボランティアの支援を受けながら共同生活を送る，グループホームの建設が進んだ。
　これらの福祉活動は，同じ生活課題を抱えた在日コリアンと日本人の連帯によって支えられてきた。しょうがいの有無にかかわらず，1人の生活者として地域社会で家族や友人とともに暮らしたいという共通の願望によって，両者の協働関係が促されたのである。
　この過程で，活動に参加した日本人住民は，韓国・朝鮮籍の人々が外国人であるがゆえに，様々な不利益を被っているという事実——例えば，当時，外国人登録証明書に指紋押捺を強制されていたこと——に目を向けるようになる。やがて，この取り組みに関わった人々は，しょうがい児・者の生活支援を求める運動とは，アルコール中毒症患者や貧困層など社会的排除の対象となりやすい人々を支える活動の一環にほかならないということを身をもって学ぶ。さらに，誰もが他人から差別や排除を受けることなく，安心して生活できる地域社会を形成することこそが必要であるという認識に至る。このように，参加者がより普遍的な理念を獲得したことによって，生野区の福祉

活動は多くの賛同者を得ながら発展することができたのである（二階堂 2007）。

(2) 協働関係のための条件

　以上の大阪市生野区における地域福祉活動の事例をふまえると，外国人住民と日本人住民が互いに歩み寄り，協働関係を取り結ぶためには，どのような条件が必要であろうか。

　第1に，両者が共通の緊迫した課題を抱えていることがあげられる。ここで取り上げた事例の場合，両者はともに「しょうがい者の自立生活を困難にする社会環境」のなかで苦境に陥っていた。これはいわば，エスニシティの異同を問わず，同じ立場にある人々が手を組まなければ共倒れとなるようなきわめて切迫した状況である。そうした現状を両者が認識することによって，在日コリアン集団，あるいは日本人集団のメンバーといったエスニシティに基づく役割以外の様々な地位と役割——本事例の場合，「しょうがいをもつ者」がこれに該当する——を媒介とした協働関係の模索が始まるのである。谷は，このような関係形成のあり方を「バイパス結合」と呼んでいる（谷 2002：721）。

　第2は，課題解決のために長期的な連帯が必要であるということである。本節で取り上げた事例は，一時的な連帯では自らがおかれた困難な状況を脱することができないような性格をもつものであった。外国人と日本人の連帯が継続されることによって，両者の関係は，当初の利害の一致を契機とした協働関係（symbiosis）から，互いの社会的文化的背景を尊重する共同関係（conviviality）へと移行する可能性がある。

　そして第3として，そうした共同関係の構築を土台に，外国人住民と日本人住民が共通の新たな価値を見出し，それを共有していくことが不可欠である。生野区で地域福祉の取り組みに関わった人々は，実践活動の推進を通じて，福祉制度や労働市場，地域社会での生活など，様々な領域において排除の対象となりやすい層を含むすべての住民が，人間としての尊厳をもって生活できる地域社会を構築しなければならないという理念を共有するに至っ

た。この事実は，外国人と日本人の双方に，新たな価値の獲得という変革が求められることの重要性を物語っている。これに加えて，今後目指すべき方向性の1つは，国籍やエスニシティの違いのほか，しょうがいの有無，階層の違いなどによる異質な者どうしが互いに分離せず，また，そうした異質な人々が一方的に社会から排除されず，各々が社会の構成員として様々な領域に参画しうるような社会の実現であることを示唆している。

7 「多文化共生社会」の実現に向けて

　最後に，前節までの議論を総合し，社会の多文化化が進むなか，いかにして共生社会を実現することができるのかについて，考察を加えたい。

　冒頭で述べたように，今日推進されている多文化共生施策は，支援されるべき存在としてのニューカマーの外国人を対象に，必要な支援を提供するという理念に基づいた取り組みとなる傾向がある。しかしながら，本章で取り上げた事例の検討により，これとは異なる多文化共生に向けた道程として，外国人と日本人が共通した生活課題を認識し，その解決に向けた活動にともに取り組むこと，そして，そうした活動を媒介として，両者が新たな価値を共有していくことに1つの可能性を見出せた。

　外国人と日本人に共通する最も深刻な生活課題としてあげられるのは，阪神・淡路大震災（1995）や東日本大震災（2011）のような災害発生時に直面する危機的状況だろう。例えば，阪神・淡路大震災の発生後，外国人住民の集住地である兵庫県神戸市長田区では，公園のテント村に避難したベトナム人と日本人の被災者が自治会を発足させ，共同生活を営んだり，被災者やボランティアの人々が，生活に必要な情報を多言語できめ細かく伝えるコミュニティFM放送局を開設したりした（外国人地震情報センター編 1996）。後者は，「外国人住民やしょうがい者など，少数者の声を地域の人々に伝える」「震災に強いまちづくりの経験と知識を，国内外のコミュニティと共有する」などの理念のもと，現在も活発に活動を続けている。

　また，避難所生活を通して，文字の読み書きが不自由な人々の存在が顕在

写真10-1　神戸市長田区の識字教室で学ぶ人々（2008年，筆者撮影）

化したことを機に，震災後，神戸市では，文字の読み書き教室など，市民による市民のための支援活動が活発に展開されるようになった。そうした活動は，外国人住民のほか，しょうがいをもつ人々や路上生活者など，様々な生活課題を抱えた人々などの社会的な受け皿となり，多様な社会的文化的背景をもつ人々が協働しつつ支え合う場となっている（写真10-1）。

　以上をふまえると，「多文化共生」の「多文化」をどのように捉えるかについては，エスニシティのほか，性，年齢，宗教，言語におけるマイノリティの人々，経済的な困窮者，しょうがい者など，多様な立場や属性の人々を視野に入れる必要があることが示唆される。そして，災害発生に備えた安全・安心な生活の確保など，誰もが抱える生活課題の解決に向けて，社会的文化的背景の異なる人々が手を結ぶことによって，より多様性に富んだアイディアや資源が生み出される可能性もある。そうした「社会における多様性の活用」がもたらす効果については，今後もっと真摯に検証されてよいだろう。

参考文献

池上重弘編　2001『ブラジル人と国際化する地域社会――居住・教育・医療』明石書店。
小熊英二　1995『単一民族神話の起源――「日本人」の自画像の系譜』新曜社。
外国人地震情報センター編　1996『阪神大震災と外国人――「多文化共生社会」の現状と可能性』明石書店。
梶田孝道　2001「現代日本の外国人労働者政策・再考――西欧諸国との比較を通して」梶田孝道編『国際化とアイデンティティ』ミネルヴァ書房，184-219頁。
梶田孝道・丹野清人・樋口直人　2005『顔の見えない定住化――日系ブラジル人と国家・市場・移民ネットワーク』名古屋大学出版会。
金侖貞　2011「多文化共生をどのように実現可能なものとするか――制度化のアプローチを考える」馬渕仁編『「多文化共生」は可能か――教育における挑戦』勁草書房，65-84頁。
塩原良和　2012『共に生きる――多民族・多文化社会における対話』弘文堂。
総務省　2006『多文化共生の推進に関する研究会報告書――地域における多文化共生の推進に向けて』。
谷富夫　2002「民族関係の可能性」谷富夫編『民族関係における結合と分離――社会的メカニズムを解明する』ミネルヴァ書房，715-722頁。
樽本英樹　2016『よくわかる国際社会学（第2版）』ミネルヴァ書房。
都築くるみ　1995「地方産業都市とエスニシティ――愛知県豊田市H団地における日系ブラジル人と地域住民」松本康他編『21世紀の都市社会学　第1巻　増殖するネットワーク』勁草書房，235-281頁。
二階堂裕子　2007『民族関係と地域福祉の都市社会学』世界思想社。
宮島喬　2014『多文化であることとは――新しい市民社会の条件』岩波書店。
Lubbers, M., P. Scheepers and J. Billiet 2000. Multilevel Modelling of Vlaams Blok Voting: Individual and Contextual Characteristics of the Vlaams Blok Vote. *Acta Politica* 35（4）: 363-398.

●読書案内●

『共に生きる――多民族・多文化社会における対話』塩原良和,弘文堂,2012年。
　リスクに満ちた不透明さが人々の不安を掻き立てる今日,他者との対話と協働により社会を変えるためにはどうすればよいのか。この問いのもと,本書では,日本の多文化共生をめぐる議論と状況を考察し,私たちがともに「変わりあう」共生のあり方を提示する。

『外国人住民の「非集住地域」の地域特性と生活課題――結節点としてのカトリック教会・日本語教室・民族学校の視点から』徳田剛・二階堂裕子・魁生由美子,創風社出版,2016年。
　日本の地域社会における多文化化は,都市部に限らず,地方都市や中山間地域においても生じている。本書では,少子高齢化と産業の縮小傾向が進む中四国地方の外国人「非集住地域」において,外国人と日本人を取り結ぶ契機がどこにあるのかを検討している。

『多民族化社会・日本――〈多文化共生〉の社会的リアリティを問い直す』渡戸一郎・井沢泰樹編,明石書店,2010年。
　本書では,グローバル化を背景とした越境移動をめぐる諸相を取り上げている。人の移動を促すメカニズム,多様な移住形態や文化的背景をもつ人々が直面する課題,地域社会に与える影響などを明らかにしつつ,人口減少社会の日本が進むべき方向性を示している。

【コラム10】

ヘイト・スピーチ

二階堂裕子

「日本から出ていけ！」「害虫を駆除しろ！」

　近年，東京や大阪などで，日の丸を掲げたデモ隊が，旧植民地出身者で戦前から日本に住んできた者とその子孫である在日コリアンに対して，こうした差別的な暴言を叫びながら練り歩くという動きが生じている。このような活動を，「ヘイト・スピーチ（hate speech）」と呼ぶ。これは「憎悪表現」と訳され，特定の人種，国籍，思想，性別，障害，職業，身分に属する個人や集団に対して，誹謗中傷したり，暴力や差別的行為を扇動したりする言動のことを指している。

　日本でこうしたヘイト・スピーチの活動を主導してきた「在日特権を許さない市民の会」は，在日コリアンが特別永住資格の所有や生活保護の優遇といった「在日特権」を行使していると主張し，そうした「特権」の廃止を訴えてきた。そして，この団体の活動を「人種差別である」と批判するほかの団体や在日コリアンらと，しばしば激しい衝突を繰り返してきた。

　筆者の知人である在日コリアン３世の男性は，デモ隊による街宣活動の様子を見て，「例えようのない恐怖と怒りを感じた」と語った。このように，ヘイト・スピーチは，標的にされた人々の尊厳を奪う行為であるが，それにとどまらない。ある特定の人々——しばしば社会的マイノリティがその標的となる——を差別や排除の対象としてカテゴライズし，辛辣な人権侵害を加える排外的な言動は，人間の自由と平等を尊重する社会の根幹を攻撃するものにほかならない。

　こうした状況のもと，「本邦外出身者に対する不当な差別的言動の解消に向けた取組の推進に関する法律」が国会で成立し，2016年６月３日に施行された。また，大阪市は，自治体として全国で初めて，「大阪市ヘイト・スピーチへの対処に関する条例」を同年７月１日に施行した。

　多文化共生社会の実現に向けて，表現の自由を保障しつつ，これをどのように根絶させていくべきかが，今，私たちの社会全体の問題として問われている。

第11章
観光
釜山と対馬の交流から考える

中村八重

たくさんの外国人観光客が日本を訪れている。彼らは日本と日本人をどのように見ているだろうか、また、私たちは外国人観光客をどのように見ているか、考えてみよう（2016年、筆者撮影）。

1 観光を学問する

　誰しも旅をしたことはあるだろう。誰かとあるいは1人で、今住んでいる場所ではないどこかへ出かける経験は珍しいことではない。旅行は出発する前から始まる一連の過程である。旅行に行く前にガイドブックやインターネットで調べたり、予約したりすることが多い。旅行先へ行けば、有名な場所を見たり、何か特別な体験をしたりしようとする。お土産を買ったり、写真をSNSに載せたりしながら、そのひとときを楽しんで帰ってくる。

観光の研究といえば，経済効果や地域振興などの経営の側面に焦点が当てられがちだが，人類学では，上記のような旅行の過程と旅行に関わるすべての活動を観光（ツーリズム）という現象として捉え研究することができる。また観光の過程で登場する人物，つまりゲスト（観光客）とホスト（観光客を受け入れる側）の相互関係に関する研究も積み重ねられてきた。ゲストが消費する観光対象，ホストが見せようとする観光対象，そして観光の現場で新たにつくられる文化などが研究テーマになる。

　少し前まで，中国人の「爆買い」が話題になっていたが，大量の観光客が訪れるようになったときの，ホスト社会で生じる反応や葛藤が近年注目されてきている。グローバル化が進み海外旅行が一般化している現在，有名な観光地だけでなく，私たちが暮らす日常生活にも観光客が入り込むようになった。中国人の事例からもわかるように，観光客はできあいの土産物ではなく，日用品などを求めるようになった。ホストが見せるもの，売るものがこれまでの観光のイメージとは違ったものになりつつある。

　この章では，近年たくさんの韓国人観光客を受け入れ，生活世界において観光客と接するようになった対馬を主な事例にして，消費される観光文化やホストとゲストの相互のまなざしと葛藤について考察していくことにする。

2　観光の見方

(1)　ホストとゲスト，観光と観光客

　最初に人類学で観光を考える際に考えられる分野を例示してみる。日本の人類学における観光研究のさきがけである『観光人類学』（山下編 1996）の改題・改訂版『観光文化学』（山下編 2007）では，観光を3つのパートに分けて論じている。第1に観光の政治的側面，つまり政策，開発，産業から見るもので，観光がいかに仕掛けられ消費されるかを論じている。第2に，観光の社会・文化的な側面を扱うもので，伝統文化の再創造，観光がつくりだす文化を扱っている。第3に旅行経験の意味に関するものである。

　この章ではすべてを扱う紙幅はないが，観光に登場する人々の観点から捉

え直してみたい。観光の舞台には観光客だけでなく，観光客を迎えサービスする人々がいることは述べた。この「ホスト」と「ゲスト」という枠組みは古典的でありながら，観光について論じるときに大変有用である。ホストとゲストの概念は，例えばホストが受ける社会的なインパクトや経済的なインパクト，ゲストが観光に向かう動機や観光行動の多様性など，個別の現状について，そしてホストとゲストの相互関係を論じる際に用いられる概念である（スミス 1991）。

　観光はどう定義できるだろうか。観光には様々な定義があるが，誰が何をするのかという観点で整理してみよう。まず，観光客についてである。スミス（Valene L. Smith）は，観光客は「非日常を体験することを目的として，自宅からはるか離れた土地を訪れる，一時的な有閑者のこと」であるとしている（スミス 1991：1）。ここで有閑者とは，労働に相対する余暇をもつ者という意味である。彼らは自ら選択して，なじみのない土地を訪問し，いつもと違うことを体験し，リフレッシュして帰ってきて，再び労働に従事するということになる。もちろん，労働者ではない大学生なども観光をするが，一時的に他所を訪れ非日常を経験した後，戻って日常に復帰するという過程をたどるのは同じである。

　次に，観光とは何をすることかである。橋本は「楽しみ」という言葉を使って表現した。観光は，「異郷において，よく知られているものを，ほんの少し，一時的な楽しみとして，売買すること」（橋本 1999：12）であるという。つまり，ガイドブックに載っている有名な観光地のような，「よく知られているもの」を求めて旅立ち，消費することを指す。観光は居住とは違い，必ず期限がある。その意味で，一時的であり，だからこそ「楽しみ」は「ほんの少し」だけであることを運命づけられている。「楽しみ」は，ホスト社会を垣間見ることの寄せ集めで構成され，これが売買される。

　さらに橋本は，「一時的な楽しみ」は，「本来の文脈から切り離され，集められて，新たな『観光文化』を形成する」と定義している。ここで形成される「観光文化」とは何か，次から見てみよう。

(2) 観光文化とまなざし

　観光の研究では，観光は本物を見せているのか，観光で本物を感じられるのかといった「真正性」が重要な論点であった。しかし，観光はよく知られたものを，ほんの少し楽しむためのものであり，必ずしも「本物」であることは重要ではない。

　ブーアスティン（Daniel J. Boorstin）は『幻影の時代』で，観光はあらかじめ綿密につくられた「擬似イベント」だとしている（ブーアスティン 1981）。観光客はガイドブックを読んで旅に出て，ガイドブックに書かれているところへ行き，ガイドブックと同じであることを確認しに行く。観光客は「本物」ではなく，「本物らしさ」（擬似イベント）を体験しに行く。ディズニーランドは虚構世界を現実に出現させた場所だが，それ自体が虚構であるという意味でもやはり「本物らしさ」を体験できる観光地である。

　観光化された場所では，ホストはゲストの満足するような「現地らしさ」を演出してゲストを迎える。例えば，今日有名なバリ島のケチャなどの伝統芸能は1930年代に新しくつくられたものである（山下 1999）。バリ島の芸能が西洋からやってくるゲストたちによって再発見され，大衆化されて新たな「伝統」とされるようになったものである。ハワイのフラなども同様の例の1つである。

　ジョン・アーリ（John Urry）は『観光のまなざし』で，観光客は観光対象の非日常性に「まなざし」を向けているとし，その対象が偽物であってもそれを楽しんでいることを論じている（アーリ 1995）。これにしたがえば，観光客が見る観光対象はある意味で虚偽であることさえ必要なのだ。観光客が見るものが本物か偽物かと対立的に論じることは妥当とは限らないのである。橋本のいう「新たな観光文化」とは，「本物」かどうかを超えて，観光が観光として消費され続けることで，ホストとゲストの相互関係のなかで形成されていくものである。

　ホストとゲストの相互関係は力関係でも論じられている。ホスト・ゲスト論では，「ホスト＝見られるもの」「ゲスト＝見るもの」という支配的な力関

係にあることが指摘されている。ホストがゲストによって押しつけられたイメージのなかで権力的抑圧を受けているというものである。この関係性は，見る主体と見られる客体が対立的に固定化されたときに問題になる。だが，観光の現場ではゲストから向けられた「まなざし」を利用して，ホストは自分たちをつくりかえ，自己のものにしていこうとする。ゲストという他者の目にさらされることによって，地元の自然や文化の価値が再発見されたり，アイデンティティの源となったりすることもありえる。観光を通じることで，見る側からの支配的な力が客体化され，主体的に地元の文化を新たにつくりあげることができるということである。

ホスト社会では，何を観光対象とし，観光文化をつくりあげていくのかが常に問われ，変化を迫られる。その表れの1つとして，世界遺産観光ブームがあげられる。ユネスコの遺産保護の事業には，世界遺産（自然，文化，複合）と無形文化遺産，記憶遺産があるが，なかでも世界遺産が観光化され，世界規模で多くの人が訪れるようになっている。文化遺産には西洋の建築などが多く登録される傾向にあり，自然遺産には非西洋のリストが多い。何を遺産とするのか，まなざす力関係が西洋と非西洋にあることは確かである。

反対にホストが見せないものも存在する。例えば，ソウルでは朝鮮時代の数々の王宮は復元され観光化されていったが，景福宮のなかにあった植民地時代につくられた朝鮮総督府の建物は取り壊され観光化の対象にはならなかった。対照的に，台湾の総督府だった建物は保存され観光資源として活用されている。こうした事例は，ゲストから向けられたまなざしだけでなく，ホストが主体的に見せたい観光文化をつくりあげていく過程として理解できる。

だが，必ずしも単純にホストが主体となりゲストに見せる観光文化をつくるわけではない。森山は「文化」が「誰」かによって「資源化」されることについて論じるなかで，例えば，「自分たちの舞踊やら芸能やらの『文化』を，自分たちのものとして観光客という外部の他者を目がけて『資源化』すること」は典型的なかたちだが，資源化する主体が自分たちではなく，観光産業の外部者である場合には，資源化する主体と文化資源の所有主である自

分たち，そして目がける対象である観光客の3者が異なるため，より複雑になるとしている（森山 2007：87）。

　観光における登場人物たちの関係が複雑であることは，文化を観光資源化する外部者とホストの間でも，さらにホストとホスト社会の一員にすぎない人々とゲストとの間においても，ズレが大きくなることを示唆する。特に対馬のようなこれまで観光化が進んでいなかった地域では顕著である。外部者に対して見せることが想定されていなかった日常の生活世界までもが観光資源化され，ゲストの「楽しみ」として「売買」されていくようになるにつれ，戸惑いやいわば嫌悪感が表出している。次から対馬の事例を中心に検討してみよう。

3　対馬を訪れる韓国人観光客

(1)　大量の観光客の訪問

　近年，円安やビザの要件緩和などを受けて，日本を訪れる外国人の観光客が増加していることが報じられている。観光庁によると2015年に日本を訪れた外国人は，過去最高の1,974万人に達し，旅行消費額は3兆円を超えたという。なかでも中国人の観光客の増加と，消費額の増加が目覚しい。日本を訪れる中国人の観光客は前年の2倍の500万人，1人あたりの消費額はほかの国の旅行者に比べると2倍以上多い（約17万円）という。この突出した消費行為を，メディアなどでは揶揄をこめて「爆買い」と称していた。集団で日本にやってきて「爆買い」をして去っていく中国人の観光行動が報道されるのを見るにつけ，経済効果は認めるとしても何か説明のできない不快感をもってしまう人もいるのではないだろうか。

　だがよく考えて見ると，実は日本人は少し前まで反対の立場だった。1965年に海外旅行が自由化され，パック旅行が開発されると日本人はこぞって海外に出かけた。その過程で，メガネにスーツ姿でカメラを首から提げているという日本人観光客のステレオタイプが形成された（当時の海外旅行は高価だったので，よそいきのスーツで旅立つことが多かったためである）。また，日

本人は団体で行動し，ブランド品を買いあさるというイメージもよく知られている。一昔前の日本人観光客もまさに「爆買い」をしていたのだ。

さて，多くの韓国人観光客が訪れるようになった対馬はどうだろうか。韓国から短時間で来ることができる対馬には，年間20万人を超える韓国人の観光客が訪れている。年間を通じて大小様々なグループの観光客が，海や山でレジャーを楽しんだり，免税店やスーパーでの買い物を楽しんだりする姿が見られる。週末や休暇の季節になると，人口3万人ほどの対馬のあちこちが韓国人観光客であふれる。毎日の生活のなかに観光客が入り込むようになったのである。

対馬の観光の特徴的なことは，もともとの名勝の観光化が強化されただけでなく，日常の生活世界が観光化されたことにある。対馬は国境近くに位置するという特殊性をもちながら，急激に増加する外国人観光客を受け入れるようになった先駆的な場所であり，ホストとゲストの関係性を考察するには興味深い場所である。ここからは相互のまなざしと関係性に重点をおいて見ていこう。

(2) 対馬観光の概要

まず，対馬と観光について簡単に押さえておく。対馬は長崎県に属する離島で，細長い2つの大きな島が連結したかたちをしていて，南北に82kmもある。南部の最大の町，厳原から福岡までの航路が約132kmであるのに対して，対馬北部から韓国南部の都市釜山まで49.5kmである。韓国との近さは目で確認できる。かつて国内からの観光客をターゲットに異国情緒の町づくりの一環としてつくられた「韓国展望台」からは，釜山の海岸で行われる花火大会が遠くに鑑賞できる。反対に，釜山など韓国の南部沿岸部からは天気のよい日に対馬が見えることが知られている。対馬は韓国では「テマド」という韓国語読みの名前でよく知られ，親しみをもたれている。その近さと親近さゆえに，機会があれば一度行ってみたい観光地であり，気軽に訪れることができる海外として人気がある。

対馬と言えば韓国が近いことのほかに，朝鮮王朝の使節団であった朝鮮通

信使を通した日韓交流でもよく知られている。毎年8月に行われる祭りで再現される朝鮮通信使行列が，対馬が日韓交流の島であることを体現している。観光と記念の双方の目的で，歴史的に韓国とゆかりのある人物や出来事に関する顕彰碑を建立する事業も行われている。道路標識や食堂のメニューにいたるまでハングル表記するなどの努力をして，増加する韓国人観光客に対応をしている。

　しかし，対馬は地理的・歴史的に防衛の要所であるため，韓国と交流を深めれば深めるほど，主として島外で「対馬が危ない」といった扇動的な警戒論がメディアを通じて流れてくる。反対に韓国では一部から「対馬島は韓国領」「対馬島を返せ」などといった主張の声が聞こえてくる。よくも悪くも「国境の島」であることを念頭においておかなければならない。

(3) 売買するもの

　韓国人による対馬観光の発展過程を2つの段階に分けるとすれば，1つ目は国際航路の定期化，2つ目は，東日本大震災による航路中断とその後の航路増設である。2000年に釜山との国際定期航路が開設されてから，韓国人の観光客数は徐々に増加し続けたが，2011年3月に東日本大震災の影響を受けて，航路が運休した。半年ほどして他社の参入が決まり，航路は複数化，高速化し，価格競争によってさらに安価になった。釜山から最短で1時間ほどで対馬に行けるようになった結果，観光客は急増し，2015年には21万人を超えた（図11-1）。対馬にとっては経済的波及効果も大きい。2012年の韓国人による観光消費は，5年前より11億円増加し，33億円であったという（西日本新聞2014年1月8日付）。

　対馬は近さと安さゆえ，短期間の旅行者が多く，キャンプ，サイクリング，登山の愛好会などの団体旅行にもよく利用されている。基本的に団体旅行には添乗員が同行して案内をしている。加えて釣り客が多いことでも知られている。彼らはかなり頻繁に対馬を訪れる常連客で，定宿をもっていることが多い。

　2012年以前の韓国人観光客の最大の特徴は「団体・短期間・年配」であっ

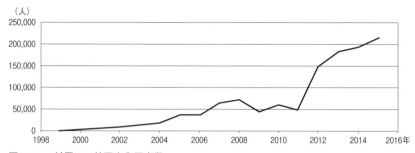

図11-1　対馬への韓国人入国者数
出典：対馬市役所資料より筆者作成。

た。以前は，慰安旅行や頼母子講（旅行など特定の目的のために積み立てをする任意の団体）などの団体で，1泊程度の短期間で訪れる年配客が目立っていた。現在は，「個人・短時間・若者」が増加している。航路の複数化，高速化に伴って元々短期間の滞在型であった対馬旅行は，ますます「短時間」化した。朝，対馬に着き，海水浴をした後，温泉に入り，スーパーで買い物をして夕方に帰ることも可能となった。

　日帰り客には，安く海外旅行しようとする学生や，免税品の購入を主目的とする若者も多い。なかには，ビザ更新のために韓国から一時的に出国してきた（韓国以外の）外国人の姿も見られる。免税品の購入を目的としている場合は，免税品の事前予約を通じて釜山のターミナルで受け取る。対馬到着前に早くも目的が果たされているので，対馬から見れば観光もせず消費額も少ないというデメリットもある。対馬は韓国から近いがゆえにまさに「ほんの少し」消費をされていると言えよう。

　多くの韓国人にとっての対馬の魅力を大きく2つに分けるとすると，韓国との関連史と，美しい自然景観である。対馬の観光情報は旅行経験者による個人ブログ，SNSの情報が充実しており，こうした情報を頼りに対馬で食べるべきもの，見るべきところ，買うべきものを決めてくる人はとても多い。また，釜山を中心とした慶尚道圏では，家族や親戚，友人に対馬訪問経験者がいることが多いため，口コミも大きな情報源である。

　他方で，対馬に関する情報をもたないケースも多い。ターミナルで帰国す

第11章　観　　光　　197

る20代の観光客に対馬について尋ねると「何も知らない」と答え，釜山から見えるのを聞いたことがある程度だと話していた。彼らが対馬へ来た目的は免税品の購入であった。実際のところ，対馬へ訪れる観光客の属性と目的は実に様々である。釣りや登山などの趣味を楽しみ，家族や仲間との親睦を深めるなど，多種多様な目的で訪れる（中村 2015）。

対馬は朝鮮通信使をはじめとした日韓交流の歴史を大事にしているが，観光客は日韓交流にはあまり関心がないようである。実際に朝鮮通信使の再現行列にも関心のない観光客も少なくなかった。ホスト社会にとって知ってほしいことは，必ずしもゲストにとっての「よく知られたこと」ではない。ブログに載っている有名な薬や化粧品，日用品の購入や，免税品購入が目的の観光客には，「短時間の往復で（日本の）品物が買える」ということが対馬の「よく知られたこと」なのである。

4　ホストとゲストを考える

(1)　「とりまく泡」と交差する「まなざし」

観光客は慣れ親しんだ韓国的で便利なものを求める傾向がある。対馬にいくつかつくられた韓国資本の免税店やホテル，食堂，民宿などは，言葉も通じ，特に団体旅行に都合のよいサービスを提供してくれるため好評である。反対に言えば，「ありのまま」の対馬は彼らにとって「不便」だというわけである。観光客のなかには，店でのハングル表記が多いことを当然に思ったり，ウォンが使えないのを不満に思う人がいる。ある観光客は，韓国の観光地なら必ず整っている食堂街やカフェ，アウトドアショップがないことに不満をもっていた。

グラバーン（Nelson H. H. Graburn）は，観光客は自らの文化や生活環境，すなわち「とりまく泡」のようなものを持ち運ぶと指摘している（グラバーン 1991）。韓国の観光客も同様に，韓国にいたときと同じ価値観や習慣をまとったまま，ホスト社会を訪問する。この「泡」がホスト社会の人々にインパクトを与え，違和感や反感を抱かせる原因になっている。

写真11-1　厳原港ターミナルで買い物したものを詰め込む韓国人の団体客（2016年，筆者撮影）

　例えば約束時間に対して比較的寛容であることや，中高年層が登山服を好むこと，紙を流さないようにするトイレの使い方は，韓国では特別奇異ではない。しかし，こうした観光客の韓国的価値観は対馬の日常的価値観とは大きな差があるため，対馬の人々には異様に写ってしまう。言い換えれば，ホスト（社会）の期待とゲストの意識にズレが生じているということである。さらに言えば，団体旅行の場合は事前に対馬の情報を収集しないことが多く，大衆観光の弊害と指摘することもできる。類似した現象は，急激に多くの中国人観光客を受け入れた香港や台湾でも起きている。

(2) ホストとは誰か

　対馬では韓国人観光客受け入れの初期から，露骨に韓国人に対して蔑視的な発言をする人がいたというが，東日本大震災によって客足が途絶えたとき，対馬は経済的にもまた町の賑わい的にも大きな打撃を受けたため，こうした発言は鳴りを潜めた。対馬にとって韓国人観光客はなくてはならないものであることが再認識されたからである。

　もちろん，早い段階でホストとして自覚的に対応をする人も少なくなかっ

第11章　観　光　　199

た。韓国人の団体客を受け入れてきたある寿司屋のオーナーは，「商売なんですから何人(なにじん)が来ようと関係ない」と言っている。また，「韓国の人のありがちな要求や無理な要求に対しては，前もってこちらが準備しておけば，驚かないし腹も立たない」と言っている。

他方で韓国人観光客に対する反発は鳴りを潜めたとはいえ，相変わらず対馬の随所で見受けられる。数軒の飲食店が「韓国人観光客お断り」の看板を出している。「韓国人は受け入れているが本当は日本人に来てほしい」と言うホテルのオーナーもいる。

韓国人観光客に対する反発をマナー問題に還元する向きもある。旅行社や行政がポスターや配布物で啓発活動を行った結果，また韓国内での価値観の変化によって，実際にマナーは改善されてきている。にもかかわらず，現在でも紋切り型の「マナー問題」が引き合いにだされる理由は，噂話が口から口へ伝わる再生産の面もあるが，「韓国人は○○である」というステレオタイプによるところが大きい。

もう１つは，韓国人をゲストとして見ているかという問題もある。ある人は多くの韓国人が訪れる場所で，「韓国の人は時間を守りませんねぇ。ガイドさんが大変そう」と話してくれた。これは単なる感想というよりステレオタイプに基づいた発言であり，また観光客を自らのゲストと見なしていない立場での発言だと解釈できる。

さらに日常で韓国人に接する機会が増えてくると，理解を深めるケースもあるが，反対にステレオタイプや嫌悪感を強くするケースもある。街が賑わってよいとか，とにかくお客さんが来てくれるだけでもよいという人や，韓国人と接するようになって韓国語を習い始め，楽しくてたまらないという人もいれば，反対に韓国人に接するにつけ韓国が嫌いになったという人もいる。対馬出身の大学生によると，「観光に関わる人は韓国のことを悪く言わない。観光に携わらない人ほど悪く言う」という。ある市役所職員によると，対馬市民は「韓国好き３割，韓国嫌い３割，どうでもよい４割」という構成と言われているそうである。対馬のなかでも直接観光に関わるホストであるか，単なるホスト社会の一員にすぎないかで態度に違いがあるようであ

る。

　あるとき，スーパーで韓国人に冷たい態度を取った店員を目撃した主婦が，「従業員教育が必要。自分が韓国に行ってこんな対応をされたら嫌。日本に対して悪い感情をもってほしくないから。韓国のすることは嫌いだけど」と話していた。これを言い換えれば，国家としての韓国の好き嫌いはともかく，ゲストはゲストだという意味であろう。店員はホストとしてゲストに対して礼儀正しく接するべきとの考えである。

　だが，この店員が観光の現場におけるホストとしての自覚をもっていたかどうかは疑問である。日常の買い物をする場所であったスーパーに，あとから入ってきたのは観光客のほうであり，もてなされるべきゲストとして認識されていないのではないか。観光という現場はホストとゲストの出会いの場所であり，相互作用の場所であるが，当事者たちにその意識がない場合には，ズレや葛藤が生じる。

5　他者理解としての観光

　観光は，ホストをまなざすゲストという構図で論じられがちだが，ゲスト側だけではなくホスト側もまたまなざす主体となる。対馬でよく言及されるマナーの悪い韓国人像や，近年の日本における中国人の「爆買い」という表現の例は，ホスト側のゲストに対するまなざしのステレオタイプ化という問題を突きつけていた。スミスは，「大衆観光活動の経済目標が実現され，たまにしか来なかった観光客が次第に安定して流れ込むようになると，ゲスト個々人のアイデンティティは次第に曖昧になり，訪れる旅行者は『観光客＝ツーリスト』というラベルを貼られて，その人の国のイメージの型に順々にはめ込まれていくだけになってしまう。こうしてゲストが，経済利益を生み出すための単なる無人格の対象物となってしまえば，彼らもまた自分たちを迎えてくれるホストを，やはり同じく対象物として好奇の目で見るしかなくなってしまう」と指摘している（スミス 1991：14）。

　もう1点，対馬の事例から見えてきたのは，日常生活に入り込んで来た観

光客への戸惑いを隠せない，ホスト社会の一員ではあるがホストとしての自覚のない人々の存在である。私たちは，海外や他所に観光に行けばもてなされるゲストになると同時に，日常生活のなかでは外国人を受け入れるホスト社会の側にも立つ，入れ替わる存在でもある。しかし，中国人の「爆買い」を揶揄するとき，私たちはホストにはなりえていない。私たちは日常生活に登場するようになった他者に対してどのように接すべきだろうか。観光を通じて，他者理解，他者との関係構築について考えてみるのはどうだろうか。

参考文献
アーリ，J　1995『観光のまなざし』加太宏邦訳，法政大学出版局。
グラバーン，N・H・H　1991「観光活動」V・L・スミス編『観光・リゾート開発の人類学』三村浩史監訳，勁草書房，27-72頁。
スミス，V・L編　1991『観光・リゾート開発の人類学——ホスト＆ゲスト論でみる地域社会の対応』三村浩史監訳，勁草書房。
中村八重　2015「観光交流からみた日韓関係——対馬の韓国人観光客を中心に」磯崎典世・李鍾久編『日韓関係史1965-2015Ⅲ　社会・文化』東京大学出版会，353-369頁。
橋本和也　1999『観光人類学の戦略——文化の売り方・売られ方』世界思想社。
ブーアスティン，D・J　1981『幻影の時代』後藤和彦・星野郁美訳，東京創元社。
森山工　2007「文化資源　使用法」山下晋司責任編集『資源人類学02　資源化する文化』弘文堂，61-91頁。
山下晋司　1999『バリ　観光人類学のレッスン』東京大学出版会。
山下晋司編　1996『観光人類学』新曜社。
山下晋司編　2007『観光文化学』新曜社。

●読書案内●

『観光文化学』山下晋司編，新曜社，2007年。
　　　文化人類学における観光研究の先駆け的著書．『観光人類学』(1996)の改題・改訂版である。アジアを中心にした各地における豊富な観光の事例を通じて，観光の創造的側面から，観光による葛藤や矛盾まで多角的に学べる。

『観光経験の人類学――みやげものとガイドの「ものがたり」をめぐって』橋本和也，世界思想社，2011年。
　　　観光者が観光に求めている経験は，観光地で用意されているものというより，自らが構築する「ものがたり」であるという。観光地で買い求めるみやげものも，帰宅した後に観光経験を語るためのものなのである。

『旅を生きる人々――バックパッカーの人類学』大野哲也，世界思想社，2012年。
　　　「自分探し」を目的に，他人とは違う冒険を求めて旅立つバックパッカーの多くは，結局，定型化し商品化された観光を消費しているにすぎないという皮肉は興味深い。果たしてバックパッカーは「自分探し」に成功しただろうか。

【コラム11】

中国の観光事例

川口幸大

　日本に来た中国人観光客の「爆買い」という言葉を少し前によく耳にしたが，実際に人々はどのような観光体験をしているのだろうか。私と15年来の友人である夫妻の話を紹介しよう。広州市郊外の農村部に暮らす2人は40代で，夫は村で飲食店を経営し，妻は村の幹部である。2016年の春に結婚したばかりの息子と高校生の娘がいる。村のなかでは豊かな暮らし向きだ。

　この2人は2014年の3月に日本を旅行した。広州から成田に飛び，東京，富士山，関西そして北海道を回る7泊のツアーである。旅行代金は1人9,000元（約13万円）で，ほかに買い物等に2人で3万元（約45万円）使ったという。

　「（筆者にスマホで写真を見せながら）これ，北海道で食事のときに追加注文したアワビとカニ！　1万円もしたの。物価が高いとは全然思わなかった。中国だと高くても安くても，どれが本物かわからないじゃない。日本ではそういう心配はないし，サービスもいい。ツアーバスの運転手は年配の人だったのに，毎回私たちの荷物を下ろしてくれて，お辞儀までしてくれた。日本は，食べてよし，買ってよし，空気よし，風景よし，すべてがよくて，もう1度行きたい！」

　個人の感想だが，ずいぶん高評価だ。それでも，若者から中年くらいまでの人には，日本への旅行経験はおおむね好印象だ。一方，受け入れる側からは，ものが売れて儲かってよいといった声が聞かれるものの，否定的な意見も少なくない。例えば，食べかすをテーブルに散らかすとか，トイレットペーパーを流さずにくずかごに入れるなどだ。しかし，これはマナーが悪いというよりも，中国では普通そうするのだから，やむをえない面がある。そういえば，昔は日本人も海外のホテルでバスローブで館内を歩き，ひんしゅくを買っていた。温泉旅館の浴衣の感覚だったのだろう。とにかく，中国の人たちの海外旅行体験は始まったばかりだ。そこにどんな文化が見て取れるか，人類学の目で見てみてはいかが？

第12章
経済
モンゴルの牧畜から考える

尾崎孝宏

人類学は，主として貨幣を使わない領域での経済を取り扱ってきた。本章では生業の多様性と歴史，また生業の1つであるモンゴルの牧畜に対する社会主義と市場化の影響について考えてみよう（2014年，筆者撮影）。

1　文化人類学の取り扱う経済とは？

　おそらく，本章を読んでいる読者のみなさんの多くが，文化人類学と経済との組み合わせに違和感を覚えるのではないだろうか。なぜ文化人類学の講義で経済という言葉が出てくるのか，と。
　だが，経済学の扱う経済は，たいていその膨大な領域の一部にすぎない。例えば『岩波現代経済学辞典』では，経済を「人間の生活の基礎である物質的財貨の生産・分配・消費の過程と，それにともなって生ずる人間の社会的

関係」と説明している。しかし経済学の主流において，貨幣つまりお金を媒介としない領域についてはあまり触れられない。貨幣は分配において重要な役割を果たすアイテムだが，第5章で触れたように，貨幣よりはむしろ政治などの社会関係で説明すべき分配（交換）の領域が我々の生活には存在する。さらに生産や消費においては，貨幣の占める重要性は明らかに減少する。というのも，人類の生存に不可欠な食料の生産や消費は，貨幣とは無関係に実行できるからである。

　人類史のスケールで考えると，いかに食べるかは常に大きなテーマであった。つまり，それだけ人間は飢餓にさらされ続けてきた。一方，現在の私たちの生活を振り返ってみると，食料廃棄や過食による健康問題など，むしろ食料が多すぎることで発生している問題が頻繁に報道される反面，近年は日本国内での飢餓も報道される機会が増えてきている。こうした現代日本における食料の過多・過少は基本的に分配（例えば貧困など）の問題であるが，他方で私たちも完全に食料生産・確保から切り離されているわけではない。文化人類学では，人類の食料確保の方法を生業論という領域で議論してきた。本章も，基本的には生業論の視点から経済を論じたい。

　また，食料の問題は単に「栄養価があればそれでよい」では済まない。人間が文化的に「食べてよい」と感じるものと，生物的に「食べられる」ものの間にはギャップがある。有名な例としては，イスラム教徒にとっての豚肉などの宗教的禁忌があげられるが，日本とて例外ではない。

　筆者はモンゴル人の知人から「日本人は海の虫を食べるのか？」と尋ねられたことがある。よく話を聞けばそれはエビだったのだが，いくら当方が「美味しい」と説明しても，彼の反応は一貫して「なんでそんな気持ちの悪いものを食べるのか？」というものであった。このように，食料の問題は文化の問題とも深く関わっているのである。これはつまり，経済の問題は，少なくともある部分に関しては確実に文化の問題と切り離して論じることが難しいことを示している。

2　生業の歴史

　人類史のなかで99％以上の間，生業は採集・狩猟のみだった。つまり野生の動植物を何らかの方法で集めてきて，それを食べるというものである。採集・狩猟と並置されるが，日々の生活を維持するという意味でより重要なのは採集である。なぜなら，採集は比較的安定して食料が確保できるのに対し，狩猟はいつも成功するとは限らないからである。特に，野生のシカやゾウといった大型獣は，たまに食べられるご馳走の類である。事実，20世紀まで現存した世界各地の採集・狩猟民の民族誌的記録によれば，狩猟で得られた肉に対する高い価値づけは各地で見受けられるものの，カロリー摂取量としては採集で得られた植物や貝類などが上回る傾向が強い。

　採集・狩猟生活の基本的な発想は，「食物は必要なときに取り，不必要に蓄積せず，獲物はみなで分ける」である。そのため，日々の食料確保に要する労働時間は思いのほか短い。ただし採集・狩猟生活の最大の難点は，一般に高い人口密度を維持することが難しく，また食料確保のために頻繁な移動が必要となる点である。

　人類の生業には採集・狩猟に加えて農耕と牧畜が存在するが，農耕と牧畜の開始は人類史スケールでは「つい最近」のことである。農業は，野生植物のなかから人間に都合のよい特性をもつ個体を選別し，そうした個体を集中的に保護し繁殖させることで特性を安定化させた（栽培化した）植物から食料を確保する。また，牧畜は野生動物を対象に同様の行為（家畜化）を行った食料確保の方式である。ただし，ユーラシアの牧畜の場合には単に肉を利用するだけでなく，乳を利用するケースが多い。いずれにせよ，採集・狩猟と比べれば人間側からの働きかけが大きい食料確保の方式である。また，食料を得るまでのプロセスに長い時間がかかる点も特徴である。

　現在，最も古い農耕はバナナ，ヤマノイモ，サトイモなどを対象とした根栽農耕であると考えられているが，人類により大きな影響を与えた栽培植物は穀物である。穀物は主に温帯に分布し，貯蔵可能な種子を播いて栽培す

る。代表的な作物はコムギ，オオムギ，コメ，トウモロコシであり，オオムギとコムギは西アジアで，コメは東アジアで，トウモロコシは中央アメリカで栽培化された。西アジアにおけるコムギとオオムギの栽培化が始まったのは現在から約1万年前と考えられており，当時の環境変動に抗して食料確保を目指した人間活動が穀物の栽培化をもたらしたと考えられる。穀物は生産力が高く，保存性にも優れるため飢餓への対応力は高いが，一方で栽培期間が長いという難点もある。そのため作物の実りを祈る儀礼が発達し，また儀礼を主宰する専門の司祭が発生することで，人類は国家を有する社会（文明社会）を生み出したと考えられている。都市の発生も穀物栽培の開始を契機とする。

　牧畜は，現時点では最も新しいかたちの生業であると考えられている。家畜として歴史の古い動物にはイヌ（約1万2,000年前）やブタ（約1万年前）があげられるが，牧畜は群居性有蹄類（群れで生活する草食動物）の飼育に依存した生業であるため，これらの動物は対象とならない。ユーラシア大陸における牧畜の開始は，西アジアで約1万年前にヒツジ・ヤギの家畜化が始まったことによる。

　家畜化は当初，肉を目的として動物を飼育したのだろうと想像されるが，牧畜という生業に重要なのは搾乳と乳製品生産の開始である。肉と乳製品の違いは，家畜を殺すかどうかという点と，保存性である。当然ながら，肉は動物を殺さずには食べられないが，乳製品は母畜も子畜も生かしたままで食料を得ることができる。また温暖な西アジアでは肉は日持ちしないが，乳製品は保存が可能である。こうして家畜に依存する食生活が確立し，家畜頭数が増加するなかで農耕集落から離れ，家畜飼育を専業とする人々が出現するに及んで，牧畜という生業が出現したと考えられている。

　その後，同様の群居性有蹄類としてウシ，ウマ，ラクダ，トナカイの家畜化がなされるが，各動物種の家畜化はそれぞれ2000年程度の時間間隔があると考えられている。また，アメリカ大陸ではラクダ科のリャマとアルパカの家畜化がユーラシア大陸とは別個に発生したが，アメリカ大陸での家畜は毛と運搬用に特化し，搾乳は行われなかった。

　牧畜が群居性有蹄類の飼育に依存する理由は，以下の通りである。まず，

これらの動物は群れを成して行動するため，群れ単位でのコントロールが容易である。また，これらの動物を放牧する場所としては草原が適地となるが，西アジアから東アジアにかけての内陸部には放牧に適した温帯草原（ステップ）が広がっている。こうした草原はイネ科の植物が多数を占め，その多くは人間の食用には適さない。また草原は乾燥地であり，一般に農地への転用に不向きである。つまり草食動物の放牧によってこの草原が，人間の食べられる食料へと変換される点に大きな意義がある（平田 2013）。

　また，ユーラシアではウマの家畜化は生業とは異なった点でも大きな意味をもった。ウマは高速移動の可能な移動手段であり，騎馬と弓矢を組み合わせた騎兵は前近代においてきわめて強力な兵種であった。特に東アジアにおける前近代史では，華北以南の農耕社会とモンゴル高原を中心とする牧畜社会の関係性が，社会変化の原動力と呼んでも差支えないほどの大きな影響力をもった。王朝の都も，長安（現在の西安）や北京のように農耕社会と牧畜社会の境界地域におかれるケースが少なくないのは，農耕社会の生産性と牧畜社会の軍事力の両方をコントロールすることで安定的な王朝が維持されてきたことの証左である。

　また現在においても，牧畜社会の存在が東アジア地域の国家やエスニシティ，経済体制のあり方に大きな影響を残している。本章ではそうした，現在の我々には馴染みの薄い反面，東アジア諸社会に大きな痕跡を残している牧畜とはどういう生業なのか，そして近代国家システムのなかで牧畜という生業の現状はどうなっているのかを，モンゴル国（以下，本章ではモンゴルと表記）を例に解説していきたい。

3　モンゴル高原における家畜と食料

　モンゴルではヤギ，ヒツジ，ウシ，ウマ，ラクダという5種類の家畜が放牧対象である。表12-1はモンゴル牧畜民の家畜分類および用途を示したものである。家畜は小家畜と大家畜に大別される。小家畜とは基本的に牧夫が群れを管理して放牧している家畜であり，大家畜は基本的に群れが放し飼い

表12-1 モンゴル牧畜民の家畜分類および用途

	基本分類	用途	備考
小家畜	ヒツジ ヤギ	肉, 毛, 皮, 糞, 乳 毛, 肉, 乳	ヒツジとヤギを「ヒツジ（ホニ）」と総称する
大家畜	ウマ ラクダ ウシ	乗用, 乳, 毛, 糞 運搬, 乗用, 毛, 乳 乳, 運搬, 肉, 糞	

注）用途は重要な順に示した。

にされており，搾乳や調教，あるいは物資の運搬などといった実際上の必要に応じて捕獲され，連れて来られる家畜である。なおヒツジとヤギは一緒の群れで放牧されており，両者を総称して「ヒツジ（ホニ）」と呼ぶこともある。

なお，ここで述べている「用途」とは，自家使用（消費）としての用途であり，これ以外に交易の対象や運搬手段としての使い道が存在する。かつて，家畜を上回るスピードの運搬手段が存在しなかった時代には，家畜は生きたまま歩いて，また毛皮などの物資はラクダもしくはウシの引く荷車によって移出されていた。現在では，ヤギの柔毛であるカシミアの商品価値がずば抜けて高いため，顕著な頭数増加が見られる。また糞は，木材資源に乏しいステップにおいて重要な燃料であり，粒の小さいヒツジの糞はゲル（移動住居）の下や家畜小屋の床に敷く断熱材としても有用である。

さて，再び家畜の自家使用としての用途に着目すると，それぞれの家畜に異なった主用途が想定されていたことがわかる。ならば，牧畜民としては単一種の家畜に特化するより，全種類の家畜をバランスよく所有する方が合理的である。またそれぞれの家畜は，苦手な環境がそれぞれ異なる。例えばヤギはヒツジと比べて寒さが苦手であるが，高温や乾燥には耐える。これは，寒雪害や干ばつといった，モンゴル高原をしばしば襲う自然災害に対して，全種類の家畜を有することが牧畜民にとってリスク分散の意味合いをもつことを意味している。

次に，表12-1で「肉」や「乳」と書かれた食料としての用途について見てみよう。我々日本人は牧畜民について，毎日家畜の肉ばかり食べて生活し

ているという印象を抱きがちである。また当のモンゴルの人々自身も，好きな食べ物を問われれば躊躇なく「肉」と答える人が多い。

　しかし彼らの「肉が好き」という嗜好は，「肉ばかり食べる」という実践とは必ずしも一致しない。我々とて，経済上，健康上，あるいは文化的理由などにより，好きなものばかり食べているわけではないのと同じである。モンゴル牧畜民にとって，家畜は大好きな肉の供給源であると同時に，彼らが所有するほぼ唯一の資産であり，外部から購入する物資の支払い手段として活用されるべきものでもある。これは前近代の物々交換で交易がなされていた時代に限った話ではなく，貨幣経済が浸透した現在においても「ヒツジ30頭でトラックを1台買った」などと語られることは珍しいことではない。

　彼らにとって肉を食べることは，資産を食いつぶすことにほかならない。彼らにとって食べてもよい家畜とは，次の冬を越せそうにない老畜や，再生産には関与しない去勢オスであるが，それでも売却可能な資産であることに変わりはない。そこで，肉を浪費しないためにも乳製品の生産と消費は必須の活動となる。乳はそのままの状態では容易に腐敗するため，発酵や加熱，脱水などの加工をして，保存性が高く風味を楽しめる乳製品が製造される。

　実際，モンゴルにおける乳製品のバリエーションは豊富で，複数種の家畜乳から多様なクリーム，バター，チーズ，ヨーグルトなどのほか，酒までもつくりだす。本地域では家畜の出産シーズンが春であり夏には乳量が豊富になることから，夏は乳製品の生産に従事するシーズンで，食生活も乳製品が中心となる。なお，夏の食生活が乳製品中心となる理由は，ほかにもある。冷蔵庫などの保存設備のないステップで夏場に家畜を殺した場合，肉が傷む前にすべてを食べきらなければならない。そのためには大人数が集まらなければならない。つまり宴会を催すような状況が必須となるためである。ちなみにヒツジ成畜は1頭で50kgにもなり，そこからとれる肉の総量は20kgを超える。

4　食の季節性と非自給的食料の存在

　モンゴルにおける肉の一般的な調理法は塩ゆでで，各自がナイフを手に肉を切り取って食べる。肉のゆで汁はスープとして飲んだり，うどんの出汁として活用したりする。内臓も基本的には塩ゆでである。血液は小麦粉や野生のネギ類などと混ぜて腸詰（ブラッドソーセージ）にして，同じく塩ゆでにして食する。特に腸詰は殺したての家畜でなければ味わえない珍味で，客人をもてなす宴会ではヒツジを殺して用意すべき逸品である。

　夏は乳製品が牧畜民の食生活の中心で，一部は冬季にも食するよう長期保存に適したタイプの乳製品に加工される。秋になり草が枯れると乳量が減少するだけでなく，出産年齢のメス畜は春の出産シーズンに向け妊娠期間に入る。家畜は妊娠すると泌乳（ひつにゅう）が止まるため，冬季に搾乳可能な家畜は人為的に妊娠させなかった，あるいは何らかの事情で妊娠しなかった個体に限られるようになる。そのため冬季に確保できる乳量は日々の乳茶（モンゴル風ミルクティー）に入れる程度にとどまり，乳製品を十分に食べることはできなくなる。そこで冬の食料として消費されるのが肉である。

　寒冷なモンゴル高原地域では，だいたい11月中旬を過ぎると春まで終日氷点下の日が続くようになる。これは２つの意味で肉の消費を促す。第１に，倉庫用に小屋やゲルを確保してそこに肉を保管すれば，長期保存が可能になる。つまり１世帯で１頭の家畜を，時間をかけて消費することが可能になる。第２に，冬季は寒さが厳しいため，家畜は体力を非常に消耗し，体重が大幅に減る。特に高齢の家畜は越冬に耐えられない可能性がある。そこで肉がついている秋のうちに殺して，冬の食用に回せば合理的だ。こうしてモンゴルでは，秋に大量に殺した家畜の肉を冬の間に消費するという食生活が定着している（図12-1）。

　とはいえ，モンゴルの牧畜民は決して自給自足的な食生活を送っているわけではない。上述した季節性のある食生活は，家畜から得られる食料を中心に紹介したが，そのなかで簡単に言及しているように，彼らはうどんなどの

穀物製品や茶も「伝統的モンゴル料理」として日常的に食している。モンゴル国において社会主義時代末期に小麦の自給を達成した歴史的事実は存在するものの、歴史上のほとんどの時期において穀物は外部地域、多くは華北から移入されてくるものであり、少なくとも牧畜民が自ら農耕に携わることは稀であった。さらに茶に関しては温暖な華南が主要生産地であり、モンゴル高原近辺で生育できる植物ではない。

　こうした食材が彼らの日常生活に古くから組み込まれているということは、モンゴル牧畜民の生活が中国社会との交易を前提として成立していることを意味している。ユーラシア大陸には多様な牧畜民が住んでおり、そのなかで、モンゴルのように牧畜専業に近い牧畜民というのは珍しい存在である。特に周囲の農耕民や都市民に対して被支配的な地位に甘んじている弱小集団では、半農半牧など複合的な生業に従事するのが一般的である。つまりモンゴルが牧畜専業的な社会を構築しているのは、自らが農耕に従事しなくても農産物を供給してくれるだけの余剰生産のある大規模な農耕社会（中国）に接しており、彼らと交易関係を維持できるだけの生産物および実力を維持できたがゆえの歴史的産物であると言えよう（松井 2000）。

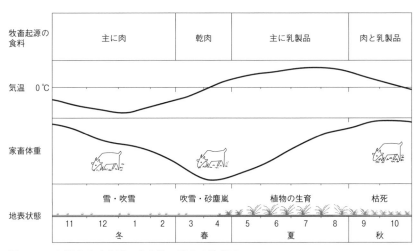

図12-1　気温と家畜体重の変化等に関する模式図
出典：Batoyun, et al.（2015）より筆者改変。

5 放牧の方法と季節移動

すでに述べたように,小家畜の群れは牧夫が行動を管理する必要があるが,モンゴルでは一般に,ウマに乗った1人の牧夫が放牧可能なヒツジ・ヤギ群の最大規模は1,000頭であると考えられている。とは言え,必要人数は1,000頭の群れであろうが100頭の群れであろうが1人である。となると,多くの小家畜をもたない者にとっては,もし群れを合同して放牧できる相手が見つかれば,日々の労働の低減につながる。仮に2世帯で合同群を構成することができたなら,単純計算で放牧労働は半分で済むことになる。事実,彼らはしばしば宿営地集団(ホトアイル)と呼ばれる数世帯の集団を形成し,日々の放牧を共同で行うとともに,季節移動も共同で行うことが多い。

季節移動とは,牧畜民が季節的に居住場所を変えることを指している。季節移動を行う理由としては第1に,年間を通じて1ヵ所に定住すると家畜に与える飼料が不足するためである。ステップは決して植生の豊かな場所ではない。しかも小家畜は日帰り放牧を基本としており,基本的には宿営地から2〜3kmの範囲内で放牧している。

写真12-1　モンゴル国における放牧(2010年,筆者撮影)

その範囲の草を家畜が食べ尽くしてしまったら，そこで放牧を続けるのは得策ではない。なぜならエサ不足で家畜の体重が減ってしまい，越冬時の死亡リスクが高まるからだ。また，家畜が植物の根まで食い尽くしてしまったら，草原の砂漠化を引き起こし，植物が容易に回復しないことが経験的に知られているからだ。それは自分たちの利用可能な草原を狭めることにもつながるため，牧畜に愛着を抱く人々は何らかの対策を講じることになる。そのとき選択肢は2つある。つまり自分の放牧範囲外の草を刈り取って運んでくるか，家畜をつれて草の豊富な場所に移動するか，である。モンゴル高原のステップは幸いなことに人口密度が低く，また家畜は自ら歩いて移動するし，住居も移動可能なゲルである。それらの条件を考慮した際，家畜をつれて住居ごと移動した方が労力が少なくて済む。

　また季節移動の第2の理由として，季節により好適な住地が異なる点があげられる。夏季は気温が上がるため，家畜に水を飲ませる必要が高まる。川や池といった水辺の草原は水へのアクセスがよいだけでなく，土壌水分量が多いので草生もよくなる。こうした場所が夏季の好適地となるが，冬季は相対的な標高の低さが災いとなる。厳寒期のモンゴルでは，こうした場所に冷気が溜るため，周囲より気温が低くなってしまうが，これは家畜の越冬に不利である。そのため，冬季は丘の南斜面のような気温の高い場所が好適地となる。

　このように，第一義的には牧畜民が自らの資産である家畜を保全するための季節移動が，結果として草原の持続的な利用を可能としている。なお，モンゴル牧畜民は，牧畜民は季節移動を行うべきであるという価値観をもっている。もちろん貧困のため，ラクダやウシなど季節移動に必要な運搬手段としての家畜をもたない牧畜民が存在することも事実だが，彼らの家畜は少ないので季節移動が必要なほど草を食べ尽くす心配はない。また，裕福なパートナーと宿営地集団を組めば移動手段を提供してもらえることもある。

　一方で大規模家畜所有者にとっては，移動はさらに切実な問題となる。大規模家畜所有者，特に小家畜を1,000頭以上所有するケースにおいては複数の群れに分けての放牧が必要になるため，労働力および草の不足が深刻とな

る。一般にこうした場合は，自分とは別の場所で放牧する牧民に報酬を払って家畜群を委託することで解決を図る。むろん委託先においても，畜群の規模が大きくなれば頻繁な移動が必要となるし，ときに季節移動の時期やルートを委託元の家畜所有者が詳細に指示することもある。

事実，歴史上，大規模な委託元であった王侯貴族や社会主義体制下の農牧業協同組合（ネグデル）などは，単一家畜種の大規模群を組織して高い技術を有する牧民に預託し，季節移動を頻繁かつ長距離に行わせることで常に食べ頃の状態の新鮮な草を畜群に与え，家畜増加率を最大化していた。彼らは小規模家畜所有者と比較して自給的な傾向は低く，むしろ自らの可処分所得を最大化し，王侯貴族であれば中国商人から，農牧業協同組合であれば経済相互援助会議（コメコン）諸国からの物資の購入を最大化する目的で牧畜を行った（白石編 2010）。

6 社会主義化と市場化

モンゴルでは1921年に社会主義革命が起こり，旧ソ連に次ぐ世界で2番目の社会主義国（モンゴル人民共和国）となった。社会主義体制は1992年に同国が民主化・市場主義経済化に転じるまでの約70年間続き，モンゴル牧畜民の生業のあり方にも大きな影響を与えた。社会主義体制の特徴は多々あるが，本章の経済に関わる点で第1にあげるべきは計画経済，つまり国家が生産・流通・消費の3分野についてあらかじめ計画を立て，経済に関わる各セクターはその計画を遂行するかたちで活動を行う形態である。もちろん牧畜も計画経済に組み込まれ，牧畜民は農牧業協同組合の労働者として牧畜を行ってきた。また，社会主義体制では生産手段は基本的に国有であり，家畜も集団化が進んだ1950年代末以降は大半が農牧業協同組合もしくは国営農場の資産となった。

社会主義体制下のモンゴルでは，国家主導で各種の開発政策が実施された。例えば首都ウランバートルの都市整備や道路網・通信網などのインフラ整備，発電所や工場の建設などがあげられる。こうした開発に必要な物資で

ある石油や機械は旧ソ連を筆頭とする社会主義圏の経済相互援助会議（コメコン）諸国からもたらされたが，モンゴルの主要な支払い手段は畜産物，特に肉や皮革，毛皮などであった。ただし旧ソ連との交易は多分に援助的な側面も強く，結果としてコメコン諸国製の家具，食器，機械類，食品などがモンゴルに持ち込まれ，その結果，牧畜民の生活形態に変化がもたらされた。

一方，家畜を増産するために援用された技術そのものは，社会主義という名称やその理念ほどには新しくなかった。全国に農牧業協同組合や国営農場がつくられ，牧畜民はその指示にしたがって牧畜に従事したが，それは上述したように王侯貴族などの大規模家畜所有者が貧困層を中心とする牧畜民を組織して放牧を委託する構図と大差なかった。

ただ社会主義体制下で大きな変化があったとすれば，かつて存在した小規模家畜所有者の生き方が消滅に瀕したことであろう。彼らは外部から交易で入手する物資は必要最低限にとどめ，極力自家保有の家畜を利用することで生活することを志向していた。つまり5種類の家畜を少しずつ保有して自給的用途や運搬に活用し，季節移動は人間の負担が大きいので必要最小限にとどめるなど，最小限の労働投下で最大限の生活手段の確保を目指す牧畜のやり方であった。だが1950年代末から1990年まで，モンゴル牧畜民の95％以上が農牧業協同組合に組織される状況のなかで，こうした生存戦略は牧畜民の民俗知（ローカルな知識体系）から失われていくことになる。農牧業協同組合の労働者としての牧畜民には，雇用主の目的に合致した牧畜の実践しか許されなかった。

1990年代前半，社会主義崩壊に伴いモンゴル経済は大混乱に陥った。そのきっかけは，旧ソ連がモンゴルへの輸出品の決済手段として従来認めていた家畜による物々交換を停止したためである。その結果，モンゴル政府にとっては国家が牧畜民を督励して畜産品の増加を図る動機が消失してしまった。そこでモンゴル政府は社会主義体制を捨て，農牧業協同組合や国営農場も解体した。こうして家畜は再び牧畜民の私有財産となった。つまり，牧畜民は労働者から突如として自営業者になったのである。それは，生産に関して指示を受けない代わりに，販売先が保証されず，自力で販路を確保しなければ

ならないことを意味した。

　その結果が，牧畜民および家畜の激増であった（図12-2, 3）。経済混乱の結果，都市の国営企業を中心に大量の失業者が発生したが，彼らは「肉を食いはぐれる可能性が低い」という理由から，多くが牧畜民に転業した。また家畜は，貨幣の代替物としても有効だった。現地通貨はインフレで日々価値を下げていたが，主食である肉の供給源である家畜の価格は肉の価格とリンクしているため，安定していた。一方，社会主義時代以来の牧畜民は，家畜を増やすための牧畜のノウハウを蓄積していた。そして，そうしたノウハウを活用して個人資産としての家畜を増やすのは，社会主義時代の手厚い社会保障を失った牧畜民の生活防衛意識にもかなうことであった。

　ただし，その結末は不幸なものであった。1999年から，モンゴルは3年連続して寒雪害に襲われ，その結果，家畜頭数は社会主義体制の末年のレベルへと急減した。つまり，10年かけて増やした資産が3年で消えてしまったのである。その後，家畜頭数は再び急増するが，またもや2009年の寒雪害で急減するなど，不安定な増減は現在に至るまで続いている。なお，2001年以降の家畜増加の傾向として，ヒツジ・ヤギの小型家畜が増える一方，ウシ・ウマといった大型家畜は1999年の水準を1度も回復していない。これは小型家畜の増殖ペースが速い（早く繁殖年齢に達し，年2回の出産も可能である）点に加え，商品化もしやすいためである。

　ヒツジの主用途は肉，ヤギはカシミアである。カシミアは高価である上，輸出も盛んに行われている。例えば日本のファストファッション店で売られているセーターにも，モンゴル製のカシミアが使われている商品がある。一方，肉は国際商品という点ではカシミアに及ばない。現代の肉の輸出入においては，2国間で家畜衛生条件という取り決めが必須である。だがモンゴルは口蹄疫という家畜感染症の常在国であるため，日本を含めほとんどの国と偶蹄目（ヒツジ，ウシなど）の生肉に関する家畜衛生条件が締結できない。ロシアは歴史的経緯や肉不足を背景に現在でも生肉（家畜生体を含む）の輸入をしているが，中国は2015年に加熱処理された肉に限って輸入を始めたばかりである。そのためヒツジは基本的には国内市場向け産品である。ただし肉

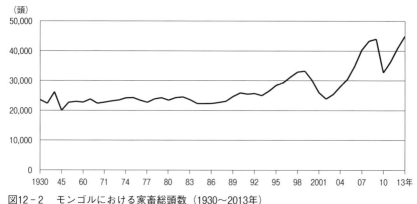

図12-2　モンゴルにおける家畜総頭数（1930～2013年）
出典：モンゴル国家統計局提供資料より筆者作成。

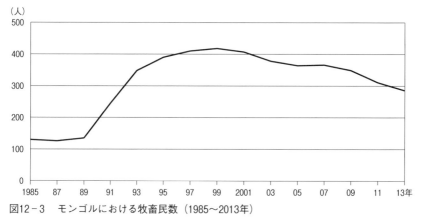

図12-3　モンゴルにおける牧畜民数（1985～2013年）
出典：モンゴル国家統計局提供資料より筆者作成。

は生体で運搬すれば遠くへも運べるため，全国の牧畜民が市場に参入できる。

　一方，ウシの主用途は乳である。乳および乳製品は都市居住者向けの商品となりうるが，総人口の45％が首都ウランバートルに集中している現状では，それ以外の地域には市場がほとんどない。しかも乳やバターなどは傷みやすいため，都市郊外に住む牧畜民しか商品化できないのが現状であり，それ以外の地域の牧畜民は専ら自家用にウシを利用している。そのため，ウシを増加させる動機に乏しいのでヒツジと比べて頭数増加が鈍い（風戸・尾

崎・高倉編 2016)。

　ウマもウシと同様，主用途（乗用）は基本的に自家用である。しかしウマは同時に，民族スポーツ大会ナーダムの花形競技である競馬に欠かせない。モンゴルの競馬は最長25kmにも及ぶ長距離レースで，騎手は子どもだが，主役はウマの持ち主であり調教者でもある成人男性である。牧畜民のなかにはウマを偏愛し，経済的利害を度外視してウマを繁殖させている人物が少なからず存在する。実際，地方の牧畜民社会のなかではナーダムで勝てるウマを調教できる人物は称賛の対象であるし，調教者のなかにはナーダム前の下馬評で自分のウマが高い評価を受けることに無上の誇りを感じると公言する人物も存在する。言い換えれば，モンゴルのウマは経済の論理より威信の論理で語るべき動物なのである。1999年以降，ウマの頭数はウシと比べて常に高い水準を保っているが，その背景には速いウマを尊ぶモンゴルの文化が存在する。

　さらに，近年はモンゴルでも地方の人口減少と首都への過度の人口集中が問題視されているが，競馬の盛んな地域では牧畜民の人口減少が少ないことも明らかになっている。つまりモンゴルの牧畜民のなかには，競馬を続けたいがために牧畜を続けている人々が存在するのである。こうした，文化的な動機が人口減少を食い止めるメカニズムは，日本の過疎問題を考える際にも応用可能であろう。つまり人間は現代においても収入を唯一の尺度として居住地を選択しているわけではなく，そこでいかに生きたいのか，という文化的動機も少なからぬ影響を与えているのである。

参考文献

風戸真理・尾崎孝宏・高倉浩樹編　2016『モンゴル牧畜社会をめぐるモノの生産・流通・消費』東北アジア研究センター。
白石典之編　2010『チンギス・カンの戒め――モンゴル草原と地球環境問題』同成社。
平田昌弘　2013『ユーラシア乳文化論』岩波書店。
松井健　2000『遊牧という文化――移動の生活戦略』吉川弘文館。
Batoyun, T. et al. 2015. Who is Making Airag (Fermented Mare's Milk)？: A Nation-Wide Survey on Traditional Food in Mongolia. *Nomadic Peoples* 19（1）: 7-29.

●読書案内●

『ユーラシア乳文化論』平田昌弘,岩波書店,2013年。
　　　　乳加工は多くの地域で牧畜の根幹をなしているが,それがどのように発明され,伝わっていったのかは意外とわかっていない。この本では,乳加工という人類史上の大発明が,どのように伝わり,地域ごとに変化したのかを壮大なスケールで示してくれる。

『鵜飼いと現代中国——人と動物,国家のエスノグラフィー』
　　　　卯田宗平,東京大学出版会,2014年。
　　　　経済発展とその環境へのインパクトが注目を浴びている中国において,鵜飼いという特殊な漁労民はどう対応しているだろうか。江西省鄱陽湖で生きる鵜飼い漁師を中心に描かれる民族誌は,ステレオタイプとは違った中国像を示してくれる。

『遊牧・移牧・定牧——モンゴル・チベット・ヒマラヤ・アンデスのフィールドから』稲村哲也,ナカニシヤ出版,2014年。
　　　　牧畜社会の調査は,環境的に厳しい場所でのフィールドワークになりがちである。著者はモンゴル・チベット・ヒマラヤ・アンデスの各地で長年フィールドワークを行ってきたベテランであり,アクセスしづらい調査現場の風景を伝えてくれる。

【コラム12】

モンゴル国と内モンゴル

中村知子

　現在モンゴル国には約300万人，中国内モンゴル自治区には約420万人のモンゴル族が住んでいる。両地域のモンゴル族と接すると実におもしろい。両者ともモンゴル語を操るが，内モンゴルの人々の会話には中国語が，モンゴル国の人々のそれにはロシア語が混じる。そのため両者が会話をしても互いに6割程度しか理解できないとも聞く。それも頷ける。別の国家となって早100年弱経つのだ。

　それ以前から両者には違いがあった。清朝時代，現内モンゴル領域は清朝の直接統治下にあり，軍事面等で密接な関係を築いた。また辺境部にしては珍しく漢族の移住が黙認されたことは現在の多民族混住地域形成につながった。一方，現モンゴル国領域は清朝の間接統治下にあり，前者ほど密な関係ではなかった。この両者の差が，清朝崩壊に伴うモンゴルの独立運動の際に異なる国家となる道を歩む素地となった。モンゴル人民共和国（現モンゴル国）ができると旧ソ連（ソ連とは，1922年に成立した，現ロシアを中心とするソビエト社会主義共和国連邦の略称）は人的金銭的援助を拡大する。一方，内モンゴルは中国の一自治区となった。以来両者はそれぞれ異なる国家の影響を受けることとなる。さらに，中ソ対立期（1956年～）にモンゴルが旧ソ連の前線となってから1990年代まで，中モ国境は封鎖された。

　国家体制の違いは景観，生業等にも大きな違いを生んだ。現在でも移動式牧畜を継続しているモンゴル国に対し，農耕民的発想の諸政策が敷かれた内モンゴルでは，土地を区分けし定住式牧畜を行っている。内モンゴルでは中華系の食材，調理方法が浸透している一方で，モンゴル国では旧ソ連のように洋食や社交ダンス等が根づくという文化面の差も生んだ。そのため互いに対しては「同じ民族だが異なる人々」と評する。しかし両者とも「モンゴル」という呼称やチンギス・ハーンに帰属意識をもっていると語る。

　「モンゴル」に興味をもった方はぜひ，両地域に足を運んでほしい。「モンゴル」はあなたに，「民族とは何か」「国家と文化」など様々な人類学的テーマを問いかけてくれるだろう。

第13章

人類学の応用
多様な選択肢の可能性を生む学問

尾崎孝宏

人類学は役に立つか？ 実は、課題発見で人類学は思いのほか役に立つ。本章ではその一例を、中国の環境・開発政策の問題点と向き合った国際研究プロジェクトから考えてみよう（生態移民対象世帯，2002年，筆者撮影）。

1 人類学は役に立つか？

　この本も最終章に至り，おそらく少なからぬ読者の方が，「人類学という学問は何となくわかった。でも，この学問はどういう役に立つのだろう？」という疑問をもったのではないだろうか。ただし，それは本書の執筆陣の説明が十分でないと言いたいわけではない。筆者が大学で人類学の講義をすると，必ずといってよいほど受ける質問なので，この本の読者もそう感じるのではないか，と推測しただけである。知的好奇心は満たしてくれるが，役に

立たないのではないかという疑問は，実学重視の傾向が強まる現在の日本の大学において，無視できない話である。

もちろん，「学問はそもそも役に立たなければいけないのか？」という類の「そもそも論」で返すこともできるのであるが，教育者としてはあまり感心できない議論のスタイルである。本章では別の答えを模索するために，まずは人類学の「役に立ち方」から考えてみたい。

実は，「役に立ち方」をよく考えてみると，2種類あることがわかる。1つは「課題解決」の役に立つことであり，もう1つは「課題発見」の役に立つことである。「課題解決」では問題はすでに明らかで，ゴールも設定されている。例えば，「省燃費の自動車を開発する」という課題を想定すればわかりやすいだろう。そこでは1km走るのに消費する化石燃料が少なければ課題の解決となる。

一方，課題発見で目指すのは，問題そのものを見つけ出すことであり，ゴールもその過程のなかで発見される。上の例え話を続けると，ハイブリッド車や電気自動車は，確かに走行時に消費する化石燃料が少なかったり（ハイブリッド車），ゼロであったり（電気自動車）する。しかし，自動車を製造してから廃棄するまでのプロセスに必要なすべてのエネルギーに着目すれば，話はそう単純ではないだろう。また電気自動車は，充電する際の電気を考慮すれば「ゼロエミッション」とは言えない。

工場を稼働させるにも，電気をつくるにも，現状では多かれ少なかれ化石燃料の消費は避けられない。ただしここまでは，あくまでも量の問題である。可能かどうかは別として，トータルでの化石燃料の消費を計算し，それで白黒つければよいではないか，と論じる人もいるかもしれない。しかし，さらに考えてみよう。単純に化石燃料の消費が悪いのであれば，化石燃料の消費を避けるために原子力発電に切り替えればよいのだ，という議論も成り立つ。少なくとも上述のゲームのルールである「化石燃料の消費が少ない方が善である」のなかでは，「反則」ではない。だが，こうした議論は，少なくとも現在の日本では受け入れられにくいだろう。

こうした思考実験からわかることは，設定された課題そのものは量的な問

題であったとしても，課題の設定つまり発見のプロセスにおいては，質的な問題が避けて通れないことである。論理的には，課題というのはどのようにでも設定できる。一方で，選び取られる課題は，選び取った人々の価値観，つまり文化が反映されていると考えられる。文化の厄介なところは，人は往々にして自文化のバイアスに無自覚な点である。しかし，多様な文化を保持する人々が当事者として関わる案件において，文化的バイアスに無自覚であることは不幸な結果をもたらしがちである。

　本書は文化人類学の入門教科書であるが，これまでの章の内容のようなことを基礎として，実際には少なからぬ人類学者が社会の役に立とうと努力している。例えば，教育人類学や医療人類学と呼ばれる応用分野があげられる。本章では，そもそもの人類学の役立ち方を考えつつ，開発人類学や環境人類学と呼ばれる分野に含まれることもある実践の一例を示していく。事例の舞台は，中国内モンゴル自治区（以下，本章では内モンゴルと表記）における近年の開発と環境に関わる案件である。

2　内モンゴルにおける開発史

　開発とは，生活の質の向上や生産性の増大を求めて，現状に社会的，経済的に介入する活動であるが，生活の質，生産性という概念には，文化的バイアスが反映されやすい。生活の質に関しては，何をよりよい生活として想定するかによって当然答えが変わってくるし，生産性についても，何に対する効率を設定するか，例えばカロリーベースなのか現金収入なのか，あるいは投入する労働量なのかで全然違った答えが導かれうる。

　本章で取り扱う内モンゴルは，牧畜（主たる担い手はモンゴル族）と農耕（主たる担い手は漢族）という基本的な発想を異にする生業の境界地域として，もともと牧地であった場所が農耕地化される，あるいは牧地に農耕民的な土地制度が導入されるかたちでの開発が近代以降，顕著に進行した地域である。もちろん，その開発の主体は牧畜民ではなく，農耕民および農耕民的な文化的志向性をもつ政府である。

内モンゴルは17世紀前半に清朝の版図に組み込まれたが，内モンゴルを実質的に支配していたモンゴル諸王侯は，清朝の軍事的同盟者という位置づけで，彼らの文化的特徴は尊重され，清朝が諸王侯の内政に干渉することはなかった。徳川幕府と諸大名の関係をイメージしてもらえばよいだろう。モンゴル王侯およびその領民は基本的に牧畜民であり，漢族農耕民による牧地の開墾および土地の占有は，建前として認められていなかった。
　モンゴル高原の牧地には，伝統的に明確な占有権が設定されていない。というのも，乾燥地域であるモンゴル高原は年によって降水量の偏差が大きいため，良好な牧地の分布が年々同一ではないからだ。しかも人口密度が低いので，そのときどきの状況に合わせて良好な牧地へ移動した方が，1ヵ所の牧地に拘泥するより合理的である。こうした状況においては，ある空間を私的に占有する動機に乏しく，牧地は一定の集団による共有とされ，さらに災害などの困窮時においては，他集団による利用も妨げられることがなかった。
　だが，清朝による支配開始後ほどなくして，財政的に困窮した一部のモンゴル王侯は牧地の開墾権を販売することで借金返済を図るようになる。特にモンゴル高原の辺縁部に属する東部地域は標高が低く気温が高いため，農地への転用は比較的容易であった。農地へ転用された土地は権利関係が複雑に重層し，実質的に私有地となっていった。そしてモンゴル牧畜民は，農地化されて土地の利用原則が変化した場所を嫌い，農地化されていない土地へ逃げ込むことで牧畜を継続するか，自身も農耕民化することで生業を確保した。これはモンゴル牧畜民にとっては背に腹は代えられぬ，やむをえない選択であり，「開発」という語がもつようなポジティブな変化ではなかった。
　さらに清末の1901年から実施された「新政」以降，モンゴル高原本体の開墾が大々的に始まり，漢族移民による農業開発が推進されることになる。こうした傾向は現在の中華人民共和国に至るまで継続し，2006年現在，内モンゴルにおける草原総面積は自治区総面積の73.3％，耕地面積は同6.3％となっている。耕地面積の比率はモンゴル国の30倍以上となっている。
　一方，内モンゴルにおいて開墾を免れた牧畜地域に関しては，牧地の共有

を基本とする土地制度が1970年代まで前近代と大差なく保持されてきた。こうした土地制度に変更が加えられるきっかけとなったのは1980年代以降，実質的に社会主義的経済政策を放棄していく「改革開放政策」が推進されたことであった。農村部において，この政策変更は農地の請負制度，つまり世帯単位での実質的な私有化をもたらしたが，中華人民共和国はこの土地制度を牧地にも等しく適用し，牧地も世帯単位に分与されることになった。

なお，このように全国で同一の土地制度を志向するのは近代国家のもつ普遍的傾向なのだが，内モンゴルの場合それが土地制度の歴史的な転換を意味することになった。そして，内モンゴルでの土地の私有化を正当化するのに援用されたのは「コモンズの悲劇」論であった。これは多数者が利用できるオープンアクセスの共有資源が，乱獲されることによって資源の枯渇を招くことを指摘した理論で，ギャレット・ハーディン（Garrett Hardin）が1968年に『サイエンス』で発表した論文「The Tragedy of the Commons」で有名になった（Hardin 1968）。

内モンゴルにおいても牧地の環境保護のためには共有地では不適切で，私

図13-1　内モンゴルと西部

有化することで自らの牧地を責任もって管理し，結果として環境保護が実現されるという論理が展開された。一般的にモンゴル族牧畜民やモンゴル研究者にはこの理論は不評であり，そもそもモンゴルの牧地は完全にオープンアクセスとは言えない，あるいは移動によって条件の悪い牧地を避けることで当地の植生の過剰利用を避けることができ，結果として環境保護に適合的なのだ，などの異論も出された。しかし当時の中国情勢，特に地方社会の状況については情報の往来が限定的だったこともあり，結局，内モンゴル全土で牧地が分与された。

その結果として，1980年代から1990年代にかけて，牧地を有刺鉄線の柵で囲う「囲いこみ」が内モンゴルの牧畜地域ほぼ全域で広まり，現在に至っている。これが内モンゴルにおける18～20世紀までの開発史の概要である。

3　黄砂と西部大開発

牧地の環境保護を名目として実施された内モンゴルにおける牧地の私有化は，意図した結果をもたらさなかった。その象徴的な出来事が1999年に北京を襲った大規模な黄砂である。北京はまるで砂嵐のようになり，中央政府を驚かせた。

黄砂は，土壌中の小さい粒子であるダストが臨界風力以上にさらされると舞い上がり，風に乗って遠くまで運ばれることで発生する。黄砂は日本はもとより，北米まで到達することもあるが，その発生源の1つと目されているのが内陸アジアの牧畜地域であり，中国で言えば内モンゴルや新疆など西部の少数民族地域である（黒崎・黒沢・篠田・山中編 2016）。

黄砂の発生は主に春季であるが，地表の植生が乏しければ臨界風力は下がる。そのため，ある地域で以前よりも黄砂の発生が増加した場合，原因としてまずは地表の植生の減少が疑われる。牧畜地域における地表の植生の減少と言えば想起されるのが過放牧であり，現に北京の黄砂発生についても牧畜民による牧地の過剰利用が問題視された。つまり，世帯ごとに分配された牧地の適正管理ができていない，という解釈である。

一方，内モンゴル出身の生態学者などは1990年代以降の牧地の実質的私有化に伴う移動性の低下が植生減少の大きな原因の１つであると主張した。また中国政府が積極的に導入を進める定住型の牧畜は固定費用がかさむため，実際は政府（および政府系シンクタンク）が主張するような高収益は見込めないとも指摘した。彼らはむしろ，モンゴル国で行われている天然草原での放牧を主とする牧畜が収益面からも，文化面からも内モンゴルで行うべき牧畜のモデルであると考えていた。しかし，こうした主張は一般牧畜民の共感を呼んだものの，当時はそれ以上のアクションをもたらすには至らなかった。
　いずれにせよ1999年の黄砂は，こうした牧畜地域における環境政策の失敗を印象づける象徴的な出来事であった。また前年の1998年には長江で大洪水が発生し，これは上流部の山岳地域で開墾などにより過度に森林伐採が行われた結果であると解釈されたが，長江上流部もまた少数民族地域である。全般的に，中国の少数民族地域における黄砂，水不足，砂漠化，洪水といった自然災害の発生原因としては，過放牧や貧困に加え，少数民族の土地利用法の後進性といった，彼らの文化の負のイメージが強調されることが多い。例えば内モンゴルの農地は春に播種し秋に収穫するため，開墾も過放牧と同等かそれ以上に春季の植生を減少させる原因となるのだが，その点については大きな問題として取り上げられず，もっぱらモンゴル族による過放牧のみが問題視されたように，である。
　ところで，現在の中国が広大な少数民族地域を抱えるようになった原因は清朝の征服活動にある。清朝皇帝の皇位は明（中華皇帝）ではなく，元（モンゴル大ハーン）に由来している。そして内外モンゴル，チベット，新疆に対しては，清朝皇帝はモンゴル大ハーンの資格で統治していた。そのため，1911年に辛亥革命が起き，孫文が「中華民国」の総統に就任した際，これらの地域の人々は孫文を自らの君主であったモンゴル大ハーン位の継承者としては認めず，独立を目指した。結局，独立を達成しえたのはロシアの支援を取りつけられた外モンゴルだけであり，それ以外の地域は曲折を経ながらも中華人民共和国の版図に取り込まれ，現在に至っている。中華人民共和国の少数民族地域のなかでも上述の地域において特に独立傾向が強いのは，こう

した歴史的背景による。

そこで中央政府は，少数民族地域の環境問題の解決と，開発による経済的利益の分配を名目に，「西部大開発」という開発キャンペーンを2000年より始めた。むろん，これらの地域の独立機運を封じたいという中央政府側の思惑も，その陰の目的だと推測される。ここでいう「西部」とは，重慶，四川，貴州，雲南，チベット，陝西，甘粛，青海，寧夏，新疆，内モンゴル，広西，湖北省恩施土家族苗族自治州，湖南省湘西土家族苗族自治州，吉林省延辺朝鮮族自治州が対象であった（図13-1）。これらの地域は，中華人民共和国の国土の70％以上もの面積を占め，3.6億人（2000年現在）もの人口を抱える（愛知大学現代中国学会編 2004）。

西部大開発の重点政策はインフラ建設と生態環境保護が中心であった。インフラ建設については鉄道，道路，空港などの整備が急ピッチで進められ，また生態環境保護については，天然保護林事業，「退耕還林還草」（耕作地を林地や牧地へ戻す政策），北京・天津の砂嵐発生源対策などが実施されたが，そのなかで異彩を放っていた政策が生態移民である。

4　生態移民

生態移民という語は西部大開発と軌を一にして頻繁に使用された。ただし，中国独自の概念であるうえ，現実には多様な現象に対して適用されたため，簡単に説明できない。本来は「ある地域の生態環境を保護するため，あるいは失われた生態環境を回復するために行われる，人の移動行為もしくは移動する人々」を指していたと想像される（シンジルト 2005：3）。

この政策の背景には，西部地域の圧倒的多数は少数民族の居住する貧困地域であり，遅れた生業形態と生活様式が当該地域の生態環境を悪化させた一因であるゆえ，生態環境を保護するためには，彼らの生業形態と生活様式を改変する必要があるという，一種の社会進化論的な認識があることは否めない（シンジルト 2005：17-20）。社会進化論とは，人類の社会文化が地域や環境にかかわらず一律に遅れた段階から進んだ段階へと変化していくという理

論であり，19世紀後半に一世を風靡した。初期の文化人類学の一部も社会進化論が原点であり，また中国など社会主義政権の理論的支柱であるマルクスの理論も社会進化論の一変種である。

　生態移民が盛んに実行されていた2000年代の前半，生態移民は黄砂の発生を抑制するだけでなく，貧困緩和や現地の農牧業の近代化に役立ち，そして回復した森林や草原は観光資源として活用可能であるなど，あたかも万能な政策であるかのように喧伝されていた。しかし，現地の人々の固有文化に関する肯定的な言及が皆無だったことからも，前述のように中央政府が少数民族の社会文化を「遅れた存在」とみなしていたことが推測できる。

　内モンゴルにおいては，2003年に「退牧還草」事業が開始された。具体的には屋外での放牧が全面的に禁止（禁牧）あるいは季節的に禁止（休牧）され，種をまいて牧草を育てる人工牧地や飼料栽培を伴う舎飼いが推奨された。あるいは牧畜の継続が困難と判断された地域を対象として，生態移民が併用された。移民先となる「移民村」として，交通の便利な行政的中心地の近くに，インフラの整った集住地域が用意されるのが常であった。そこでは多くの場合，飼料を自作もしくは購入し，改良種の乳牛を飼って牛乳を売る酪農が人々の収入源として想定されていた。

　なお筆者の調査地では，一般的な傾向として，生態移民は下位レベルの行政単位へ行くほど，「生態」より「経済」が移住理由として強調される。また，中国では歴史的に移住政策を頻繁に発動してきたため，移住対象の人々は過去の移住政策の延長上で生態移民を理解する。例えば，現在の牧地の狭さをかつての移民政策によって移住してきた人々に起因すると考え，それが原因となり問題が起きたため現在の生態移民が行われる，というような理解の仕方である。

　牧畜民は，生態環境を悪化させ，自分たちに移住を余儀なくしている原因を，政府の考えと違うところに見出している。つまり過放牧の原因となったのは，外来人口，農業地域の過剰揚水，森林伐採などであって，自分たちにとって外的な要因だと理解する傾向が強い。対策として望んでいたことも，現地での牧畜の継続を前提とし，補助金を受けて家畜数を減らす，といった

ことだった。

　さらに，生態移民は政策実施当初より，少なくとも外部の研究者の目には，生態保全の効果や経済的効果が未知数であると映っていた。例えば筆者が2002年に調査した移民村では，飼料栽培のために深井戸を新たに掘っており，揚水による地下水位の低下が懸念されていた。ほかの研究者による調査報告でも，移住後に可処分所得が15％減少した事例や，フェンスで囲んで植生回復を目指しているはずの移住元の牧地が，別の場所からやってきた牧畜民の家畜に食い荒らされている事例など，効果を疑問視する報告が多かった（小長谷・シンジルト・中尾編 2005）。

　そして生態移民政策が始まってから10年以上が経過した現在，生態移民の失敗は中央政府も間接的に認めている。ここで間接的というのは，政府が直接的に過ちを認めてはいないことを示す。ただ，生態移民という枠組みでの移民政策が実施されなくなったことと，中国国内の各種の会議で政府見解の代弁者たちが公に失敗を認めるケースが目立つようになったことから，間接的には政府も認めているといって差し支えないだろう。

　筆者が2014年に調査した移民村では，2002年に幹線道路沿いに電気と水道

写真13-1　ゴーストタウン化した移民村（2014年，筆者撮影）

を完備した家畜小屋つきの固定家屋が建てられ，170世帯が無償で家屋を得て移住してきた。しかし乳価が下落したこと，購入した乳牛から期待したほどの乳量が得られなかったこと，2007年に移民村にあった牛乳の買い取り施設が閉鎖されたことなどから，住民は生活に困窮した。その結果，2010年頃から住民が元の牧地へ戻り始め，調査当時は10世帯程度しか残っていない状況であった。住民の元の牧地は禁牧となっていたが，無視して放牧をする牧畜民もおり，2015年10月には10年の禁止期間が終了して放牧可能になる，とのことであった（写真13-1）。

　このように，生態移民は失敗に終わり，中央政府にとってもすでに関知したくない過去の政策となっている。ところで，政府が禁牧や生態移民をしてまで守ろうとしたはずの内モンゴルの牧地は，その後どうなったであろうか。降水量のデータを見れば，内モンゴルでは2000年前後に，過去30年間で最低レベルの雨の少ない年が続いていたことがわかる（図13-2）。その後，降水量の回復による砂地の草原化が内モンゴル各地で確認されているが，禁牧政策は現在もなお内モンゴル各地で実施されている。中国のような環境・

図13-2　リンホト市（内モンゴル）における年降水量の変化（1983～2015年）
出典：気象庁「世界の天候」。

牧畜政策を採用していないモンゴル国においても，類似する降水変化のトレンドが確認できるので，むしろ乾燥地・半乾燥地の降水パターンの特徴から，何もせずともこの程度の年較差は生じえたのだ，という解釈の方が妥当であろう。

　では，生態移民政策を中央政府に放棄させた原動力は何だったのだろう。もとより原因は多様だろうが，その1つに日本と中国の人類学者たちによる指摘がある。その指摘を社会に発信した枠組みが，以下で述べる総合地球環境学研究所の国際研究プロジェクト「水資源変動負荷に対するオアシス地域の適応力評価とその歴史的変遷」（通称「オアシスプロジェクト」）(2002〜2007年度)であった。

5　オアシスプロジェクトの教訓

　オアシスプロジェクトは，中国乾燥域に位置する黒河流域を対象として，過去2000年間にわたる人間と自然系との相互作用の歴史を復元すること，相互作用に関わる人間文化の変遷を明らかにすること，そしてそれにより地球環境問題の本質に迫ることを目的とした日中共同の国際プロジェクトで，地球環境学，水文学，気候学，灌漑工学，地理学，東洋史，文化人類学などの分野から50名程度の研究者が参加した。

　このうち文化人類学者は，日本の大学や研究機関に所属する研究者だけでなく，中国の大学や研究機関に所属する研究者も含まれていた。文化人類学者への最大の期待は現地での聞き取り調査であり，現地住民の生業と水利用に関する過去50年程度の実態把握が主担当業務だった。その際，特に文化の多様性という観点から注目された政策の1つが生態移民だった。

　黒河は中国第2の内陸河川であり，祁連山脈南麓の氷河を源流として祁連山脈を流れ下り，中流の農耕地域である張掖市を経由して下流の牧畜地域であるエチナ旗に流れ込む（図13-3）。河川の末端にはかつて大きな末端湖が2つあったが，プロジェクト開始当初，これらの湖は消失寸前であった。原因は中流域での水利用だった。中流域では巨大な貯水池を多数建造し，用

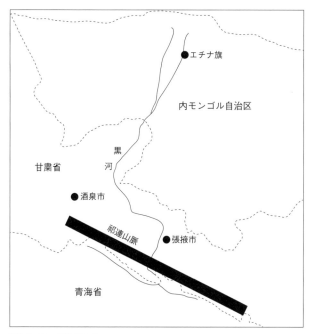

図13-3　黒河流域

水路を通じて黒河の水で灌漑農地を潤すオアシス的な農業を展開していた。こうしてできた張掖オアシスでは1950年代以降に人口が2倍，灌漑面積が3倍に増加した結果，水消費が増大した。そのため上流の祁連山脈から張掖オアシスに流れ込む水量は安定しているにもかかわらず，中流から下流への流下量は減少を続け，1990年代には灌漑期（4～9月）の流下量がほぼゼロになる年も多かった。

　その結果，下流の河道沿いに生えていたポプラの一種である胡楊の枯死が顕著となり，牧地の草も減少した。植生の減少は当地での黄砂の発生を助長したため，黒河流域一帯は西部大開発の諸政策の対象地域となった。

　中流域の張掖オアシスでは，節水型農業が推奨された。これは灌漑期に下流域へ水を流すことを目的とするものだが，農業生産の大幅な減少を懸念して灌漑面積を縮小することなどは伴わなかった。

一方，下流域へ流れてきた水は胡楊林やステップの植生の回復に使われるべきであるとされた。牧畜民がそこに居住すれば人や家畜が河水を消費するだけでなく，回復すべき植生への食害が発生するとして，牧畜民を対象に生態移民が実施されようとしていた。彼らの移住先はエチナ旗中心地の郊外に設定された定住集落であり，そこでは従来通りの放牧は不可能であった。移民村に建設された住居が無償で牧畜民に提供されるなどの優遇措置は伴っていたが，移住先では牧畜以外の収入源を見つける必要があった。牧畜民の側は長年親しんだ居住地からの移動や，文化伝統としての放牧の放棄を強いられる生態移民に強い不満を抱く者も多かった。

　また，オアシスプロジェクトの研究者は2つの面から生態移民に関する懸念を抱いていた。1つ目は文化人類学者が単独で提起した懸念であり，生態移民は環境問題の解決に必要な負担を牧畜民のみに一方的に求めるなど農耕民的な文化的バイアスが強く，文化的他者への配慮を欠く政策であるというものであった。牧畜民の希望は現住地での放牧を伴う牧畜の継続であり，そのため補助金は移民村の建設費用に振り向けず，家畜数を減らしたことに対する補償金として受給したい，というものであった。また移民村の生活の方が「近代的」であると述べる政府の根拠は電気・水道・電話などの存在であったが，これとて現住地でも実現可能であると牧畜民は考えていた。

　さらに2つ目は文化人類学者と水文学者が共同して提起した懸念であり，政策実施に伴い農耕地域や移民村などで地下水の利用が強化されているため，生態移民の対象地域とは別の場所で環境悪化を誘発する可能性があるというものであった。実際，移民村の水道も，河水の利用を制限された灌漑用水も，多くの場合，水源は新たに採掘された井戸に依存していた。乾燥地域の地下水は非常に長い時間をかけて蓄積されたものであり，それを短期間で大量に汲み上げれば，容易に枯渇する可能性がある。つまりオアシスプロジェクトの研究者は，生態移民は問題が多く，見直すべき政策であるという結論に達した。

　これ受け，総合地球環境学研究所は中国社会科学院民族学人類学研究所との共催で，2004年7月に中国の首都北京で国際シンポジウムを開催して問題

提起を行い，また日本語・中国語・英語など各種言語で出版物を刊行することで中国内外での関心を集めた（中尾・フフバートル・小長谷編 2007）。

筆者は，オアシスプロジェクトが文化人類学を含む複数の学問分野の見地から生態移民の問題を指摘し，また海外からも注目されているというメッセージを送ることで，中国の中央政府が生態移民政策を取り止める際の口実を提供することができたのではないかと考えている。現に，北京や海外でも取り上げられた生態移民はすでに中止されているのに対し，相対的に批判の少ない禁牧は，牧畜民にとっては生態移民と同じくらい許容しがたい政策であるにもかかわらず，現在に至るまで継続されている。その意味で文化人類学は，微力であるかもしれないが，確かに現地の牧畜民の役に立ったと言えるだろう。

最後に本章を締めくくるにあたって，本書の読者に何ができるか，を述べたい。もちろん，海外で何かをするのは多様な意味でハードルが高いので，国内でもできることを考えたい。

オアシスプロジェクトで生態移民に関して文化人類学者が行ったのは，文化的他者（＝漢族が圧倒的多数を占める中国社会において少数民族である牧畜民）の論理を理解し，それを明示することであった。そこでの問題の原因は，「正解」（＝生態移民による黄砂の緩和）の前提となる課題（＝環境問題の原因や牧畜に対する価値づけ）が共有されていない点であった。日本国内にも，程度の差こそあれ，これに類似した事象は探せばいくらでもあるだろう。

ここから学び取るべき教訓は，我々がよかれと思ってやっていることが，相手にとっては実は大きなお世話かもしれない，という点である。もちろん，黄砂の事例のように，遠く離れていても自分たちの生活に影響する事象もあるので，単に文化的他者（＝考えの違う人）は放っておけばよい，というわけではない。ただ，「これが正解なので，あなたたちも無条件で受け入れなさい」という上からの目線では，往々にしてコンフリクトが起きる。実際こうしたことは，世界各地の開発関係のコンフリクトで，人類学者がしばしば見出してきたことである。文化人類学的発想とは，前章で紹介したような民俗知を尊重し，現地の人々の視点から解決方法を模索することである。

さらにできることなら，現地の人々にとって受け入れ可能な解決方法を探し社会に発信することも求められる。こうした一連の行為を，開発人類学ではエンパワーメントと呼んでいる。

つまり現存する問題について，そもそもほかのところに解決すべき課題を設定すべきだったのではないか，立ち返って考えてみるべきである，ということである。そして可能であれば，その理解を個人や小人数の仲間内でとどめず，広く発信してもらいたい。その際，SNSでの「炎上」などには細心の注意を払う必要があることは言うまでもないが。

もちろん，現実の問題については，最終的にはどれかを選択する必要があるだろう。だが，最初から「これしかない」と考えるのと，「いろいろあって，長所短所があるなかでこれを選ぶ」と考えるのでは，その後の展開に対する対応も違ってくるだろう。言い換えれば，文化人類学的な発想を通じて，社会の柔軟性を高めることができるのである。

文化人類学は，我々に多様な選択肢の可能性を提示してくれる学問である。文化人類学者は，それが我々の社会の可能性を広げてくれると考えている。それが文化人類学の最大の社会貢献であり，存在理由であろう。

参考文献

愛知大学現代中国学会編　2004『中国21　vol.18　特集・中国西部大開発』風媒社。
気象庁「世界の天候」http://www.data.jma.go.jp/gmd/cpd/monitor/index.html（最終閲覧2017年3月1日）。
黒崎泰典・黒沢洋一・篠田雅人・山中典和編　2016『黄砂――健康・生活環境への影響と対策』丸善出版。
小長谷有紀・シンジルト・中尾正義編　2005『中国の環境政策　生態移民――緑の大地，内モンゴルの砂漠化を防げるか？』昭和堂。
シンジルト　2005「中国西部辺境と『生態移民』」小長谷有紀・シンジルト・中尾正義編『中国の環境政策　生態移民――緑の大地，内モンゴルの砂漠化を防げるか？』昭和堂，1-32頁。
中尾正義・フフバートル・小長谷有紀編　2007『中国辺境地域の50年――黒河流域の人びとから見た現代史』東方書店。
Hardin, G. 1968. The Tragedy of the Commons. *Science* Vol. 162, Issue 3859: 1243-1248.

●読書案内●

『開発と先住民』岸上伸啓編，明石書店，2009年。
アフリカからカムチャッカにいたるまで，先住民が世界システムへと取り込まれる過程でどのように開発と関わっているのかが現地の事情を知る人類学者によって解説される。一般に肯定的なニュアンスで捉えられがちな開発が，実はそう単純でないことがわかる。

『中国の環境政策　生態移民――緑の大地，内モンゴルの砂漠化を防げるか？』小長谷有紀・シンジルト・中尾正義編，昭和堂，2005年。
本書でも紹介した，生態移民を多角的な側面から分析したオアシスプロジェクトの成果。生態移民は，環境政策としても，経済政策としても問題のあることが，日中の研究者により多角的に解説されており，中国政府に生態移民政策を諦めさせる一因となった。

『地球環境を黒河に探る』アジア遊学編集部編，勉誠出版，2007年。
オアシスプロジェクトのまとめ的な文集。気象学・気候学・地理学・水文学・歴史学・考古学・人類学などの幅広い分野の研究者が，なぜプロジェクトに集まり，どういう研究を行い，プロジェクトとしてどんな結果を出したのかが平易な文章で説明されている。

おわりに

　この教科書を手に取るのは，異文化理解や多文化主義といったことに関心があり，中国，韓国，台湾，モンゴルそして日本など東アジアに興味関心をもつ人が多いだろう。本書の執筆者は，東アジア各地でフィールドワークをし，そこで得た知見を考察する人類学者や社会学者である。調査地の人々との間で紡ぎだされるフィールドでの日常は，ある意味刺激的で，そして退屈な時間の連続でもある。フィールドワークは，確かにそれまで知らなかったことが，あるいは書物やネットでしか知り得なかった物事が，実際に目の前で起こり，理解できる刺激に満ち満ちた時間である。しかし一方で，フィールドワークは，何事も起こらない時間が淡々と流れる日常を調査地の人々とともにするということでもある。

　現在，フィールドワークの醍醐味を伝える本が数多くある。そんな本を読むことを勧め，また自身のフィールド体験を話すと，ときどき学生にこう尋ねられる。「先生は，どうやってフィールドを選んだのですか」。多くの人類学者は，書籍や論文を読み研究テーマを決め，またそのテーマから導き出された課題問題を追究するためさらに文献を読み重ね，その繰り返しを通して研究目的により適した場所を「フィールド（調査地）」として選んでいる。ただ，私自身，台湾東海岸にある港町をフィールドとして選んだ理由を簡単には答えられない。確かに，書籍も論文も読んだ。先生の指導を受け，先輩・友人たちを相手に相談もした。だが，決定的な理由は，現在も通う調査地で出会った人々に受け入れられたからとしか言いようがない。もちろん，長くつき合うなかで感情的な衝突や割り切れない思いを抱いたことは数知れない。それでも生活習慣や言葉などの文化的な違いを認め合いつき合っていることを，互いに了承している。

　グローバル化という言葉が当たり前になった21世紀の今，文化という言葉は私たちにとってあまりに身近で，かつ生きるうえで重要なキーワードと

なっている。文化という言葉を通して共通性が確認され，また同時に差異が示される。同じ文化をもつということが，見知らぬ他人どうしを強く結びつけ，そのなかにある違いを覆い隠してしまう。そして，文化を理由として境界がつくられることで，「他者」が生まれる。

　かつて1960年代の移民社会アメリカでは激しい人種差別が横行し，公民権運動が盛んだった。そんななかで文化人類学が掲げ，世に出し広がっていた文化相対主義は，個々の文化の違いを認め合い，異なることを理由に優劣をつけることを否定し，互いに理解し合うことを目標としていた。人間の多様性は文化によるものであり，人種によるものではない，その違いを尊重することをみんなに求めたのであった。文化的に独自であることを自らの存在の拠り所とし，互いにその違いを理解し，結びつくことを目的とした考えであった。だがその後，文化相対主義そしてこれを敷衍し生まれた多文化主義に対しては懐疑的で否定的な目が向けられている。例えば，文化の違いを尊重すると主張することで，その差異を不必要に強調し，社会の主流派が少数派を排除する動きが世界のあちこちで起きている。また，文化の独自性の尊重を盾に人を傷つけ殺してしまうような，今日の人権感覚から外れた主張を正当化する動きを前に，これらの考えは無力だと批判される。こういった主張はいずれも，文化を恒久的な変化しない固定したものと捉えている。自己と他者の間に境界線が引かれ，その区別が強調されるとき，同一性の根拠（裏返せば異質性の根拠）として絶対不変の文化が掲げられる。だが，唯一固有の文化として指示される諸々の具体的な事象は，そのときどきで内容が変わり，唱えられる同一性や差異性の強弱もまた社会状況に応じて変化する。しかもこうした考え方は，違いを前提につながることで日常生活が営まれている現実社会をないがしろにもしている。

　私が，フィールドワークを行う台湾東海岸における日常生活を見てみよう。そこでは，漢人と先住民族とが隣り合って暮らしている。子どもたちは学校に通うようになると，同じ教室で机を並べる。社会人になると同じ職場で働くこともしばしばである。また，民族集団の異なる者どうしが結婚してパートナーとなり家庭を築くことも珍しくない。そこでは，互いが地域に暮

らす住民としてエスニックな違いを前提につながっている。先住民族の多くは，台湾語とも呼ばれる閩南語(ビンナン)を流暢に操り，漢人側の生活習慣もよく理解している。例えば先住民族はキリスト教信者だが，漢人の道教系民間信仰の実践にも通じている。調査地の漢人と先住民族は互いの異なる文化を身近によく知っている。異なる隣人との日常が展開する調査地では，文化が異なることを前提として日常生活が営まれている。そして，同時にネガティブな言葉を使ってお互いを評し合うような，漢人と先住民族の間にはある種の根深い溝が存在するのも現実である。しかし，そのいがみ合いもまた，異なる文化をもつ人々がつながり織りなす生活の一面である。

　そして，1990年代以降，台湾の外から人々がこの地に入ってくる。婚姻や労働を理由に，彼らはタイ，フィリピン，インドネシアそして中国からもやってくる。2000年代に入り，すでに10年近く台湾との間の行き来を繰り返す者，さらに新しい住民として暮らしている者がいる。調査するフィールドには漁港があり，漢人と先住民族が船をもち漁業を営んでいる。その船のほとんどに東南アジアや中国の出稼ぎ労働者が乗っている。彼らの存在なしには調査地に限らず台湾の漁業は成立しない。さて，東南アジアから来る出稼ぎ労働者は，この地の漁撈に不慣れでかつ言葉も習慣も異なるため，町の住民は距離を取り遠くから眺めるように接してきた。インドネシアから来る人々は，イスラム教徒も多い。文化的差異が，住民が彼らに向ける不審のまなざしの理由となってきた。だが，インドネシアやフィリピンから来る出稼ぎ者そして婚姻によって新たに住民となった者のなかには，公用語である中国語や住民の多くが話す閩南語を理解する者が現れている。こうした人物がつなぎ役となり，新しく現れ存在感を高める人々と，元から暮らす住民とのつながりが模索されている。

　本書の執筆者は，「東アジア人類学再考研究会」のメンバーを中心としている。この研究会は，2008年春，編者の1人である上水流久彦の呼びかけに応じた，1990年代以降東アジア各地でフィールドワークをし，その後も精力的に調査地に通い続けている人類学者と社会学者が，互いの研究内容を共有することを目的として生まれた。主な活動は，年2回研究会を行うことにあ

り，ときにその場は国境を越え韓国や中国に広がった。1990年代以前，東アジア各国では，その政治状況によって，ともすると自由なフィールドワーク，そして研究活動の実施そのものが困難な時間が長く続いていたこともあり，当初集まったメンバーは，ほかの地域を対象とした人類学研究に比して研究者の数，研究業績の量質ともに差があると捉えていた。このため東アジアを対象とする人類学者が，互いに刺激し合う討議の場をもつことにしたのである。研究会の回数が重なるにつれメンバーは増え，また私たちの視野に入る地域や研究対象も広がっていった。そして，当初よりこの研究会メンバーで編著書の出版が検討されていた。初めは専門書籍の出版を考えていたのだが，メンバーが相次いで教員となり，教室というフィールドでの試行錯誤が共通の課題ともなっていたことから，東アジアを取り上げた文化人類学の教科書を作成することになった。

　1990年代，私たちが調査する東アジアでは大きな動きが相次いで起きた。例えば中国では，1980年代後半に始まった改革開放が既定路線にのり，人々には経済的な豊かさがもたらされ，国内人口の流動性が高まるとともに，人が集まる沿岸部一帯は国際経済の舞台ともなった。また，台湾では1987年に長く続いた戒厳令に終止符が打たれ，その後政治的民主化が加速的に進む一方，「中国」ではなく台湾を主体とした社会形成が浸透，2000年には民主的な直接投票によって大統領が選ばれた。そして，冷戦期から長く閉ざされていた中国と台湾の交流が始まった。韓国でもやはり1987年に民主化宣言が出され，同年に直接投票による大統領選挙が実施され，政治的民主化が達成される。だが，1997年にはアジア通貨危機の影響を受け経済不況を経験した。そしてモンゴルは，1990年に複数政党制を導入して社会主義を事実上放棄し，市場経済への移行が始まった。日本では1980年代後半からのバブル経済と1990年代に入っての崩壊，それに続き長引く経済不況，政治的には自民・民主両党の間で繰り返された政権交代があった。

　文化人類学におけるフィールドワークでは，対象となる調査地の人々と個人的なつき合いが継続する。劇的に動く政治経済のなかにある調査地の人々と私たちは，ともにその流れのなかに身をゆだねている。各執筆者が取り上

げる東アジアの人々の経験は，確かにその地域で起こった他者の出来事なのだが，その時間を共有しているという意味で私たちの出来事でもある。この本を手にするみなさんから見ると，一見遠い場所のどうでもいい出来事のように思うかもしれない。だが，それは決して私たちの日常生活と無関係に起きているのではない。

　私たちが暮らす日本は，東アジアのなかに位置している。本書で紹介されているフィールドは，地理的にそして歴史的にも非常に近い場所にある。学生のみなさんにとって，そこから日本に来た人々と，直接，接する機会は決して少なくないだろう。大学やバイト先で知り合い，一緒に学び，働き，遊び，または恋人としてつき合ったりしているかもしれない。あるいは留学や観光旅行で東アジアの各地を訪れ，その土地の人々と触れ合い生活を知る機会もあるだろう。各執筆者は，フィールドで出会った人々とみなさんとのつながりを想像し，この本の章・コラムのタイトルを決め，そして文章を書いている。さらに，その想像が，新しいつながりの創造に結びつくことを期待している。

　最後に本書の出版にあたり，㈱昭和堂の松井久見子氏と亀谷隆典氏には多大なご助言とご助力を賜った。編者および執筆者一同に代わり，謹んで感謝の意を表したい。

2017年3月1日

西村一之

索　引

あ行

アイデンティティ　117, 123, 124, 127, 144
アイヌ　116, 126, 127, 130
　　──観光　125
　　──文化　125
　　──文化振興法（アイヌ文化の振興並びにアイヌの伝統等に関する知識の普及及び啓発に関する法律）　126
　　──民族　125-127
アイヌモシリ　125
青木恵理子　2
アパデュライ　155
阿里山　119

イエ　31
イギリス　141, 142, 146
　　──人　139, 140
石垣　157-160, 162, 163
移住　128
　　──システム　176
イスラーム　47, 49, 52, 60
　　──原理主義　50
異性愛　74
一世　137
夷狄／夷　122
移動式牧畜　222
移動の民族誌　136
伊能嘉矩　119
位牌　55
伊波普猷　17, 18

異文化　2-4, 98
　　──理解　241
移民　9, 133, 135, 141, 142, 153, 154, 156
　　──研究　136
　　──国家　116
イヨマンテ（クマ送りの儀式）　125
西表島　159
インターセックス　65, 66
インドシナ難民　173
インドネシア人　139, 140

梅棹忠夫　12, 22
占い　46, 47
運動　126, 127

エヴァンズ＝プリチャード　67, 103
エスニシティ　9, 115-118, 120-122, 124-126, 128, 130, 139, 140
エスニック　116
　　──・グループ　116, 117
　　──集団　116
　　──な境界　117
越境　153, 164, 165
炎帝　57

オールドタイマー　171, 180
沖縄　108
オセアニア　118
鬼　52
オランダ領インドシナ　107
オリエンタリズム　101

か行

華　122
カーゴカルト　104
回　123
改革開放　124
外国人　135, 138
　　——集住都市会議　170
　　——労働者　173, 174, 177
介護福祉士　174
外婚　35
顔の見えない定住化　175, 177
顔の見える関係　178-180
華僑華人　160
拡大家族　38
カストム　106
火葬　40
家族　115, 127
家畜衛生条件　218
家畜化　207-209
割礼　70
カトリック　52
カナカナブ　120, 121
カナダ　134, 144, 146
神　50-53, 55, 59, 60
カルチュラル・スタディーズ　109
花蓮　157, 161, 163
漢　123
　　——語　130
　　——人　122-124
　　——族　124
　　——文化　122
　　——民族　118, 123, 124
環境保護　62
観光　9
——地　125, 130
——文化　191, 192
韓国　117
看護師　174
慣習法　100
間接統治　100
広東　134, 135
　　——語　138

ギアツ　12
貴州　123
帰属意識　222
技能実習制度　174
機能主義　30
境界線　242
共産党　123
共生社会　171
共同関係　182
協働関係　181, 182
キョプサ婚　35
漁撈　125
キリスト教　47, 49-51, 56, 60
儀礼　52-54, 123
ギンザードーリ　98, 100, 105, 107
近親相姦禁制　35
近代　50
　　——化　50, 56

鬼（グイ）　58-60
区域自治制度　123
関係（グアンシ）　86, 91
クマ送りの儀式→イヨマンテ
クリフォード　15, 19
九龍　141
グローバリゼーション　89

248

グローバル化　169, 241

計画経済　216
計画生育　44
経済的動機　40
系譜　123
化外　122
ゲスト　199
結合家族　38
ゲル　210, 212, 215
元　122
言語　118-122, 126
研修生・技能実習生　174
原住民（原居民）　142
原住民（原住民族）　118, 120-122
現地人の視点　107
権利　116

交易　125
交差イトコ　36
広州　51
構造主義　36
黄帝　57
高麗王朝　34
国際結婚　174
国籍　117, 139, 140
国民　117, 122, 154
　──国家　87, 116, 117
　──統合　120, 125
　──文化　116
国連　126
互酬性　82, 83, 93
互酬的　86, 92
戸籍　121, 123
五族共和　123

国家　119, 156, 157, 164, 165
国境　151-155, 157, 161, 164, 165
湖南　123
湖北　123
コモンズの悲劇　227
混血　107, 108
婚資　36
コンタクトゾーン　108

さ行

サアロア　120, 121
祭祀　33
在日コリアン　180-182, 187
栽培化　207
坂野徹　102
搾乳　208, 210, 212
士族（サジョク）　34
雑穀栽培　125
差別　120, 128, 130
三歳神話　72
三ポ世代　72

ジェンダー　8, 64, 65, 67, 75, 76
私教育費　39
自決権　123
市場媒介型移住システム　177
自称名　119, 121
四川　123
紙銭　53
自治権　123
自文化（民族）中心主義　6
自明性　2, 6, 7, 10
社会関係資本　92
社会主義　124, 216, 217
　──国　216

索引　249

――的　227
社会進化論　29
社会人類学　29
社会的な父　68
ジャパゆきさん　173
シューカン　105
宗教　8, 45-51, 56, 59
　　――活動場所　52
儒教　55, 56, 71
首長　119
宿営地集団（ホトアイル）　214, 215
出自　29
出入国管理及び難民認定法　173
狩猟採集　125
生涯未婚率　39
少数民族　116, 122-124
植民地　102, 142
　　――化　118, 119
　　――近代化　101
　　――近代性　101
　　――経験　99
　　――主義　9, 99, 103
　　――状況　99, 101, 107
　　――フィールドワーク　102
女性家事労働者　139
女性婚　68
清　122, 123
新界　141, 142
シンガポール　146
人権　120
人口　136
　　――調査　137, 138, 142
　　――統計　136
新興宗教　47
信仰の自由　49

神社　48
人種　116, 118
　　――差別　118
　　――主義　118
真正性　192
親族　8
　　――関係　28
　　――集団　29
身体的特徴　118
清朝　118
神道　48, 49
親日　109
シンボル　68

蘇澳鎮　157
ステレオタイプ　200, 201
ストーラー　107

生活改善　126
生活習慣　123
生業　9, 205, 207-209
成熟儀礼　70
成人養子　35
生態移民　230-234, 236, 237, 239
性的マイノリティ　128
西部大開発　228, 230, 235
生物学的な父　68
性別　2-4, 9
清明節　56
世界遺産　193
セクシュアリティ　8, 64, 65, 74, 76
世俗化　50, 51
セックス　64, 65
説明責任　110
尖閣諸島　113, 159

先住権　116, 126
先住性　116
先住民（族）　115, 116, 118-122, 126, 130
先住民運動　120
全体的アプローチ　14, 22
戦闘　119

葬式　46
贈与交換　106
ソーシャル・キャピタル　92
祖先　51, 52, 55, 58-60, 115
　——祭祀　49, 55, 56
宗教（ゾンジァオ）　49, 56
孫文　123, 124

た行

第三の性　3, 73
大日本帝国　98
台北帝国大学　119
台湾　109, 115, 116, 118, 120-122, 130, 145, 157-163
　——原住民　130
　——総督府　119, 120
多元性　124
他者　242
脱植民地化　102
他文化強制　172
多文化共生　9, 169-172, 183, 184, 187
多文化主義　241, 242
多民族国家　123
多民族混住地域　222
多様性　1, 2
男子集会所　119

チバン　32

チブ　31
チベット　123, 130
チャイナタウン　143
中華　122, 123
　——人民共和国　123
　——民国　122, 123
　——民族　57, 123, 124
　——民族多元一体構造　124
　——料理店　142, 146
中国　116, 122, 124, 125, 135
　——帰国者　173
　——大陸　118
出嫁外人（チュルガ・ウェイン）　36
調査　119
朝鮮王朝　32
朝鮮人　117
朝鮮通信使行列　196
朝鮮半島　117
族譜（チョクポ）　32
宗家（チョンガ）　33

通過儀礼　144
ツォウ　115, 119-121
対馬　190, 194, 195
坪井正五郎　16

ディアスポラ　147
帝国　107
　——日本　109
定住式牧畜　222
寺　48
天安門事件　134, 146
伝統貨幣　105
伝統的首長　103
伝統の創造　103, 104

索引　251

統一　124
同化　119, 120, 123, 125
道教　48, 49, 52-54
道士　53
同性愛　75
同族　31
土家（トゥチャ）族　123
東南アジア島嶼部　118
床呂郁哉　164
土葬　40
土地　119, 126
トーマス　106
共働き　39
トランスジェンダー　3
トランスナショナリズム　9, 151, 153, 154, 157, 164
トランスナショナル　153-157, 165
鳥居龍蔵　16
同姓同本（トンソン・ドンボン）　31

な行

内国植民地　101
内婚　35
内地観光　98, 104
中生勝美　102
中根千枝　21, 37
ナショナリズム　157, 165
ナショナリティ　122
名づけ　120
名乗り　120, 121
名前　115
南洋群島　99

二世　137, 146
日琉同祖論　17, 18

日系ブラジル人　177
日本　116
　——語　125, 127
　——人　117, 125, 127
　——統治経験　100, 107
ニューカマー　171-173
認知　4, 5

ヌエル族　103

ネグデル→農牧業協同組合
ネイション　116, 117
ネルソン　18-20
年中行事　47, 62

農業　125
納骨堂　40
農村社会学　31
農牧業協同組合（ネグデル）　216, 217

は行

排外主義　176
墓参り　47
爆買い　190, 194, 201, 202
パプアニューギニア　104
パラオ　97, 102, 104, 105, 107-109
バランディエ　101
バンクーバー　134
反日的　7

東アジア　1, 7, 9
　——人類学再考研究会　243
非漢人　122-124
ヒジュラ　3, 73
ピジン英語　106

一人っ子政策　44
廟　48, 53-55, 59
平等　123
貧困白人　107

フィールド　241
フィールドワーク　2, 8, 30, 133, 139, 241, 243
フィジー　104
フィリピン人　139, 140
費孝通　85, 124
父系家族　29
部族　102
仏教　49, 52, 55
物質文化　120
プッシュ要因　142
ブラジル人　177-179
プル要因　142, 143
プロテスタント　52
文　122
文化　1, 2, 4-6, 101
　——進化論　29
　——人類学　1, 2, 3, 5, 7, 10
　——相対主義　10, 30, 101, 242
　——的特徴　117
　——特性　116
　——の流用　106
　——変化　101
分類　118, 119

平行イトコ　36
偏見　124, 128

母系家族　29
母系社会　69

保護法　125-127
ホスト　199
ポストインペリアル　109
ポストコロニアル研究　109
ポスト世俗化　51
ホストとゲスト　190, 201
北海道　125, 127
　——旧土人保護法　125, 126
ホトアイル→宿営地集団
本貫（ポングヮン）　32
香港　133-135, 137, 142, 147
　——人　137, 138, 144, 147
　——中文大学　133, 141
　——島　141
　——返還　134

ま行

マイノリティ　118, 128, 171, 172, 184
マジョリティ　116, 117, 128, 172
祭り　115, 119
まなざし　192, 198, 201
マリノフスキ　13-15, 19, 22, 30, 35
満州　123
　——族　122

ミクロネシア　97, 99, 108, 109
密貿易　159
土産　125
民主化運動　120
民族　102, 135, 139, 147, 157, 165
　——意識　103, 117
　——学　36
　——帰属　123, 124
　——境界　117, 122, 124
　——区域自治　123

索引　253

——誌　8
　——識別工作　123, 124
　——集団　116
　——性　117
　——籍　124
民俗知　217, 237

婿養子　35
村組　31
門中（ムンジュン）　32

命名　119
メラネシア　104, 106

モンゴル　123
　——国　222
　——族　122

や行

八重山　157-165

柳田國男　18
両班（ヤンバン）　34
　——化　38

結納　37

与那国　157-161, 163, 164

ら行

留学　128, 133-135
流用　104
良妻賢母　71
領土　160

歴史的もつれあい　106
歴史認識　122, 126
レンジャー　103

ロンドン　142, 143

■執筆者紹介（五十音順）

飯髙伸五（いいたか　しんご）　　　　　　　　　　　　　　　第6章執筆
高知県立大学文化学部教授。専門は社会人類学，オセアニア研究。主な著作に Remembering *Nan'yō* from Okinawa: Deconstructing the Former Empire of Japan through Memorial Practices（*History and Memory* 27（2），2015），「『ニッケイ』の包摂と排除——ある日本出自のパラオ人の埋葬をめぐる論争から」（『文化人類学』81（2），2016年）など。

太田心平（おおた　しんぺい）　　　　　　　　編者　第2章，コラム4，8執筆
※編者紹介を参照。

尾崎孝宏（おざき　たかひろ）　　　　　　　　　　編者　第12，13章執筆
※編者紹介を参照。

兼城糸絵（かねしろ　いとえ）　　　　　　　　　　　　　　コラム2，3執筆
鹿児島大学法文教育学域准教授。専門は文化人類学，中国研究。主な著作に「〈移民〉が支える神祇祭祀——福建省福州市の僑郷から」（川口幸大・稲澤努編『僑郷——華僑のふるさとをめぐる表象と実践』所収，行路社，2016年），「現代中国の移民と宗族——福建省福州市の事例から」（瀬川昌久・川口幸大編『〈宗族〉と現代中国——その変貌と人類学的研究の現在』所収，風響社，2016年）など。

上水流久彦（かみづる　ひさひこ）　　　　編者　序章，第9章，コラム6執筆
※編者紹介を参照。

川口幸大（かわぐち　ゆきひろ）　　　　　　　編者　第3章，コラム11執筆
※編者紹介を参照。

芹澤知広（せりざわ　さとひろ）　　　　　　　　　　　　　　　第8章執筆
天理大学国際学部教授。専門は文化人類学。主な著作に『異文化の学びかた・描きかた——なぜ，どのように研究するのか』（共著，世界思想社，2001年），『日本人の中国民具収集——歴史的背景と今日的意義』（共編，風響社，2008年）など。

玉城毅（たまき　たけし）　　　　　　　　　　　　　第1章，コラム1，5執筆
奈良県立大学地域創造学部教授。専門は文化人類学。主な著作に「兄弟の結合と家計戦術——近代沖縄における屋取の展開と世帯」（『文化人類学』72（3），2007年），「兄弟のつながりから地域社会のまとまりへ——近代沖縄におけるムラの流動性と社会形成」（高谷紀夫・沼崎一郎編『〈つながり〉の文化人類学』所収，東北大学出版会，2012年）など。

中村知子（なかむら　ともこ）　　　　　　　　　　　　　　　　　　コラム12執筆
　東洋学園大学グローバル・コミュニケーション学部専任講師。専門は地域研究，社会人類学。主な著作に「根絶と対処――モンゴル国沙漠地域におけるゾド（寒雪害）対策」（大塚健司編『アジアの生態危機と持続可能性――フィールドからのサステイナビリティ論』所収，アジア経済研究所，2015年）など。

中村八重（なかむら　やえ）　　　　　　　　　　　　　　　　第4，11章，コラム7執筆
　韓国外国語大学日本学部教授。専門は文化人類学。主な著作に『交渉する東アジア――近代から現代まで』（共編著，風響社，2010年），「観光交流からみた日韓関係――対馬の韓国人観光を中心に」（磯崎典世・李鐘久編『日韓交流史1965～2015　Ⅲ社会・文化』所収，東京大学出版会，2015年）など。

二階堂裕子（にかいどう　ゆうこ）　　　　　　　　　　　　　　第10章，コラム10執筆
　ノートルダム清心女子大学文学部教授。専門は国際社会学，地域社会学，都市社会学。主な著作に『民族関係と地域福祉の都市社会学』（世界思想社，2007年），『外国人住民の「非集住地域」の地域特性と生活課題――結節点としてのカトリック教会・日本語教室・民族学校の視点から』（共著，創風社出版，2016年）など。

西村一之（にしむら　かずゆき）　　　　　　　　　　　　　　　第5章，コラム9執筆
　日本女子大学人間社会学部教授。専門は文化人類学。主な著作に「日本植民統治期台湾における日本人漁民の移動と技術――『移民村』のカジキ突棒漁を例として」（植野弘子・三尾裕子編『台湾における〈植民地〉経験――日本認識の生成・変容・断絶』所収，風響社，2011年），「重層する外来権力と台湾東海岸における『跨る世代』」（『文化人類学』81（2），2016年）など。

宮岡真央子（みやおか　まおこ）　　　　　　　　　　　　　　　　　　第7章執筆
　福岡大学人文学部教授。専門は文化人類学。主な著作に『台湾原住民研究の射程――接合される過去と現在』（共著，順益台湾原住民博物館，2014年），「重層化する記憶の場――〈牡丹社事件〉コメモレイションの通時的考察」（『文化人類学』81（2），2016年）など。

■編者紹介

上水流久彦（かみづる　ひさひこ）
　　県立広島大学地域連携センター教授。専門は社会人類学。主な著作に『交渉する東アジア――近代から現代まで』（共編著，風響社，2010年），「八重山にみる日本と台湾の二重性――台湾人観光の現場から」（小熊誠編『〈境界〉を越える沖縄』所収，森話社，2016年），『境域の人類学――八重山・対馬にみる「越境」』（共編著，風響社，2017年出版予定）など。

太田心平（おおた　しんぺい）
　　国立民族学博物館准教授，総合研究大学院大学准教授，アメリカ自然史博物館上級研究員。専門は社会文化人類学，北東アジア研究。主な著作に Collection or Plunder: The Vanishing Sweet Memories of South Korea's Democracy Movement（*Senri Ethnological Studies* 91, 2015），「血と職と――韓国・朝鮮の士族アイデンティティとその近代的変容について」（『国立民族学博物館研究報告』34（2），2009年），「反日感情――国史認識とその相互作用」（春日直樹編『人類学で世界をみる』所収，ミネルヴァ書房，2008年）など。

尾崎孝宏（おざき　たかひろ）
　　鹿児島大学法文教育学域教授。専門は内陸アジア地域研究，文化人類学。主な著作に『モンゴル牧畜社会をめぐるモノの生産・流通・消費』（共編，東北大学東北アジア研究センター，2016年），『モンゴル遊牧社会と馬文化』（共編，日本経済評論社，2008年）など。

川口幸大（かわぐち　ゆきひろ）
　　東北大学大学院文学研究科教授。専門は文化人類学。主な著作に『〈宗族〉と中国社会――その変貌と人類学的研究の現在』（共編著，風響社，2016年），『僑郷――華僑のふるさとをめぐる表象と実像』（共編著，行路社，2016年），『現代中国の宗教――信仰と社会をめぐる民族誌』（共編著，昭和堂，2013年）など。

東アジアで学ぶ文化人類学

2017 年 4 月 25 日　初版第 1 刷発行
2025 年 3 月 10 日　初版第 9 刷発行

編　者　　上水流久彦
　　　　　太田心平
　　　　　尾崎孝宏
　　　　　川口幸大

発行者　　杉田啓三

〒 607-8494　京都市山科区日ノ岡堤谷町 3-1
発行所　株式会社　昭和堂
TEL（075）502-7500 ／ FAX（075）502-7501
ホームページ　http://www.showado-kyoto.jp

© 上水流・太田・尾崎・川口ほか　2017　　印刷　亜細亜印刷

ISBN978-4-8122-1612-5

＊乱丁・落丁本はお取り替えいたします。

Printed in Japan

> 本書のコピー、スキャン、デジタル化等の無断複製は著作権法上での例外を除き禁じられています。本書を代行業者等の第三者に依頼してスキャンやデジタル化することは、たとえ個人や家庭内での利用でも著作権法違反です。

小林和美 著　早期留学の社会学　国境を越える韓国の子どもたち　定価3300円

川口幸大 編　世界の中華料理　World Chinese Dishes の文化人類学　定価2860円

川口幸大 著　ようこそ文化人類学へ　異文化をフィールドワークする君たちに　定価2420円

宮岡・中村・兼城 編　日本で学ぶ文化人類学　定価2530円

梅﨑昌裕・風間計博 編　オセアニアで学ぶ人類学　定価2530円

松本・石田・大石 編　アフリカで学ぶ文化人類学　定価2420円

橋本・佐川 編　民族誌がひらく世界

―― 昭和堂 ――
（表示価格は10％税込）